启明文丛

站在未来的立场上

黄裕生 著

三联书店

谨以此书纪念

温良兼爱的母亲

目 录

自 序

这里收入的作品主要是对话、评论与质疑性的文章。不过，除了写作方式外，它们在内容上与我专论性的作品没什么大的区别，因为它们大都是我在第一哲学领域里的思考的延伸。

学术研究，特别是哲学研究，通常被视为孤独之旅。但是，这并非意味着哲学是个人的封闭性工作，哲学不是个人的呢喃自语或者独角游戏。因为哲学意义上的孤独之旅实际上就是走向自由而返回自己的返乡之旅。用一个现象学比喻，我们也可以说，走向孤独是每个人把自己的一切关系角色置入括号里的一种自我悬搁、自我解放的行为。通过这种自我悬搁，我们得以解构和退出一切关系而返回无关联的自身。这种无关联的自身，才是真正能够直面自由而承担起自由的自身，因而是每个人真正的自己。每个人的自己不在别处，就在自由中，也只在自由中。所以，我们说，哲学的孤独之旅实乃“成己”之旅、自由之旅。而唯有成为自由的自己（自身），我们也才能真正设身处地理解他人的“自己”（自身），进而与另一个“自己”（自身）相遇；作为单纯角色的人—人关系，也就是没有“自己”的人—人关系，哪怕比如父—子关系，都永远只是功能性的合作，而不会有真正的理解与共在。在这个意义上，哲学上的孤独之旅作为成己之旅，必定同时也是相遇之旅，因而必定是真正的理解与对话之旅。所以，哲学一方面是孤独的，另一面是对话的、共在的。本文集中的一大部分作品，都属于相遇中的对话。

哲学也常被称为象牙塔里的劳作，但这同样绝不意味着哲学是关窗闭户式的探究，而不关注现实，不面对事物。相反，哲学的象牙塔倒恰恰是通向真实的事物本身的一个途径。如果说走向孤独是一种自我加括号的行为，那么哲学的象牙塔则是能够把一切经验事物隐去而朗现真实事物的一个括号。因此，我倒是想说，登上象牙塔，方能见识真世界。

我们经常被告知，学术研究要面对现实。但是，学术要面对的现实绝非被告知、被规定的现实。试想，如果学术研究本身都不知道自己要面对的现实是什么，而需要学术之外的力量来给学术规定现实是什么，那么，这样的学术还有能力面对现实吗？如果一种学术本身没有能力自己去发现现实、通达现实，那么这种学术肯定早已没有能力去面对现实、理解现实。这样的学术要么屈服于学术之外的力量的逼迫，要么堕落于学术之外的蝇营狗苟，或者两者兼而有之。如果说哲学有什么象牙塔，那么这个象牙塔就是一个有力的隔离带，它既隔离了学术之外的力量对学术的逼迫，也隔离了学者对学术之外的种种非分的谋划与诉求，从而确保哲学学术的独立性与超越性。在这个意义上，象牙塔里的哲学就是自由的哲学；象牙塔里的学术才是自由的学术。因为拥有独立性与超越性的学术，不是别的学术，就是自由的学术。唯有独立性，学术才能够摆脱成见而自由地面对事实，也只有超越性，学术才能不汲汲于眼前利益而能打开未来的视野，以更客观、更超然的眼光面对世界。就此而言，唯有象牙塔里的自由学术才能真正看清世界，澄清现实，也才有能力去面对现实，理解现实（学术自由的被牺牲或自我牺牲，实质上就是学术的真理繁殖能力与面对现实能力的被阉割或自我阉割）。

实际上，就哲学而言，只要是自由的，它就必然会面对现实，并且必然有能力介入现实。因为哲学的自由，哪怕只是象牙塔里的自由，使哲学不仅能够打开当下的眼光，而且能打开过去与未来的视野，因而能够从未来重新理解与解释现在和过去。这使哲学不仅能够以现在和过去的维度去理解现实，而且更为重要的是能够从未来的维度去理解过去、要求现实。自由的哲学不仅提供关于这个世界的理由，而且提供改善这个世界的尺度。所以，自由的哲学不仅解释这个世界，而且要求改善这个世界。换言之，自由的哲学永远对现实世界保持一个未来的立场。自由的哲学，自由的思想必定会打开一个未来的立场，必定会站在未来的立场上面对现实，面对一切。所以，细心和耐心的读者会发现，本书的第三编与第四编在概念背后蕴含着从未来对我们处身其中的现实世界的深切注视。

关于哲学，人们还有一个说法，称它为形而上学。哲学思考与关注的是形而上之道。的确如此。但是，这形而上之道虽然高于我们的生活，却并非远离我们的生活，倒恰恰是贯穿于我们的一切生活之中。孔夫子早有明言“吾道一以贯之”。夫子心目中一切被他明确的大原则，不仅承天彻地，而且贯穿于一切人伦关系与随机境遇，而绝非支离破碎，此地此人一原则，彼地彼人另一原则。实际上，哲学之难不仅在于其理极高而无形，不易推究与充实，而且也在于其理极深而精微，不易亲证于日用人际之中。对于很多人来说，后者之难甚于前者之难。但是，如果哲学只推究而不亲证，则终归于空疏。这里收入的一小部分文字就属亲证性作品。收入这部分，乃是要表明哲学其实贯穿于一切形而下之域。

在文集的前期编辑过程中，黄子钰博士做了许多细致的工作，在此深表谢意！李静韬女士在本书的编辑过程中做了很多专业化的细致工作，她不仅以高度的责任精神指出文稿中出现的一些问题，而且以出色的专业素养提出让我很乐意采纳的建议。在此也向她深表谢意！

第一编

哲学的返乡之旅

站在未来的立场上 *

——评叶秀山先生的《哲学要义》

不同哲学表达着不同思想，它们看起来或者针锋相对，或者相互超越。哲学本身自其产生起，就从未有过统一于一说。虽然历史上曾有（将来很可能也还会有）哲学之外的某种权力要求哲学统一于一说，但是，这种统一将不可避免地被哲学本身所瓦解。因为哲学的本性使它总是求新、求异、求变，一句话，求自由创造。

这绝非意味着哲学领域里是非不定，甚至无是非，也不是说哲学只是一种智力游戏，而与真理无关。作为人类追问本源、揭示真理的一种古老方式，哲学总在源头之旁，总与真理相关。不同的哲学给出了不同的思想、不同的立场，但是，所有真正哲学的思想必定都既是自由的开显，又是对自由的维护。而所有哲学的立场，不管多么不同，都是也必定是一种未来的立场。因为哲学在根本上是出于自由，守于自由，又归于自由。因出于自由，任何哲学都是可重温而不可重复，正如自由使每个人都是独特的，自由也使每一种哲学都是与众不同的；也因为出于自由，哲学能够不执迷于在场性存在而能打开尚未在场的希望，从而打开未来。

所以，哲学能够从未来的立场上理解现在，理解过去，也就是从未来返回源头，从未来追问本源。哲学有各种问题，但所有

---

* 本文原刊于《文景》2007 年第 1 期。

问题最终都归结到自由问题上，哲学有各种立场，但所有立场在根本上都是站在未来的立场上的立场。

在这个意义上，我们可以说，自由是哲学最基础也最核心的问题，维护自由与坚守自由自然也成了哲学最神圣也最艰辛的使命；而未来的立场则成了哲学的基本立场。如果说，哲学有什么要义，那么依我的理解，这就是《哲学要义》[1]着重要说的。《哲学要义》在解构—解释了上自巴门尼德下至当代现象学的两千多年哲学之后，最后剩下的就是自由与未来的立场。

人们不是说，哲学要面对现实，立足现实，而不能耽于对未来的玄想吗？的确，每个学科都要面对现实。然而，不同学科要面对的现实各不相同。这取决于各门学科各自面对现实的方式。如果说宗教通常是以来生的方式去看待、理解现实生活，那么，哲学则是从未来的立场去面对现实，理解现实。在未来的眼光中呈现的现实，才是哲学要面对的现实。所谓未来的眼光，也就是超越当下的利益考量与迫切需求的历史性眼光。哲学要面对的现实之不同于诸如政治学、经济学乃至其他经验科学要面对的现实，就在于后者是在当下的兴趣视野与需求眼光中呈现的。如果说政治学、经济学强调的是现实的当下—现在维度，那么哲学与宗教则强调现实的未来—过去维度。显然，真正的现实不仅仅在当下—现在，同时也在过去与未来。在这个意义上，站在未来立场上打开未来维度的哲学，恰恰是我们得以面对真正现实的保障，它不应被命令去面对由政治学和经济学所规定的现实。强求哲学接受、面对由经验科学所确定的现实，无异于取消了哲学的未来立场与现

---

1 叶秀山：《哲学要义》，北京，世界图书出版公司，2006 年。

实的未来维度。而这在根本上意味着，人们不仅无法真正理解现实、面对现实，而且将封闭现实而封闭人类的生活：使历史性的现实萎缩为当下的事实，使开放性的生活蜕变成日复一日的循环。于是，人们不可能不锱铢必较于当下的得失，不可能不蝇营狗苟于眼前的利害。

人们常说，放眼看世界，放开眼量看生活。那么，如何“放眼”？难道我们的“眼量”是可以调节、伸缩的？单从生理角度说，我们再放眼，眼量终归十分有限，大者不过十里，近视者咫尺而已，可调节的余地很小。但是，从精神层面说，我们的眼量则是大可调节、伸缩。大者，不仅容天地宇宙，过去未来，甚至前世来生，亦在其视野之内；小者，则仅见一村一邑，既无五湖四海，更无岁月沧桑与未来前景。此大小眼量之殊，有似击空万里的凤鸟之别于奋飞三尺的藩篱之鷃，朝夕之间翻江过海的鲲鱼之别于终生不过咫尺之游的尺泽之鲵。

眼量殊异如此，却非天生所定，因而，并非固定不变。正因为可变，所以才说“应当放开眼量看人生看世界”。“应当”意味着“能够做到”，但需要付出努力。努力什么呢？努力从当下的得失、利害中摆脱，从当前的在场性存在中解放，而在在场性存在之旁追问、打开不在场的可能性存在——未来与过去。打开了不在场的存在，也就是打开了开放的未来，这不仅使过去与现在的关系从唯一性与必然性中解脱，而且使过去、现在与将来的关系处在自由之中。因此，过去的成败达穷，现在的得失利害，并不决定未来的前景与来生的前程。从未来的角度看，过去的穷达、现在的得失，都不具有单从当下的角度看那样重要，那样具有决定性。所谓放开眼量，真正说的就是打开生活中不在场的存在，敞开生活中尚未的希望。在不在场的立场上打开的视野是一种希望的视野，也是人们从中能够获得最大眼量的视野。正是在这个希望的视野里，才可能洞察生活的深度与世界的高远。因为只是在这个希望的视野里，人们才获得最大的空地，足以使人们从一切当下的尺泽、藩篱退身。人们常说"退一步，海阔天空"，但是，能退往哪里呢？退往希望的视野里打开的空地。这是唯一让人能够退身的地方。

这意味着，只要愿意，每个人都能够放开自己的眼量。因为每个人都是自由的，因而每个人都能够打开可能性，打开尚未的希望。然而，自由也是需要维护的，否则，自由也会被掩盖直至被遗忘。人类有多种维护自由的防线，而作为维护自由的最后一道防线，哲学以追问自由存在与守护自由存在的方式坚守自由。在这个意义上，哲学是人类开启视野、放开眼量的根本保障。

但是，哲学通常以体系的面貌出现，即使是那些反对体系的哲学家，只要他们的思想足够彻底和贯通，其哲学也必定展现为某种概念体系，否则，哲学就与表达某种感悟的散文无异。如果哲学的确如《哲学要义》所强调的那样是一门科学，而不是艺术，那么，它就必定是某种概念体系。可是，就一般而言，概念体系总是与限定相关，它所确立的通常是一种必然的关系。那么，作为一种概念体系，哲学又如何与它维护自由与坚守自由的使命相一致呢？哲学如何既是体系的，又是自由（开放）的？

作为一门科学，哲学虽然也是概念体系，但是，它不同于其他一切科学体系。如果说其他科学的概念体系是以建构、开显"这个世界"为目的，那么，哲学体系则是以摆脱"这个世界"而返回在"这个世界"之外的本源为目标。这意味着，在哲学体系里，概念之间遵循的是一种从关系中解放—解脱的逻辑，也就是《哲学要义》一再阐述的“从有到无”的逻辑，因而也就是走向自由（最终超越逻辑本身）的逻辑。从“关系世界”，也即从“有的世界”解放，意味着返回到无关系的存在，也即什么也不是的无。无也是一种存在，不过是一种特殊的存在：不在场的存在。这是《哲学要义》里一个很核心的存在论观点。而返回到无，也就是回到自由：从关系（有）中退身，回到无关系的自在—自由的存在。在这个意义上，哲学的概念体系是一个自由体系，一个从“有”中摆脱—解脱而向无开放的体系。

不过，哲学并不只是一种解放事业，它同时担负着创造、开显的任务。从有到无的解放，只是哲学体系的一个方面，一个维度。我们通常就在“有”的世界里，只有能够从“有”中解放，才能觉悟到无。但是，我们生活于其中的这个“有”的世界，不管是多么缤纷多彩，实际上它都是我们从无中开显、创造的。正因为如此，我们从“有”退身而返回的才是我们退出的那个“有”的本源。这个无，不是别的，首先就是我们向来置身其中的纯粹意识—精神。我们首先是从无中给出那些在先范畴，来让他者在范畴直观中显现又从中隐蔽。在范畴直观中，他者以出场的方式退场，以显现的方式隐身，简单说，以在直观中表明它并不仅仅是直观中那样，因而它并不仅仅在直观中，同时还在自己的位置上。所谓自己的位置，就是在直观之外，在显现之旁。就显现为“有物来相遇”，隐蔽为“无物在场”而言，在自己位置上，就是在有—无之间。在这个意义上，通过直观，他者首先是以在自己位置上的自在存在者身份来与我们相遇照面，因而保存着它的绝对性维度：他者通过直观，也只能首先通过直观表明，它在有—

无之间，在显现—隐蔽之间，因而不是直观所能限定，不是显现所能穿透。

这意味着，我们是从纯粹意识这个无中开启了他者之为有—无的存在，从而开启了一个有神圣性与历史性的世界。他者之被开显为“有”，是它进一步被显现为自身同一物的前提，因而构成了自身同一物与其他一切关系物得以发生的起源，万事万物由此才开始了其历史性存在；而他者的绝对性则显明，那个从“有”进一步开启出的关系世界不管是多么透明，不管是如何可演算谋划，它都有一个不可照亮、不可推演的来源。这是我们的有限理性永远解不开的一个秘密。

如果说，一切经验科学都是以逻辑为基础，那么，我们可以说，一切经验科学都是以自身同一物为界限，因为逻辑开始于自身同一物。这在根本上意味着，一切经验科学面对的是“有”，而不是“无”。科学远离“无”。而哲学恰恰相反，它要从无出发，从无开显有。如果说从有到无是解放的维度，那么，从无到有则是开显—创造的维度。哲学的概念体系不仅要展现如何从有到无的解放，而且要展现如何从无到有的开显。但是，不管是从有返回无的解放，还是从无进入有的开显，实际上都是要完成这样一个使命，即在自由中追问存在而守护存在；或者倒过来说也一样：在存在中追问自由而守护自由。在这里，自由的存在与存在的自由是一回事。

所以，在《哲学要义》里，“从有追问无”与“从无追问有”，构成了存在论最核心的内容。也正因为如此，存在论在这里获得了最基础的显耀位置。不仅知识论要以之为基础，而且伦理学也必须建立在它之上。就知识论而言，它首先要讨论的问题是，知识的对象是如何给出来的？而一切知识的对象都必须首先是一个自身同一物，也即一物被规定为这一物本身。而这需要两个维度的自由：从无到有的自由与从关系的有回到自身的有的解放。一物必须首先在纯粹意识的范畴直观中显现为“有”，即显现为在有—无之间的自在物，它在直观的显现才能进一步被规定为一物本身，从而给出自身同一物。在这个意义上，自身同一物以从无到有的开显为前提。而从另一个角度说，由于在日常生活中，人们总是从功能性去看待事物，因而事物只是作为功能物给予我们，而不是作为知识的对象出现。只有当我们能够割断与事物的日常的功能性关系，才能把事物当做一事物本身，而不管它对我们具有什么功能。因此，对于日常中的人来说，能够从功能关系中解放的自由是能够给出自身同一物的前提。不管是从哪个角度说，知识的对象都必须以自由存在为前提。因而，知识论必须以存在论为基础。而伦理学要讨论的核心问题，即他者的绝对性存在，同样只有在从无到有的自由存在中，才能得到理解与维护。就此而言，甚至可以说，没有存在论，也就不可能有真正的伦理学。所以，在《哲学要义》里，实际上可以看到回应列维纳斯有关伦理学与存在论关系的观点的某种努力。

我们还非常有趣地看到，价值论也成了《哲学要义》单独加以讨论的一个部分。在哲学史上，几乎可以在任何一个哲学家那里找到“价值论”思想，但是，把价值作为一个问题加以讨论的哲学家实际上并不多，除了休谟、尼采外，大都是较为边缘性的哲学家。是否是因为那些大哲学家没有发现有一个可以与存在论、伦理学、知识论相互并列的“价值论”领域呢？如果存在着一个与诸如存在、知识、伦理相并列的“价值”领域，那么，就应有一个价值论或价值学来构成哲学体系的一个组成部分。但是，我们似乎并不能发现这样一个领域。因为，所谓“价值论”要讨论的根本问题即善恶或好坏，在根本上可以归结为“应当”（Sollen）的问题。而应当与事实相对应。如果说事实是当前的现实存在，那么，应当则是一种尚未的存在。不过，这种尚未不是那种可被实现或完成的可能性存在，而是一种可实现却又不可能完全实现的可能性存在，它永远处在向完满性接近的开放性当中。

这意味着，应当这种尚未在根本上是一种指向完满性，因而也即指向他者的绝对性维度的可能性存在。因为他者的绝对性不仅在于，以它的有限性显现显明它的不可被把握、穿透，而且在于显明它的完满性。没有完满性作为归依，“应当”就是可完全实现的可能性存在。因此，应当这种可能性存在的打开，实际上是以打开他者之绝对性为前提的，而这在根本上意味着，在从无到有的自由中，才能真正打开应当这种存在，也必定要打开应当这种存在。在这个意义上，应当的问题直接就是一个存在论问题，至少是要以存在论为基础才能得到理解的问题。这也许就是为什么《哲学要义》虽然把价值论单列出来进行讨论，却并不把价值论作为体系中一个独立的部分，而是最后把它归为存在论之一部分的原因。

整部《哲学要义》实际上由正文与附录和跋组成，正文是以论带史，而附录则是以史带论。但是，不管是以史带论还是以论带史，由于都贯穿着对那些最基本也最艰深的问题的追问与沟通，所以，一个以存在论为重心的概念体系在内部隐约地呈现，而跋实际上是这个体系的导论。如果比照作者另外一些专题论著，那么这种体系的轮廓会显得更为明晰。虽然作者一直并不热心于建构体系，倒是一直以颇具解构风格的方式解读着一个个大体系，但是，问题本身似乎正在越来越明显地把作者的工作引向体系化。不过，这是一个形式问题，并不因此而改变了作者的立场——站在未来立场上的立场。因为正如上面所说，哲学体系是一个自由的体系，一个向着绝对、向着未来敞开的体系。

二〇〇六年十一月于北京

“这是道路，而不是作品”*

——评《叶秀山文集》

一谈起哲学，人们就把它与真理相提并论，似乎真理就是哲学的唯一核心问题，而真理就是通过理智获得的可靠知识。因此，哲学终究是一种提供知识的逻辑体系，一种知识学。这是哲学从其产生一直到近代的基本传统。但是，从摆在眼前的这部哲学文集里，我们却发现，哲学并不仅仅是一种探求真理的学问，它同时也是一种追问自由与维护自由的道路。

在叶秀山先生这里，哲学实际上是守护自由与尝试自由的一种生存方式，这使他完成的每一部作品都是“未完成的”：因为它们只是把他自己和读者引向能够继续走下去、而且也必须继续走下去的一条可能性道路，而不是给出人们可以安享其成的绝对知识。因此，在这部著作里，人们看到的哲学并不是要努力去建立一个“家园”，倒是要努力使人离开“家园”而行走在路上，保持在路上。任何一种维护自由的哲学都不会致力于提供一个独断的“精神家园”，而是努力使人成为总在路上的“行者”。

自由的本质就在于使人永远保持在可能性当中，永远有未完成的可能性展开。在这个意义上，自由使人永远是行路人；拒绝被完成，坚持“在路上”的开放性存在，就是维护自由。

---

* 本文原刊于《中国图书商报》2000年7月4日，题为“自适于家园之外”。

对古希腊哲学的研究无疑首先是一种（哲学）历史学的研究，它首先要提供的就是一些史料知识。但是，如何理解与处理这些史料，则仍有在“家园里”还是“在路上”的区别。在不允许思想的年代里，人们必须接受某种“思想家园”，只能在这种“家园”的篱笆里去审视一切。因此，这种时代的大部分哲学著作都有强烈的教条色彩。但是人们从《前苏格拉底哲学研究》以及稍后的《苏格拉底及其哲学思想》这两部专著里却看不出那个时代的显著印迹。作者对原始材料的精细分析和视野开阔的解释，是读者通常在西方古典学者的著作中才能遇到的。实际上，从选择古希腊哲学作为自己的课题，到对其中涉及的一系列问题的讨论，都贯穿着作者维护学术—思想的独立与自由的努力。以纯粹的学术研究来维护思想的自由，是学者在“独断的思想家园”横行的时代使自己保持“在路上”的一种方式。身在“家园”心在“途中”是叶先生当时作为学者的生存方式，这使他对希腊哲学的研究一直有“他人”的视野，而没有那个时代的教条与独断。

因此，这两部著作的重要性，并不仅仅在于它们向读者展现了一种纯粹的学术精神，而且在于对史料涉及的基本哲学问题进行了深入的讨论和思考，这使作者对一些基本问题的阐释具有强大的历史穿透力。特别是对苏格拉底的“美德即是知识”等基本命题的分析，实际上已隐含着将理念论与现象学沟通起来的思路。不过，这里要强调的是，对古希腊哲学的研究把作者和读者引向了这样一个根本问题：明明在历史（时间）中的（西方）人为什么总要追求超历史（时间）的东西（始基、理念或知识）？这一问题促使叶先生对康德哲学给予充分重视，并最后把他引向与胡塞尔和海德格尔的相遇。

对超历史、非时间的东西的诉求，实际上构成西方哲学的一种传统，这也就是所谓的形而上学传统。哲学的这种努力使人的时间—历史性存在一直没有进入哲学的视野，我们从哲学里几乎看不出西方人有时间性—历史性意识。西方人的历史意识最初是借助于基督教信仰才开显的。基督教有关人的意志自由、堕落、救赎和末世审判的观念把人的有限性、历史性突现出来，迫使思想面对人的历史—有（时）限性存在。但是，由基督教开显的这种历史—有限性意识只是在近代哲学中才得到了回应。而真正在存在论层面上回应和确立有（时）限性意识的，则是康德哲学。因为，正是他在《纯粹理性批判》里把一切现实存在者与时间联系起来。

康德对时间性存在的觉悟使他能够对形而上学的虚妄性（对非时间性知识的追求）进行强有力的批判。因此，对形而上学诉求持有疑虑的叶先生对康德哲学一直情有独钟也就并不奇怪。从文集可以看出，对《判断力批判》的研究，特别是对康德哲学中的自由、自在物、时间等问题的讨论，实际上包含着一个基本思路，这就是从沟通自由与时间的角度去阐释康德哲学的意义与局限。这使叶先生对康德哲学的研究始终维护在第一哲学层次上，并由此开显真正具有哲学意义的理路，避免了以发生学—认识论或文化哲学、方法论等立场去解读康德哲学的流行思路——以这些立场去理解康德，在我看来，是对康德哲学的贬损与降格：使康德在第一哲学层面的工作完全丧失意义。

与欧洲民族相比，汉民族是一个有强烈的有（时）限性意识与历史意识的民族。因此，作为一个研究西方哲学的中国学者，叶秀山先生并不满意于康德的时间意识和黑格尔的历史感。康德哲学既是对时间的一种觉悟，也是对时间的一种限制。因为时间只是感性事物（现象）存在的条件，而自在物则与时间无关。人由此也被一分为二：时间性的感性存在与非时间性的理性存在或自由存在。因此，历史作为人的整体活动史，与时间仍是分离的。而黑格尔的“历史感”实际上只与概念的历史演绎相关。在近代哲学里，人们几乎看不出历史与时间有什么根本性的关联。时间与历史这两个人类生存中最基本的现象似乎是互不相关的。时间是感性的直接存在，历史则是理性自由认识的过程。因此，时间与历史是否统一的问题实质上就是时间与自由是否统一的问题。而这一问题的关键则是：是否存在一个既是直接的又是超验的可能性世界？它是直接的，是在当下不断到来的活生生的存在，因而是时间性的；同时，它是超验的，不受任何感觉经验事物的制约，因而又是自由的。这种时间性的自由存在才使人有历史，才使历史成为可能。因为只有时间性的自由存在才有从“无”到“有”和从“有”到“无”的问题，一句话，才有起源与到来的问题。因此，中国学者“天生”具有的历史意识使追问“时间性的自由存在”成为对叶秀山先生来说具有迫切性的问题。正是这一问题使他与胡塞尔和海德格尔“交会”。

对胡塞尔和海德格尔哲学的研究与阐发是叶秀山先生学术工作一个很核心的部分。胡塞尔给出的“现象界”既没有康德先验逻辑的那些形式条件，也没有黑格尔现象学里的那些历史内容，它是一个纯粹思想（意识）世界。但正如叶先生解释的那样，想总要想点什么，也即是说，纯粹思想是有内容的。这种思想内容或对象并不在思想之外，就在思想中，且是由思想给出的。因此，胡塞尔的纯粹思想世界是一个“自给自足”的自由—自律的世界，因而它才能成为人文科学的基础。

就现象学的“剩余者”是个自由的可能性世界而言，海德格尔没有离开胡塞尔，但是海德格尔并不把自己的现象学限制在纯粹思想世界，因为他不相信有一个自给自足的思想世界。思想的对象当然在思想中，但并不是由思想构造出来的，而是思想“让……进来存在”（lassen-sein）的。纯粹思想（意识）是自由的，而它之所以是自由的，就在于它是对自身有终（死）性的觉悟。因此，纯粹意识本身就是时间性的觉悟，它的显现就是时间性的到来，所以，自由存在就是时间性存在。正是这种自由的时间性存在使人能与他者相遇（Begegnung）而开展出一个有他者在的世界，从而使他者有起源而使自己有历史。自由的时间性存在使人总在世界中，而不在纯粹思想里。在我看来，《存在与时间》的基本工作就是对自由的时间性存在作出存在论说明。

因此，叶先生对海德格尔哲学备感亲切也就并不奇怪。对“时间性的自由存在”的追问，实际上使他在研究胡塞尔和海德格尔时能够“设身处地”与他们共同面对问题，所以，他有关他们的研究与其说是对他们的文本的阐释，不如说是他通过接受他们的启示，而对他们的问题作出自己的理解和回应，他由此揭示的学理也并非只是对现象学—存在哲学的澄清，而是包含着他自己对一系列根本问题的思考。在这个意义上，我们可以说，叶先生的研究工作一方面使现象学—存在哲学有一种（中国）思想效应，另一方面则使中国学者的时间—历史性意识获得了一种存在论依托。现象学，特别是海德格尔的存在哲学可以被视为西方哲学对时间—历史性存在的一次深刻觉悟，因此，现象学—存在哲学不仅使重新理解、阐释西方哲学传统成为必要的，而且提供了使中国哲学在传统西方哲学框架内看不到的意义得以显现的新视野。

正因为如此，在《思·史·诗》出版后，叶先生更经常与中国古代思想家相遇，一系列讨论中国哲学的作品就表明这一点。

如果说在接触现象学—存在哲学之前，叶先生是以维护学术的方式来维护自由的话，那么，在这之后，维护自由同时直接也就是追问自由、理解自由，也即通过理解人如何作为超验的可能性存在或自由的时间性存在来维护人的自由，维护人的开放性。不管是对读者，还是对叶先生本人来说，他有关现象学—存在哲学的研究工作的重要性，首先不在于它提供了该学派的知识，而在于它提供一条理解自由与维护自由的道路，一条保持开放性存在，从而能与他人相遇对话的道路。实际上，从《论“事物”与“自己”》、《论时间引入形而上学之意义》、《世间为何会“有”“无”？》以及有关中国哲学的作品中，我们可以看出，叶先生本人已更自觉、更坚定地走在一条自由—开放的、因而可不断与他人相遇的道路上。

哲学的意义仅仅在于它具有“解放”力量：把人从封闭了他的存在的各种“精神家园”中解放，使之回到自己的可能性当中而保持能与他人相遇、对话的开放性存在，这也就是自由的存在。当然，哲学也与真理相关，但哲学所探讨、维护的真理必须以自由为前提；只有与自由统一的真理才是哲学所应当维护的。所以，如果哲学仅仅是作品，它就不是哲学，哲学要保持为哲学，它只能是一种能使人保持自由而永远开放的道路。这也是《叶秀山文集》所要维护与开辟的道路。所以，我们用海德格尔那句名言来理解叶先生的工作，也许是贴切的。

二〇〇〇年六月于北京

哲学的返乡之旅*

——评王树人先生的《回归原创之思》

游子的心在歌唱，
故乡几多山隘口，道道隘口迎客门，
走过这道门，远处风光更迷人……[1]

每个人不管身在何处，担任何职，都有一个身份，那就是“客人”。我们每个人都是“身在异乡为异客”。这不仅对那些少小离家老大不回的人来说如此，就是对于终生固守祖屋的人来说亦如此。因为成年世界已不再是原本的世界，不再是我们曾在其中自由一自在的世界：

那里，桃李花开，溪水潺潺，
云朵下的森林，隐藏着远古的神龛；
时间褪下了岁月的衣裳，
与我们一起
在神秘里嬉戏游荡。

---

* 本文原刊于《文景》2007年第4期。

1 荷尔德林：“返乡——献给乡亲们”，参见钱春绮等编译《德国抒情诗选》，西安，陕西人民出版社，1988年。

那里，满山野果，清泉芬芳，
我们饥肠辘辘，却不饿虎扑食，
因为我们满心喜悦
这不期的恩赐。

那里，风舞落英，雨飘寒烟，
天井上的星空连着我们午夜的梦想，
我们不急于把这叫地球，把那叫太阳，
而只把她当做相遇的唯一。

那里，没有学校把我们加工，
我们还没有养成坏习惯：
恶狠狠地将手伸向天穹，
炫耀自己坚硬有力的双钳，发誓
不仅要钳住万有的名称，
还要从宇宙钳出神秘与空洞。

这是一个“无知”的世界，一个不确定的世界，然而，也正是一个起点的世界，原本的世界。因为尚无知识而不执迷于各种名相（概念），使我们守护着原本的自由和开放；虽然我们也称呼世界的万物，然而，我们称呼万物，却不是要给出它的概念，不是要确定它或抓住它，而只因为惊讶于与它的不期相遇。因为不确定，万物是那样恍兮惚兮；因为没有预期，它在相遇中才又那么自然—真切而保持为自身。万物在恍兮惚兮中保持着一切可能性（守朴）而保持为真正完整的自身，因而是最真实可靠的。它与不执迷于名相而自由开放的我们，保持着最为对等的关系：这就是完整的自身之间的相遇，也可以说是一种原本的自由与完整的自身的相遇。因其对等而最为亲切，因其真实而最可信靠，因其完整而是我们生活的一切分化、展开的起点。

然而，不管人们从这个原本的世界走出多远，建立起多么纷繁复杂的历史世界，多么辉煌伟大的尘世功业，人们都渴望回到这个保持一切可能性于自身的起点，都无法忘怀这个恍兮惚兮而又最为亲切、可靠的原本世界。人们建立的历史世界永远只是原本世界的片段，而不可能是它的整体。因为我们是借助于概念走出原本世界而开始了我们的历史，因而，也是借助于概念才建立起历史世界，并且因而随着概念的变化而改变着历史世界的面貌，但是，任何概念都不可能把握整体，也即不可能抓住一切可能性，而只能“钳出”其中的某些可能性。概念必定是有所放弃、有所遮盖，才能有所抓住、有所确定。因此，不管被开辟的历史世界如何绚丽多彩，我们都不会满足于**这个**世界，停留于**这个**世界，而总要不时竭力回到**那个**恍兮惚兮的原本世界，以便重温自由与完整，重温相遇的亲切与信靠，重温在没有岁月没有季令的时间里嬉戏的永恒，并洞察**这个**世界的片面与缺损，觉悟**这个**世界的临时与短暂。

实际上，我们总是生活在两个世界。我们无可选择地被抛入世界，正如我们无可选择地被赋予自由。如果说我们在自由的相遇中打开的是那个**原本**世界，那么在概念中开辟的就是**这个**日常世界。虽然我们通常就生活在这个世界，但是，我们的自由使我们总是不时涌起突破这个世界的冲动，返回使我们的自由存在得到安宁的那个世界。自由使我们总是在两个世界之间往返。在这个意义上，返乡与出走，实际上是我们无可选择的存在方式。我们的自由让我们生活在返乡与出走之间。

正如荷尔德林诗中所说，故乡有许多隘口，每道隘口都是我们返乡的途径。这也就是说，我们有多种返乡的方式。最为普通的方式，就是穿越空间，回到青苔上印着我们童年足迹的故乡。当我们见到儿时的伙伴，老屋前的山水，在意的不只是“近来人事半消磨”，而更在于“唯有门前镜湖水，春风不改旧时波”的那种亲切、纯真与永恒。[1]童年的玩伴虽然长留故乡，却也与我们一样在艰辛立业的岁月中消磨得难以相认，而房前那湖清波也早已不是从前嬉戏的那池春水，屋后那杜鹃、燕雀更是几度春秋几度迁延，但是，它们却曾与我们的童年共在，与我们的那个世界共在，因而它们最能全方位地让我们重温到湖水、春风这些万物在褪去岁月的时间里显露的永恒与真实，他人退出角色、身份的自由与纯真，最终重温自己在源头处的自在与健全。

然而，这也是一种最为外在的返乡方式，因而它不可能是能够保障我们真正回到那个原本世界的可靠方式。因为即使每个人都能够跨越空间回到故乡，也未必就能找到自己的童年，看到自己的伙伴。所以，人类更多的是通过宗教、哲学、历史与艺术等方式来返回原本世界。其中宗教与哲学则是人类最基本的返乡方式。

真正的哲学，既是人类精神的自由开显，也必定是人类的一种返乡之旅。王树人教授近十多年来对“象思维”的不懈追问与探讨，就是一次哲学意义上的返乡之旅。从《传统智慧的再发现》一书提出“象思维”概念，到《回归原创之思》对“象思维”的

1 见贺知章《回乡偶感》二首之一“离别家乡岁月多”。

系统而深入的阐述，甚至再到《感悟庄子》一书在“象思维”视野下对《庄子》的解读，都贯穿着一个努力，那就是中止概念思维（或叫“概念式思维”），摆脱概念世界，返回“象思维”（也叫“象思”），从而返回到原本世界，用王树人教授的概念说，也就是回到“非实体性”世界。

这是一次充满挑战，也充满风险的返乡之旅。

实际上，“回归原创之思”也就是回到“象思维”或“象思”。这里，象思维首先被当做一种具有原创性的思维（方式）。那么，为什么“象思”就是一种原创之思呢？或者退一步问：为什么“象思”就是一种创造之思？如果说概念思维是相对于象思维的另一种思维，那么，概念思维难道就不是一种创造之思吗？一切科学都是一种概念体系，都必须借助于概念才能构成自己的知识体系，那么，难道科学不具有创造性？显然不是，那么，如何理解科学的创造性？如果说我们之所以要返回象思维，是因为它是我们的本原性思维，那么，这也就意味着，概念思维是从象思维发生的。于是，进一步的问题是，概念思维又是如何从象思维中产生的呢？

在对“象思维”进行系统阐述的这部作品里，象思维是与非实体性存在相对应，而概念思维则是与实体性存在相对应。换成我比较喜欢用的说法就是，与象思维共在的是非实体性存在，而与概念思维共在的则是实体性存在；如果说实体是以对象的方式与概念思维共在，那么，非实体性事物则是以共属方式或合一方式与象思维共在。但是，为什么概念总是与实体相对应？难道实体总是以概念的方式存在？只有当我们确认，实体必定是以概念方式存在，我们才能确定，非概念思维（如果有的话），必定不与实体性事物打交道，而只是与非实体性事物相对应。如果实体的确是以概念方式存在，那么，就如“概念思维如何从象思维中产生”是一个问题一样，实体如何从非实体中产生，也成了无法回避的一个问题。同时，“象思维”这一核心概念的提出，也就意味着，在作者看来，有一种不借助于概念的思维。那么，它借助于什么进行思维（思想）呢？借助于“象”。以象而思，是为“象思维”。于是，一个根本的问题出现了：象是什么？它可能什么也不是，因为如果它不是一概念物或实体物，我们也就无法问它是什么，那么我们又如何理解这个“象”？

这些问题既是读者在阅读上述作品过程中会提出的问题，也是作者在阐述有关“象思维”理论的工作中一直要面对的问题。正是这些问题使作者的返乡之旅充满挑战与风险，充满艰辛与喜悦。

关于“象思维”之象，王树人先生将它解释为“大象无形”的象，这个象同时也是“观”中之象，因而在根本上也就是“精神之象”。这也许是作者这趟返乡之旅所到达的最远的地方。因为正是这个精神之象被王先生称为“原象”。所谓原象，也就是最本原、最原初的象。一切事物都是通过这个原象被给予我们，或者说，它使各种事物给予我们成为可能的。因此，它不是事物的具体形象或表象，却一定是形象或表象给予我们的前提；它也不是事物的空间形态与时间形式，但一定是空间形态与时间形式给予我们的基础。否则，它就不是原象。原象之为“大象无形”之象，就在于它既不是事物的空间形态与时间形式，更不是事物具体的形象或表象。事物之作为“有”给予我们，必定是有“形”、有“态”、有“式”。然而，原象之为原象，它本身却无形无态无式。在这个意义上，原象是一个无，而不是有。一切有必定是在一定的形式与形态中给予我们。因此，真正说来，象思维之思不是思有之思，而是思无之思，或者说是打破有而进入无的思。如果说原象是一个无，那么，也就意味着，象思（维）之思，就是“真我”或“本我”，而这个真我不在别处，就在无中。与无共在的思想才是真正的思想，与无共在的我才是真我。这应是天人合一、物我一体的真正所在：思与象、我与物、天与人共在于无而为一体。与思共在于无的象，才是原象，与物共在于无的我才是真我。就此说来，“精神之象”必定又是“物—我”共在之象。

所以，不管王先生是否同意，他的哲学返乡之旅真正到达的乃是一个无。不过，这不是一个抽象的无，恰恰是一个具体的无，一个我们栖居其中的无，也即一个物—我、思—象共在其中的无。我相信，这也是一切返乡之旅必定要到达的地方。

然而，哲学的返乡之旅就到此为止了吗？也许这还只是跨进故乡的一道隘口。而“走过这道门，远处风光更迷人”。在荷尔德林的乡愁中，故乡的风景并不是一下子就能展现在我们眼前。最让我们着迷的地方，也最需要艰难的跋涉。就我们这里讨论的话题来说，我们仍需面对一系列问题，仍有系列关隘有待跨越。

首先需要进一步追问的是，那个作为“原象”的精神之象如何是一切事物给予我们的前提？或者说，原象是如何使事物给予我们成为可能的？更具体问，原象不是具体的空间形态和时间形式，那么，它又如何使事物在空间与时间中给予我们？特别首先要问：原象如何具有时间维度，以使一切通过原象给予我们的事物具有时间形式？不管是事物的形象，还是意义，都是在时间形式中给予我们的，因此，追问原象的时间性存在成为首先需要加以回答的先导性问题。

从“思”的角度说，上面的问题也就是：作为本原之思，“象思”如何是一种时间性存在，以至于它能够让在这个本原之思中给予我们的事物具有时间形式并展现其各种形态？在这个问题基础上，我们才有可能进一步讨论一个关键问题：本原的“象思（维）”如何产生出概念之思（维），真我如何转身扮演起了非我？这一问题的解答，才能真正说明，由概念构造的实体世界为什么不是我们的原本世界，而的确是一个让我们飘零其中的异乡他邦。这一工作的完成，无疑是哲学的返乡之旅至为关键的一道关口。

当然，王树人先生并非没有意识到这个问题的重要性，他在著作里和私下的讨论中，也试图面对这个问题。他把语言看作是概念产生的关键。也就是说，是语言使我们进入了概念之思。问题是，语言有多种言说方式，它并不一定要以概念进行言说，甚至它首先并不是以概念进行言说。概念的给出，固然与语言相关，但终究是以思想（意识）本身的活动为根本。如果思想（意识）不进行自身同一物的构造活动，也就不会有概念物出现。一切概念物必定首先是一自身同一物，而自身同一物则是第一概念物。在思想的最初构造活动中，概念与其相应的概念物是同时给出的：让物在概念中呈现与给出该物之概念是同一个活动的同一件事。思想正是通过构造自身同一物从“无”过渡到“有”。借用王先生的术语，也就是说，当“思”从与“思”共在于无的“原象”里夺取片段以作为某种确定物——这“思”也就开始了其概念之思；无形无式无态的“象”也才开始自我遮蔽又自我呈现为有形有式有态的万有。所以，“有”的世界是思想在寻找确定性活动中给出来的一个片面的世界。思想在构造自身同一物的活动中，要借助于语言在命名活动中给出的名称，但是命名之名并非就是概念。如果把语言看作是本原之思向概念之思转化的关键，那么也就意味着，只有放弃语言，才可能回到本原之思，也即王先生所说的“象思”。这等于说，语言与本原世界无关，语言在本真存在之外。然而，在我看来，这将使思想、语言和真理问题陷入巨大风险之中。我们要有能力从异乡解放，回到原本世界，但我们不是也不可能回到混沌；我们也需有能力从概念演算的执迷中摆脱，回到思想本身，但并不是要放弃理性，退至无理性。真理不在概念中，但一定在理性里。我们之所以有可能破万有而悟真无，乃在于我们永远置身于自由理性之中。简单说，正是自由理性使我们有可能了悟一切，使我们有能力进行解放与返乡。

不过，上面的讨论只涉及王先生这部作品的基础部分，却并没有涉及它的主体部分。在“象思维”理论基础上对中国传统思想进行重新阐述，构成了这部作品的主要内容。所以，它有一个副标题叫“‘象思维’视野下的中国智慧”。如果说基础部分标志着王先生的返乡之旅到达的最远之处，那么，对中国传统思想的一系列解读则是他向读者展现的返乡见闻。其中，对老庄、佛禅以及传统诗一画的阐明，尤显悠远、灵动而感人。

虽然人们可能不会完全赞同王先生对传统思想的理解，但是，人们却不可能不因他的“返乡见闻”而油然生出穿越亘古的乡愁。因这横贯古今的乡愁，我们的记忆永久保持着开放性，我们的未来永远打开着希望和梦想。

二〇〇七年二月于北京

一种飘浮的存在论*

——关系实在论的困境

罗嘉昌教授的论文“从实体逻辑到场所逻辑和关系的逻辑”是一篇很纯粹的学术文章。它讨论的仍然是作者在《从物质实体到关系实在》一书中提出的关系实体论的基本观点，只不过这篇文章的侧重点是想通过对哲学史的解读来阐释这些基本观点。它通过两方面的工作来完成这一任务：一方面是从“关系实在论”出发对亚里士多德的本体学说进行批评，另一方面是从“关系实在论”出发去重新理解哲学史上一些哲学学派的思想，特别是古希腊的智者学派与中国的老庄思想，并试图从他们那里寻求对“关系实在论”的支持。

因此，我想从“关系实在论”本身以及作者对哲学史的解读这两个方面来讨论这篇文章。

“关系实在论”最核心的一个观点就是，一切存在物都是存在于关系当中，解除一切关系，便无物存在。因此，它否定了自身同一物的存在。它的形式表达式就是一个多元函数式：R = f（x，r）。存在物就是由多元变量确定的数值物。

---

* 罗嘉昌教授一直是我非常尊敬的学者，他提出的“关系实在论”对于突破中国哲学教条，特别是把人们从“抽象的物质”崇拜中解放，具有振聋发聩的作用。它曾启发我对一些问题的思考，但一直未能满足我的思考。为什么不满足？一开始并不清楚，直到20世纪90年代中期才知道。这个过程实际上也是与罗先生对话的过程。承蒙吴国盛教授邀约，把这个过程简写成本文，并发表于北大哲学系系刊《哲学门》2000年第1卷第2册。

“关系实在论”的这一基本思想是来源于对现代物理学的发展的反思，相对论直接就是它可引用的科学基础。因此，如果物理世界是我们唯一的、最本源的世界，那么关系实在论就有理由成为普遍存在论。但是，物理世界只是我们的经验世界，而经验世界是要以先验世界为基础的。在经验世界里，一物存在的问题就是一物是什么的问题。因此，当关系实在论努力要成为普遍存在论时，它实际上在不知不觉中混淆了两个不同层次的基本问题：一个是“某一存在物是什么？”另一个是“某一存在物是否存在以及如何存在？”前者是经验世界里的“存在论—知识论”问题，后者则是先验世界的存在论问题。一物是什么，的确不是由该物自身所能决定的，而必须由它与他物的关系来确定。比如，一股风吹来，它是冷风还是热风，取决于它与感受者的关系，有人感觉到冷，它就是冷风，有人感觉到热，它就是热风。但是，有一股风在，有一股风吹来了，却不取决于它与感受者的关系，不取决于人们因处在不同身体状态而产生的不同关系。排除一切不同感受，解除与感受者的一切关系，风在，这是风，仍是一个无可怀疑的意识事实。

实际上，不管是从逻辑的角度还是从实际存在的角度看，我们必须在意识里首先作出“在”这个存在论判断和“这是风”这个第一逻辑判断，才能进一步作出是冷还是热的关系判断。在我们作出“这花是红的”，“这花是有花瓣的”等等关系判断之前，我们的思想意识早已完成“有某物在（来相遇）”和“这是花”这两个基础判断。“红花”或“有花瓣的花”只是花在不同关系中的角色性存在，就如工人、农民、学者只是人在社会关系中的角色性存在一样。存在物的这种角色性存在即关系存在，必须以存在物的自身同一性存在为前提。“有花瓣的花”必须首先是花本身，一个学者必须首先是一个人自身。解除一个人的一切关系角色，他并不会因此而不存在，他仍作为人自身存在。有了作为自身存在的这种自身同一物，才会有处在与他者关系中的角色存在物或关系存在物。在这个意义上，自身同一物恰恰构成关系世界的基础，构成整个经验世界的基础。但是，这个自身同一物本身却不是在关系中，不是在经验中给出的，而是在先验意识中被给予。某一物必须首先在我们的纯粹意识里显现为这一物本身，我们才能经验它与他物的关系。因此，自身同一物是先验世界里的问题。自身同一物与自在物的存在问题构成了先验存在论的基本问题。

但是，由于关系实在论把先验世界的存在论问题等同于经验世界的“知识论”问题，把“一物是否存在以及如何存在？”的问题，完全归纳为“一物是什么？”的问题，这使它完全停留在经验的关系世界里去理解问题，其结果就是否定构成关系实在论能够成立之基础的自身同一物的存在。

因此，关系实在论首先陷入这样一个困境：它一方面要为一切存在物的存在提供基础，另一方面它本身却没有基础，它不能对“关系是如何存在的（关系是如何可能的）？”这一问题作出回答。关系实在论说，关系先于关系者。问题是，在没有关系者的地方，如何有“关系”？作者说，关系由关系项组成。那么，关系项如何存在？关系项如何构成关系？关系项为什么就不能独立地存在？这里似乎隐藏着一个“关系实在论循环”：关系由关系项组成，而关系项被关系限定着。为回应这种追问，有时作者把“关系”理解为一种随缘开显的视域。我想，“视域”这个概念来自海德格尔的 Horizont。在海氏那里，时间是存在者存在、显现的地平线（视域）。因此，他要用一个基础存在论来讨论时间是如何到来的，这个视域是如何开显的。但是，关系实在论恰恰无法对“关系”是如何开显的作出存在论说明。在这个意义上，关系实在论要作为一种存在论，其基础尚成问题。

从关系实在论去解读哲学史同样面临着困难。首先来看它对亚里士多德本体学说的批评。它对亚氏的批评主要集中在两点：第一，亚氏的本体学说肯定绝对本体的存在，而亚氏之所以肯定绝对本体的存在，是因为他的本体学说是建立在日常的经验世界之上。第二，由于绝对本体同时也就是第一主体（主词），因此，亚氏的本体学说同时也就是一种主词逻辑，赋予主词存在物以最重要的本体论地位。

先谈第一点。亚氏对本体的论述：在《范畴篇》，对本体的最重要论述是，第一本体只被其他主体所述说，而它不述说其他主体；在《形而上学》第一本体或最本源、最真实的本体就是本质存在者，就是第一定义物。综合起来看，在亚里士多德那里，第一本体就是自身同一物，就是以“A 是 A”这种方式存在、显现的存在者。

作为自身同一物，第一本体是独立的，不依赖于他物存在，因此，它是一种无关系的存在，但另一方面，它却处于与自身的关系中，它与自身处在“A 是 A”这种主—宾关系中。在这个意义上，又是一种关系存在物，并且是一切其他关系存在物的起点。就此而言，关系实在论所反对的亚里士多德的本体学说恰是关系实在论的基础。

就第一本体是自身同一物而言，亚里士多德本体学说恰恰是建立在先验意识基础上，而不是建立在日常的经验世界之上，因为任何存在物都是在先验意识中达到与自身的同一，在先验意识中才作为它自身显现，也即只是在先验意识中，存在物才可以“A是A”这种方式显现、存在。

因此，批评亚里士多德本体论学说是一种经验常识观点，实际上并没有看到亚里士多德本体学说的真正基础，因而这种批评并没有触及亚氏本体论的真正要害。亚氏本体论的根本缺陷不在于它对自身同一物的肯定，而在于它只停留在自身同一物，把自身同一物当做最本源的存在，而没有看到比自身同一物更本源的自在物的存在，没有看到自身同一物与自在物的区别。自在物虽然在纯粹意识中显现它的存在，但它的这种显现恰恰表明了它的本源，即它在其中的那个整体是不显现的，因此，它并不仅仅是它显现的那个样子，它比它显现的存在要多，因此，它不与它显现的存在同一。只有当我们把它就当做它在直观（纯粹意识）中显现的那个样子（存在），自在物才成为自身同一物。换句话说，只有当我们在意识里把自在物从其存在的整体中抽离而成为可被我们的思想意识完全显现、把握时，自在物才成为自身同一物。在这个意义上，自在物是自身同一物的基础，自在物既显现又隐蔽，而自身同一物则是完全显现的、无遮蔽的存在。自身同一物以“A是A”这种方式存在，而自在同一物则以“A在”这种方式存在，即以绝对主体的身份存在。因此，当亚里士多德把自身同一物当做最本源的本体时，也就意味着他不是赋予绝对主体的存在物以本体论地位，而是赋予宾词存在物以本体论的地位。

因此，亚氏的本体论恰恰不是一种主词逻辑，而是一种宾词逻辑。

从上面两点来看，从关系实在论对亚里士多德所做的批评实际上并不适当。

那么，从关系实在论出发对智者学派以及老庄思想的解读是否能成功呢?

这里，将撇开智者学派，单说对庄子的解读。本文作者认为庄子采取的是一种本体论的相对主义观点，其精神与关系存在论相通。

但实际上，庄子在《逍遥游》、《齐物论》里要强调和表达的恰恰是一种绝对的自性论。表面上看，大如鲲鹏，小如斑鸠，它们的存在都不因此而有什么不同，因为它们的大小只是相对而言。

在庄子看来，斑鸠之不羡鲲鹏一跃千里，朝菌之不悲不知晦朔，并不在于它们的大小，而在于它们守于自性而自然自在。这里，庄子要强调的是，各守自性而自然自在，则万物为一：绝对的自身。因此，对庄子思想作出任何相对主义解读，都是一种与庄子南辕北辙的误解。

由于关系实在论本身在理论上的困难，它对哲学史的解读也不能令人信服。不过，由于关系实在论在经验世界的有效性，因此，它的突破并不一定要走向对它的否定，而完全可以走向能够容纳它的更彻底、更本源的存在论。可以肯定的是，关系实在论的突破绝不在于用关系实在论去化解关于自在物与自身同一物的绝对存在论，而是要以后者去化解、容纳前者。

关于 Sein 问题的一个梦 *

——与王路教授的对话

2011 年 3 月 18 日在北大外哲所召开了一次小型会议，讨论王路教授新近出版的一本叫《读不懂的西方哲学》的书，其中涉及 Sein 的问题。

大约在会议半个月前，我收到这本书。这里我要首先感谢作者赠书，并感谢作者在书中对我的认真批评！

这本书主要讨论与批评国内学者对 Sein（to be）的理解与翻译。作者秉承一贯风格，以文本为依据，进行清晰明了的分析与论述，虽然问题本身显得单一、抽象，读来却清楚明白，并不枯燥，有一天午睡前随手拿起来竟也读了下去。作者在书里坚持他一贯的主张，认为应当把 Sein 理解与翻译为“是”，也就是作系动词与断真联系词使用。简单说，Sein 首要和主要就是“S 是 P（S ist P）”中的“是”。这是我一直不赞同的。因为我恰恰以为，在西方哲学中，Sein 首先不是„ S ist P“中的 ist，而是„ S ist (es ist，Gott ist...)“中的 ist，这个意义上的 ist，相当于 existieren（存在）所表达的意思。这个意义的 ist 是哲学容身的地方，或者更确切说，是存在论容身的地方。也许是基于这种不赞同的意识，在读出了作者的核心观点之后，我开始恍惚起来，做了一个与 Sein 问题相关的梦。

* 本文为作者《时间与永恒——论海德格尔哲学中的时间问题》一书的附录，南京，江苏人民出版社，2012 年。

场景：清华哲学系师生在百年校庆期间获得一笔星际考察的经费，由王路教授带队，租用了一条“逻辑飞船”飞向了火星。

在火星着陆之后，走出航天站，赫然看见北大哲学系教授赵敦华带着一个学生，举着一条横幅“欢迎校友来到火星”，一问之下，知道就是接清华师生的。

大家坐进“星际大巴”，准备开赴宿营地。在大巴上，王路教授与赵敦华教授开始了一场对话：

王：非常感谢赵老师来接我们！不过，你刚才打的横幅不对呀，明明是接我们清华的人，怎么写着“欢迎校友”了呢？什么时候清华成了北大了？

赵：清华与北大本来就一条马路之隔，你何必分那么清楚呢？

王：虽只是一街之隔，但也得走三五分钟吧，况且北大就是北大，清华就是清华。这区别还是要讲的。

赵：既然都到火星了，就要用“星际的眼光”看事情，不能再只用地球的眼光看了。

王：什么叫“星际的眼光”？

赵从包里拿出一副眼镜让王戴上：你戴上它就知道了。

王戴上这副写着“星际眼镜”字样的东西，马上感觉自己好像又回到中关村一带，而且发现，一切既熟悉又陌生。清华与北大的确分不大清楚了，所有教学楼的面貌、气质就像所有中国人在西方人眼里那样，看不出有何区别。正在心里狐疑之际，王路教授想起了梅贻琦与蔡元培，于是想到，楼没有区别，校长、教师、学生总该还是有区别吧。

所以，接着他在校园里到处转悠，首先他想拜访校长。可是，不管他走到哪儿，人们都告诉他：我们这里只有部长，没有校长。

找不到校长，那就看看教授委员会或学术委员会吧。王路教授很执着，就像他对“是”很执着一样。让他大为吃惊的是，他发现，所到之处，只看到党派委员会，就是没有教授委员会；能找到的只是职称与项目分配委员会，就是找不到学术委员会。

“上层路线”走不通，那就“下基层”看看吧。这让他有更大的发现：在各文科学院，讲台上只有宣传员、推销员，就是没有教员，而教室里，只有考生，就是没学生；在各理工学院，讲台上只有老板，就是没老师，台下则只有职员，就是没有学员。

看完这些，王路教授开始说话了：

真是翻天覆地呀，这星际眼镜让我好像一下子回到新中国成立前了。清华与北大变化太大了，清华真的不再是清华了，北大也真的不再是北大了。

赵：那你说，清华是什么？北大又是什么？

王：清华和北大什么都不是！

赵：什么都不是就对了，那还有区别吗？你也就别总是一是到底了！

王一听急了，摘下星际眼镜，正色道：虽然什么都不是，但，是还是要是下去的！

赵：到了另一个星球，你就不一定是得下去了。

（旁白：能是得下去吗？我是相信是不下去的。在梦里，很快就证明了这一点。）

清华师生很快到了宿营地，周围景色优美，青山绿水，纤尘不染。大家感叹着没有人类的地方才是好地方。让大家感到亲切的是，对于周围的事物，地球上建立起来的那一套分类系统看起来都能适用，还没有碰到不可归入动植物类别的东西。

不过，第二天一早，清华师生就发现了一个非常陌生的东西：它看起来不是动物，因为它身上长满了绿色的叶子与艳丽的花朵，几条根系深深扎在泥土里；它显然也不是植物，因为它的枝条能像手臂那样灵活运动，最重要的是它还长着五官，脸上凝聚着神秘的表情。

大家一边围观，一边在满脑子搜索分类知识，以便对这个陌生事物作出“S是P”式的恰当陈述，否则，这个事物好像就成了异类而不能给予他们似的。

张同学说：“这是A。”

李同学马上反驳道：“这不是A，这是B。”

邓同学随即纠正：“这也不是B，这是C。”

听着学生在没完没了地是，又不是，担心被赵敦华教授说中了，王路教授发出一声断喝：“你们别争了，这没什么好争的！无论如何，它总是某种什么！现在不清楚，以后总能弄明白的。”

话音刚落，只见那个陌生怪物迅捷地伸出一双枝条似的长胳膊抓住王路教授，满脸不悦地对他说了一串德语：

Ich bin nur Da！ Aber ich bin nicht Seinde！ Ich bin

Nichts！ Ist es klar?

王路教授怎么脱险，已不得而知，因为这个无法被归类的陌生者的话把我吵醒了。

不过，显而易见，这个不可被归类者的话，对王路教授在Sein问题上的观点的确是一个问题，一个无法轻易应对的挑战。

但是，当我要求王路教授解这个梦时，他觉得这太容易了，所以脱口就回应说："我只是在这里！但我不是是者！我什么也不是！"

乍看起来，这个回应很完满，完全能贯彻他对Sein的理解。实际上，这个表面上的完满却掩盖了深层的问题。

首先单从语言层面上看，按王路教授的主张，第一句话严格上只能译为"我只是这里"而无法解读为"我只是在这里"。因为，bin按王路教授的观点首先应当理解为"是"，而Da并没有"在"的意思，那么，"在"又从何而来呢？

其次，第二句里，是与是者区别在哪里？或者问，如何区分是与是者？如果说这两者只有语言学上的区分（比如说，"是"是系词，而"是者"是谓词），那么，这句话有何意义？也就是说，陌生者这句话究竟说出了什么？他说他不是是者，那么，他又"是""什么"？

在第三句里，如果非得把sein首先理解为连接主宾结构的系词"是"，那么这句话的准确解读，应当译为"我是无"。那么我们要问："我是无"什么意思？"无"作为谓词，是什么意思？它表达了什么？

实际上，王路上面的回应并没有真正解我的梦。按他这个说法，bin还是作为一个系词，表示S ist P，这也就是说，凡能被给予的东西一定是且首先是在主—宾结构当中给予我们的。但是问题就在于，一个东西要进入主—宾结构当中，它首先必须是什么呢？“Existenz”！也就是说，一个东西在作为“是什么”给予我们之前，它必须首先“存在着”（existiert），也就是作为什么也不是的自身给予我们。S ist P，已经包含三个基本前提：一，S ist（S existiert）；二，S ist s；三，P ist p。否则，S 不可能作为 P 给予我们。

实际上按我的理解，海德格尔对 Sein 问题有一个重要推进就在于，他通过引入 Existenz 把作为存在动词的 sein 和作为系动词的 sein 明确区分开来，用 Existenz 承担起希腊语 einai 表达的“存在”的功能。这样的明确区分，才能进一步区分 Sein 与 Seinde，从而把 sein 问题搞得更清楚一些了。王路现在倒回去，把 Sein 都说成“是”，不是清楚了，反倒重新变得不清楚了。这是我的一个想法。

还有一点要指出的是，实际上王路在这本著作里蕴含着一个矛盾：一方面强调要从哲学层面上来理解 being，另一方面又强调要把 being 理解为系词“是”。他非常彻底，我很佩服这点，坚持了十几年，可能还要坚持下去。问题是作为系词 being，只不过是一个语言学概念，而不是一个哲学概念。如果说“是”作为系词也是一个哲学概念的话，那么我们就要进一步澄清，作为一个哲学意义的系词和作为语言学的系词有何不同。我觉得这是他面临的一个很大的困境。它们有没有区别？如果说有两种系词，有语言学的系词和哲学的系词，那么它们有没有区别？如果说没有区别，那只是语言学的系词；那把它翻译成“是”就是一个语言学问题，不是哲学问题。但是他又强调我们要把它作为哲学层面来理解，我不知道他如何解决这个问题。

二〇一一年三月于清华新斋

中华民族是一个思想性的本原民族*

——从什么是哲学谈起

什么是物理学？什么是法学？或者什么是政治学？这些问题可以有很明确的答案，因为这些学科的对象和界限很明确。但如果问“什么是哲学？”，那么答案就不那么简单。在不同哲学家那里，对这个问题的回答各不相同。在中国，通行的说法是“哲学是一种世界观”。问题是，几乎所有科学都是一种世界观，至少是构成世界观的一部分。谁能否认物理学也是一种世界观？如果说哲学是一种世界观，那么，它恰恰是一种最可有可无的世界观。因为作为世界观的哲学完全依赖于其他学科。所以，把哲学视为一种世界观，不仅无法使哲学与其他学科区别开来，而且将使哲学丧失作为一门学科存在的理由。

在中文里，“哲学”作为一个学科名称是从西文里的 Philosophie（philosophy）直接翻译过来的。不过，用“哲学”来译这个西文词，是日本学者的工作。在近代西学东渐的过程中，有许多重要的学术概念都是直接借鉴了日本学者的翻译。实际上，这是一个不幸的曲折经历。因为日语里用的汉语语词大多并不具有承担本原问题与原创性思想经验的功能，而西学里的核心概念都是古希腊人在回答本原问题时提供的，因而都承担着原创性思想经验与事物

* 本文原刊于《中国哲学史》2004 年第 3 期，题为“什么是哲学与为什么要研究哲学史？”，在此个别地方作了补充。

的原初意义。就 Philosophie 这个西语词来说，都是来自古希腊语 philosophia，原初意思就是“热爱、追求智慧”。作为一种活动言，Philosophie 就是一种通过追问智慧的问题而使人变得有智慧的精神活动；作为学科言，Philosophie 就是一门通过追问智慧的问题来使人能够智慧地生活的学问。

那么，什么样的问题是智慧的问题？就古希腊人来说，智慧的首要问题就是追问世界的“始基”问题或“本原”问题。而追问世界的本原问题，也就是追问变动世界中可靠的绝对根基的问题。在这个变幻不定的世界里，我们在什么地方才能立定脚跟呢？寻得心灵上立定脚跟的问题，也就是寻找能够把我们的生命或生活担当起来的可靠支撑的问题。因它可靠，我们可以生活得安然和踏实；因它可靠，我们可以坚定地打开我们的希望和未来，因而可以生活得有信心、有力量。简单说，因它可靠，我们的生活既能经受起苦难的重压，也能经受住幸福的诱惑。

我们知道，在这之前，希腊人与其他古代民族一样，都生活在神话世界或原始宗教里，人与他人、他物都是处在一种不确定的梦幻般的关系中。也就是说，人的生活与存在是不确定的，处在隐身与现身、转化与变换之中。在神话或原始宗教里，不仅个人，甚至作为类存在的人，都是没有自我同一性的身份，也没有对自我同一性身份的意识与要求——人与神甚至与动、植物没有明确的界限。世界的本原问题的提出，就像一道光芒从人类的心灵世界划过，照亮了人与他物的明确界限，从而召唤人类对自身身份的意识与追问——人在这个世界上究竟处在什么位置上？人在什么地方能立定自身？从根本上说，本原问题的提出意味着人类试图透过变幻不定的现象事物，去寻找可以立定自身的确定性与可靠性。也就是说，在本原问题里，一方面表明人类对纷繁变幻的现象事物持不信任、不满足的态度；另一方面表明，人类相信透过这些现象事物可以找到使自身能够立定其上的确定性与可靠性。追问世界的本原，也就是要在这个世界寻找确定、可靠的立足点。

所谓"世界的确定性与可靠性"，也就是绝对性。因为从根本上说，只有绝对的一或绝对的存在者，才能够是可靠的和确定的。所以，我们可以进一步说，追问世界的本原问题，也就是探究绝对性的问题，本原问题的提出意味着开始了对绝对的意识与觉悟。因此，追问世界本原的问题，从根本上说也就是追问绝对的问题。而人类对本原的追问，实际上隐含着对人自身的身份的觉悟与确认。因为人类之所以会去追问世界的本原问题，在根本上是为了人本身的生活与存在寻找可以立身其上的可靠支点，以免人类在变幻不定的宇宙面前茫然失措或惶惶不可终日。不管是作为古希腊第一个哲学家的泰利士把世界的本原归为"水"，还是苏格拉底—柏拉图把"理念"当做世界的原型，都既是为世界寻找确定性的本原，也是为人自身的存在与生活寻找绝对性的根据。实际上，对本原的追问，不管是以思想的方式追问，还是以宗教的方式追问，都同时隐含着对人自身的身份的追问。回到本原而与本原共在，也就是人回到自身，即回到自己本来在的位置上。因而，回到自身在根本上也就是回到自在的自由存在。在这个意义上，对本原的追问都或强或弱地召唤着对人的自由的觉悟。对本原的守护在根底上也是对自由的守护。

因此，对本原，从而对绝对的追问和觉悟，在人类史上是一件最伟大的事件。因为它在根本上意味着人类开始了依靠自己自觉的精神力量寻求自立与自由的漫长历程。

所以，从根本上说，世界的本原问题，就是人在这个世界上安身立命的问题。在这个意义上，Philosophie 作为一门学科，其任务就是“为天地立心，为生民立命”。这个任务在中国古典文化里，是由什么来担当的呢？近来，在中国学界，“中国哲学的合法性”再次成了被关注的问题。这个问题实际上可以首先变换为这样一个问题：在中国古典文化中有没有一部分相对独立又自成系统的内容，担当起西方 Philosophie 担当的任务，提出并回答了 Philosophie 提出和回答的问题？如果有，那么，“中国哲学的合法性”就不成其为问题，如果没有，“中国哲学”，特别是“中国哲学史”就有陷入虚构或捏造之虞。

实际上，任何一个成熟的民族，特别是本原性民族或所谓“轴心民族”，都不可能没有 Philosophie。因为一个民族之所以能够被称为本原性民族，就在于它的宗教和思想达到了对本原问题与绝对原则的觉悟和洞见。因此，这个民族的宗教或思想不仅能够使本民族保持自己的同一性与长时段的延续性，而且具有教化与提升其他民族的普遍意义，因而，这个民族从自己的精神世界里不仅开辟本民族的历史，也开辟了其他民族的历史。在这个意义上，本原性民族并非简单地等同于古老民族。实际上，一个民族的宗教与思想之所以具有开辟长时段历史的力量，就在于这个民族的宗教与思想包含着对本原问题的深切觉悟，从而包含着对绝对性原则的追问与思考。这意味着，本原性民族的文化一定包含着对大根大本的问题觉悟和沉思，从而担当着“立心—立命”的使命。

就历史事实看，中华民族无疑是一个本原性民族，它的古典文化里理应有承担起“立心—立命”任务的基本内容；而从学理上分析言，我们也可以发现，在儒、道思想里，都隐含着对本原问题的追问与对绝对原则的觉悟和坚持。这里我们且以儒家来说明。

在儒家经典中，《大学》具有基础性地位，它是一切“小学”的基础与前提。所以，在伟大的宋儒那里，《大学》被置于首要地位。那么，《大学》究竟要做什么呢？《大学》篇里说：“大学之道在明明德，在亲民，在止于至善。知止而后有定，定而后能静，静而后能安，安而后能虑，虑而后能得。”这意思是说，《大学》要完成的使命就是为人类寻找足以“止定”而安身之所。《大学》通过使人心明天地人间之大德而安身于绝对原则，立定于至善理念。因守护于绝对之原则，立止于至善之理念，我们才能给出真正公平、正义的普遍法则，并且才能以不“灵活”的绝对精神来贯彻这些普遍的正义法则，以之确立、处理、衡量一切人间关系[1]，从而齐家、平天下，即让天下人安于所止。

这里值得特别指出的是，在儒家思想里，“齐家的法则”之所以能够成为“平天下的法则”，并不是因为“齐家法则”是出于亲情，相反，恰恰是因为“齐家法则”是节制亲情而构成亲情之尺度的正义法则。我们无法想象，陷身于无度的亲亲之情者竟能“齐”家而明明德于天下。《大学》真正要说的恰恰是，只有自身明明德而立止于至善者，才能给出并坚守出自明德与至善的普遍法则，从而能够不为亲情所溺蔽，而是首先以普遍法则贯彻于亲亲之间，使亲亲之情澄清于明德，亲亲之义不偏于至善，由此，才能“齐”亲而“平”天下。“自天子以至于庶人”之所以“壹是皆以修身为本”，乃是因为通过格物、致知、诚意、正心而达到的

1 这里“人间关系”就是指人与人之间的一切关系。汉语里的“人间”常与“天界”相对应，基于汉语这一特殊用法而强调，人间关系要有“天界原则”，也就是以绝对的正义法则为根据。

那个“身”才能明于明德而守于至善，因而才成为确立并承担起公正法则的“正身”。天下太平的前提就在于人人归于“正身”。身修而正，则不陷入一己之偏，不执于一己之利，由是而天下为公。而“正身者”之所以能够不偏不私，就在于他在内在世界里确立并担当起以明德、至善为根据的绝对法则，因而他不仅以此法则为天下人之公度，而且首先以此法则为自己和亲亲之公度。天下太平的根本要义就在于，以明德与至善为根据的绝对法则成了天下之公度而流行于天下。天下之所以为“朗朗乾坤”，而不是暗无天日，就在于法则流行，公度至上。

以修身为本表明，儒家的致平事业是以个体的道德自觉或法则觉悟为基础。只有个体明明德而坚守至善，才有可能明明德于天下而致平。那么，何为明德呢？根据朱子的解释，我们可以把它概括为：得乎天而明于心的普适性绝对原则。也就是说，“明德”是我们每个人得自上天而面对上天的绝对原则，因而首先是我们每个人与上天之间的绝对法则。因此，以明德为根据的人伦法则与角色关系准则才具有普遍性与神圣性。也就是说，在儒家的深度思考里，天—人（人—神）关系是人—人关系的基础。这在根本上意味着，置身于天—人关系的个体的人是一切角色关系的基础。所以，格物致知而明明德才成为齐家平天下的前提。齐—平的核心要务就在于，确立与维护那种符合由个体担当与觉悟的天—人法则的角色关系。

明明德而止于至善，不仅是致平事业的前提，而且首先是个体独善其身的前提。明明德而守于至善首先开显的就是独善其身。唯能独善其身者，才有可能齐家平天下。所谓独善其身，并非没有致平之关怀而只顾一己之完善，而是指在没有致平机缘的情况下，由于对明德之自觉而能独自坚守绝对法则，依然以绝对而普遍的公度面对天下人、天下事，因而能平静、理性地对待一切事物和一切遭际，从而能经历并得到生活、生命之意义与尊严。也就是说，能过一种可以经得起各种考验与诱惑的有智慧的生活。

实际上，在儒家经典中，并非仅仅《大学》篇涉及立心—立命的任务。我们可以把儒家经典中所有试图确立绝对原则而担当"立心—立命"使命的那部分内容归在"大学之道"下。就《大学》的使命是确立绝对原则而使人过有智慧的生活而言，我们在最根本意义上可以说，希腊人的"爱智之学"就是大学之道，Philosophie 就是"大学"。所以，在本源意义上说，Philosophie 的确切汉译应是"大学"，而不是"哲学"。

在中华古典思想里，"大学之道"还有另一个名称，这就是"形而上之道"。所谓"形而上之道"，就是一切有形事物即现象事物背后的绝对根据或绝对原则。所以，在汉语里，我们也可以把 Philosophie 称为"形而上学"。

就 Philosophie、"大学"或"形而上学"的使命是为人类寻找安身立命之所而过有意义的智慧生活而言，它是一门使人智慧的学问，而"哲学"之不适合于 Philosophie，就在于在汉语里，"哲"字虽然具有"知人则哲"这种实践性本原意义[1]，但是在思想系统里，这一概念并不包含有太多本原性思想经验，更不具有"超出现象"、"退出眼下世界"的意思（而超出现象、退出眼下世界看生活恰恰是 Philosophie 的要义）。所以，在后来的古代汉语里，"哲"主要是"聪明"的意思。"哲学"至多只能是使人聪

1 参见李存山："知人则哲：中国哲学的特色"，《哲学动态》2004 年第 5 期。

明的学问。但聪明与智慧完全是两个层面的问题。王熙凤是一个聪明绝顶的人，她的算计功夫，少有人能与之匹敌。但我们不会认为她是一个有智慧的人。否则，她也就不会“机关算尽太聪明，反误了卿卿性命”。实际上，日本人把Philosophie译成“哲学”，恰恰最直接地表明，日本民族是一个聪明的民族，却与智慧仍有距离，不容易真正到位地进入Philosophie的深层意义。近代中国学者从日本学者那里转译了许多西学概念，这些转译有的大大阻碍了中国人对西学核心概念与核心思想的理解与把握，从而阻碍了西学精神在中国人的精神世界里的融合与成长。因此，有一些重要的西学概念需要中国学者进行重新的理解与清理。不过，就学科名称而言，我们仍可以按约定俗成的原则，把Philosophie称为“哲学”。

当然，我们这里讨论的绝不只是翻译问题，我们只是想通过附带讨论Philosophie的翻译问题，来阐明“什么是‘哲学’？”这个问题。

从上面的解说中，我们可以简单地说，“哲学”就是一门探求本原与确立绝对原则的学问，它的使命或任务就是为人类生活提供安身立命之所而使人类过上智慧的生活。就这样理解的“哲学”而言，在中国古典文化里，当然有哲学。不同民族会有不同的哲学，但不管各民族的哲学有多么不同，它们都一定是对本原与绝对原则问题的追问与回答。就这种意义上的哲学而言，在众多古老民族中，实际上只有四个古老民族有真正的哲学：这就是古希腊民族、中华民族和印度民族、犹太民族。后两个民族的哲学是与他们的宗教信仰联系在一起的，只有古希腊民族与中华民族的哲学是独立的思想活动。也就是说，只有中华民族和古希腊民族是单独靠思想来面对本原与追问本原，单凭思想来为生活确立理由，为世界确立根基，因而，靠思想而在天地之间站立起来。我们说，中华民族是一个思想性的民族，首先就是说，中华这个民族是靠哲学思想生活下去，靠哲学思想从大地上站立，靠哲学开辟了中国与东亚的历史。

不同民族有不同的历史，从根本上说，是因为不同民族有不同的宗教信仰或不同的哲学思想。一个民族的历史不是由宗教信仰开辟的，就是由哲学思想开辟的，或者是由宗教与哲学一起开辟。任何一个民族的历史首先是一部精神—思想自由展开的“艺术史”，而不是物质形态演变的“工具史”。除了自由的精神思想，没有任何其他东西能够成为历史的基础与核心。一个民族的历史是否能够在人类文明史进程中得以长时段地延伸而构成世界史的基本内容，在根本上取决于开辟这个民族历史的哲学思想或宗教信仰是否深刻，是否包含着对世界本原与绝对原则的觉悟。一个民族历史的中断，或者一个文明的消失，在根本上是因为这个民族的精神世界缺乏对世界本原与绝对原则的真正觉悟与彻底把握，以致它在历史进程中经不起时间的考验与重压。

中国古典思想值得我们去了解和研究，并不仅仅因为它是我们中国人的传统文化，更重要的是因为它开辟了东亚的千年历史，而它之所以能开辟并延续东亚的千年历史，就在于它包含着对绝对原则的觉悟与意识。同样，我们今天之所以要来了解与研究古希腊哲学，就在于它展示了希腊人对世界本源与绝对原则的认识与把握，因而它不仅开辟了欧洲古代史，且继而与基督教信仰一起开辟了欧洲的中古时代与近现代世界史。今天的科学仍然运行在希腊哲学提供的思想方式与基本观念里。在世界史的漫长进程中，每个民族、每个时代的生活内容都不一样，但是，不管人们生活在什么时代、什么环境，都面临着何以安身立命的问题，都必须从以回答此问题为使命的哲学那里获取生活的力量。

因此，了解、研究哲学史，并不只是为了获得一种历史知识，至少首先不是为了获得知识，而是为了获取存在的力量，以便人们能更有理性因而更有尊严地生活在天地间。

纯粹哲学就是自由哲学[*]

——就“纯粹哲学丛书”答张红安问

张红安（以下简称“张”）：“纯粹哲学丛书”一出版，就受到读者的相当关注，其中有的作品一再重印，叶先生说你是这套丛书的首倡者与策划者，你想用“纯粹哲学”表达什么？

黄裕生（以下简称“黄”）：叶先生在丛书的两个序言里对“纯粹哲学”要表达的精神已作了很深入的说明。其实，“纯粹哲学”就是哲学本身，如果哲学保持为哲学本身，那么哲学原本就是纯粹的。而我们今天之所以强调哲学的纯粹性，乃是要反抗哲学长久的严重失守，以便让哲学回到自身。哲学本就是要从感性事物、从功用关系中解放、超越，而这也就意味回到自由。让哲学回到自身，就是回到自由。所以，当时用“纯粹哲学”想要强调的就是希望哲学守住自己，让哲学从它做不了也不该做的事情中摆脱，承担起它的真正使命，这就是守护自由与追问自由。在这个意义上，纯粹的哲学就是自由的哲学。

张：在这套丛书里有你两本书，《自由与真理》是关于康德的，另一本《宗教与哲学的相遇》是关于中世纪哲学的，这似乎是两个跨度很大的专业领域，你是怎么跨越的？

黄：从专业角度看，近代哲学与中世纪哲学的确跨度很大，但

---

* 本文原刊于《文景》2009 年第 3 期。

是，我很少把自己确定在某个哲学史专业，因为我是根据问题本身的引导来确定读什么书，找谁进行对话。我在中国社科院哲学研究所工作了近二十年，这里有一个好处，就是让我有足够的时间只面对问题，而不太管“专业方向”。其实，这两本书，甚至包括早一些关于海德格尔的那本书，都贯穿着对诸如自由、时间、历史等问题的思考与讨论。从海德格尔到康德，再到奥古斯丁，对我而言是一个很“自然”的过程，并没有觉得有什么距离或鸿沟需要跨越。当然，我并不是说，古代哲学与近现代哲学没什么区别，我的意思是，如果从思考哲学问题本身切入，那么，可以很自然地在古代哲学与现代哲学之间切换。我还一直喜欢在中西哲学之间进行切换。因为在我看来，哲学本就是一种“大学”，它所明所立的“道理”应当是能贯通古今中外的天下普遍之理。所以，就哲学本身来说，它不仅能跨越“专业”，而且能跨越古今、跨越民族。

张：你在《宗教与哲学的相遇》里提出一个很有趣的观点，即“真正的爱是守于自由而让他人自由”。而这样一种与自由本身相关联的爱，会不会成为人沉重的负担，从而使人“逃避自由”？

黄：很乐意回答你这个问题。的确，这种爱，是每个人的一种责任，因为这种爱是一种普遍之爱。就这种爱是每个人能够且应当给予他人的爱来说，它是一种负担，一种责任，因为它要求尊重、帮助他人的独立自主。但是，就这种爱是一切人类健康情感的尺度而言，它又恰恰是对人类的一种解放，因为它要求人们从不利于相互独立自主的各种沉重情感中摆脱，解除各种过分的、越俎代庖式的情感负担。逃避普遍之爱，在某种意义上就是逃避自由。这种逃避有三个方向：或者沉迷于温暖的溺爱，或者沦落于冷漠的无谓，抑或迷失于轻视的侵犯。但不管往哪个方向逃避，逃避普遍之爱，就是逃避自己。我们平时常说做你自己，守住自己，其实就是守住自由，守住普遍之爱。这做起来并不那么容易呀。因为人们常常化身为各种身份—角色而处在“失位”或“离位”状态，所以，才需要哲学、艺术与宗教这些超越途径来帮助人们返回自由—自身。人不能总在逃避当中，不能总过逃亡的生活，他终究要有勇气担当起自由，担当起爱。

张：在你的很多作品里，似乎都围绕着自由问题展开，一再出现“自由—自在”这一概念，在你看来，自由在哲学中究竟处于什么样的地位？

黄：的确如此，自由是一个一直让我苦恼的问题，也是一个一直让我激动的问题。在我看来，自由在哲学中的地位是如此重要，以致可以说，哲学的使命就在于守护自由与追问自由。古希腊人说哲学就是爱智慧。而智慧就是要人从感性事物中摆脱，从受因果性关系决定的现象世界解放，而这就是走向自由。所以，爱智慧，也就是爱自由。哲学就是爱自由。叶先生最近的一篇论文就表达了这个意思。

对自由的思考与追问有两个层面的区别，一个是纯哲学层面，有时也叫形而上学层面，一个是政治哲学—政治学层面。后一个层面的讨论主要是要从自由导出权利，或者说，是为确立与维护个人的权利而涉及自由。形而上学层面的讨论则是要追问、确立自由本身。我现在更多的是在形而上学层面上思考自由，也做点让两个层面贯通的工作。

其实，不同的思想传统都隐含着对自由的追问与觉悟，只是开辟的维度不尽相同。如果说古希腊人开辟了自由之摆脱—解放的维度，我权且称之为认识论维度；那么，犹太—基督教传统则开辟了自由之突破（禁令）与抗拒（诱惑）的维度，我称之为伦理学维度；而中国古典思想则开辟了自由之无待无碍的自在维度。自在，就是在自己位置的存在，能完全从自己出发而无所待的存在，这当然也就是自由的存在。所以，我说，自由是每个人被抛入的位置，是每个人的天位[1]。在这个天位上存在，也就是最真实、最本原的存在。所以，我把自由的自在维度视为一种存在论维度。我用“自由—自在”这一概念，就是要突出自由的这个维度。也可以说，这是一个中国思想的维度。

---

1 “天位”是“自创”的一个概念，要表达人在天地间有一个“被给予的位置”，这就是自由。它是上天或上帝赋予每个人的位置。在这个位置上，每个人才是他自己，也才能成为他自己，才能“自在”；“失去”或遗忘自由，就意味着失去自己的位置，忘记自己的天位。这个天位是不可取代的，它是全部人性之所系。参见黄裕生：《宗教与哲学的相遇》导论部分有关普遍之爱的讨论，南京，江苏人民出版社，2008 年。

第二编

自由与秩序

谬传，还是正传？*

——评赵敦华教授报告“基督教哲学何以可能？”

我们都知道赵敦华教授写过一本专著，名为《基督教哲学1500年》。这是1949年之后，大陆第一部以比较客观、积极的态度去介绍和评论教父时期与整个中世纪时期的哲学，并把这两个延续一千多年的欧洲哲学发展阶段都归到“基督教哲学”这一概念之下。在这之后，“基督教哲学”这一概念在大陆学界被赞同者（包括我自己）广为使用，也被反对者斥为谬种流传——这个“谬种”就是从赵老师这里开始的。

今天赵老师这篇文章叫“基督教哲学何以可能？”。最初的题目叫“‘基督教哲学’概念辨析”，这是一个中立性的标题，辨析的结果可能是肯定“基督教哲学”，也可能是否定了“基督教哲学”。但现在这个题目则是肯定性的：它首先已肯定基督教哲学是存在的，至少是可设想它是存在的。现在只是要追问：它是凭什么而成为可能的？使基督教哲学成为可能的根据或理由是什么？找到使基督教哲学成为可能的理由，也就确立起“基督教哲学”这一概念的合法性，当然也就确立了基督教哲学作为一种特殊哲学形态的合法性。所以，这篇文章实际上既是为“基督教哲学”这一概念辩护，也是为基督教哲学的存在事实辩护。换言之，也

---

* 本文系作者在清华大学哲学系主办的“西方哲学的问题、方法与方式”学术研讨会上对赵敦华教授所作报告的评论。原刊于《文景》2009年第10期。

是作者为自己的“基督教哲学”不是谬种而辩护。

的确，如果“基督教哲学”是谬种，那么，“基督教哲学 1500 年”岂不就成了“谬种 1500 年”？所以，作者在这篇文章里力图通过对“基督教哲学”这一概念进行更宽泛的解释来进行辩护，以证明“基督教哲学 1500 年”不是“谬传”，而是“正传”。

这首先要分析对“基督教哲学”这一概念的各种看法。不过，从是否为之辩护的角度看，其实只有两种看法，那就是反对这一概念与支持这一概念。从文章所涉及的各种意见来看，显然是反对的意见要多于赞成的意见。而反对意见的核心理由就在于认定了理性与信仰、哲学与宗教（启示）之间是分离的关系，而没有内在的关系。既然如此，那么，所谓“基督教哲学”就不过是基督教与哲学一种外在的概念拼凑，而绝非有什么事实上的基督教哲学。

这意味着，捍卫基督教哲学概念的关键，就在于确立并论证理性与信仰、哲学与宗教有内在的关系。换言之，只有在理性与信仰、哲学与宗教有内在关系这一前提下，才能论证基督教哲学是何以可能的。所以，捍卫基督教哲学最有力的吉尔松极力主张理性与信仰、哲学与宗教（启示）之间有内在的必然联系。

但是，不管是对赞同“基督教哲学”的意见，还是对所有反对“基督教哲学”的意见，作者都给出了一个概括性的评论：认为它们在论证上“犯了一个共同错误，那就是‘范畴错误’，即把‘启示’、‘信仰’和‘神学’当做同一范畴；而把‘理性’、‘理解’和‘哲学’当做另一范畴，因此才产生了两者有没有关系、是什么关系等问题，陷入诸如内在关系、外在关系或超越关系之类的文字游戏。”

那么，作者自己如何解决“基督教哲学何以可能”这一问题呢？针对前人的范畴错误，作者认为，可以把第一组概念的意义归结为“《圣经》启示”，而把第二组概念归结为“哲学解释”；这样一来，基督教与哲学的结合就是顺理成章的事，基督教哲学是对《圣经》启示的哲学解释。于是，“基督教哲学何以可能”，实际上也就成了《圣经》启示（通过哲学解释）何以可能的问题。换言之，通过对《圣经》启示何以可能进行哲学解释，也就产生了基督教哲学。

对基督教哲学的这一解释是文章最核心的内容，也是文章最有创意的地方，也可以说是很巧妙的：从概念上看，的确避免了纠缠于理性与信仰、哲学与启示的关系这样的问题上。

但是，这里有几点是值得进一步讨论的。

首先一点是，如果基督教哲学就是对《圣经》启示的哲学解释，那么，对于基督教哲学来说，它首先要承认存在“《圣经》启示”，也就是承认整部《圣经》的文本就是上帝对人的启示，否则就无须对它进行哲学解释；其次对《圣经》启示何以可能的哲学解释，必定要涉及我们接受启示的模式与方式的问题，当然也就要涉及作为接受启示的能力之一的理性能力本身。而这也就意味着，依然要面对、处理作为信仰之内容的启示与理性之间的关系问题。所以，把基督教哲学处理为“对《圣经》启示的哲学解释”，并不能回避理性与启示信仰之间的关系问题。

第二个要质疑的是作者对从伯里哀到吉尔松关于“基督教哲学”的观点的评论，认为他们都犯了前面提到的“范畴错误”，由此才导致诸如理性与信仰或启示、哲学与宗教或神学之间有无内在或外在的关系这种文字游戏式的问题。但是，作者在批评前人把启示、信仰和神学当做同一范畴的同时，却又主张可以把第一组范畴的意义归结为“《圣经》启示”。这显然是一个更大的“范畴错误”。如果说基督教启示与基督教信仰可以归结为《圣经》启示的话，那么，基督教神学如何能够归结为《圣经》启示？如果神学属于启示，那么它就不是什么“学”，就“不成其为学问”(als Wissenschaft)。

而更为重要的是，如果说理性与信仰、哲学与启示之间的关系只是由范畴错误导致的文字游戏式的问题，那么，也就是说，实际上并不存在理性与信仰、哲学与启示之间的关系问题。换言之，理性与信仰、哲学与启示之间的关系问题实际上是“范畴错误”导致的假问题。

然而，“基督教哲学”这一概念本身实际上就已隐含着理性与信仰、哲学与启示之间的关系问题。甚至我们可以说，“基督教哲学”这一概念能够成立，全然建立在对理性与信仰、哲学与启示之关系问题的某种程度的解答上。不对理性与信仰之间的关系作出某种回答，就难以真正为“基督教哲学”进行有效辩护。

关于“基督教哲学”这一概念，我们可以暂且换一个角度来讨论。如果说对这一概念有质疑，那么“宗教哲学”这一概念则被较为普遍地接受。不过，“宗教哲学”被精细地区分为 die Philosophie der Religion 与 die religiöse Philosophie，我们权且可以把前者称为“关于宗教的哲学”，它的出发点是哲学，重在对一般宗教现象或具体的宗教内容进行哲学反思，是哲学的一个分支，黑格尔的宗教哲学是其代表；同时，可以把后者称为“宗教的哲学”，它的出发点是宗教本身，为了面对世俗思想的质疑与满足世俗大众的需要，它从宗教教义出发对各种哲学问题作出自己的回答，或者反过来说，它是以哲学的方式去理解与阐释宗教教义，使宗教教义在理性上成为可以理解与接受的，以便排除信仰的理性障碍。虽然成为理性上可理解与可接受的，并不一定就成为可信仰的，这样的宗教哲学实际上接近于神学，甚至就是神学的组成部分，如在奥古斯丁与托马斯·阿奎那那里的情况。

显然，这两种意义上的“宗教哲学”在历史上都存在过，并且依然还存在着。而我们这里所说的“基督教哲学”，显然属于后一种宗教哲学，即“宗教的哲学”。作为这种宗教哲学，不管它是从教义出发去回答各种哲学问题，还是以哲学的方式对所信仰的教义进行阐释，都已经在处理与实践着理性与信仰、哲学与宗教之间的关系。

所以，对于“基督教哲学”来说，正如对于任何其他可能的“宗教的哲学”来说一样，理性与信仰、哲学与宗教的关系问题并不是什么由于“范畴错误”带来的文字游戏，而是它不可避免要面对与处理的问题。

实际上，对于“基督教哲学”来说，它何以可能的问题的解决，必须面对两个层面的问题：一个是一般性问题，即理性与信仰、哲学与宗教的关系问题——如果它们有内在的关系，那么，基督教作为一种宗教与信仰，它就能够借助于理性与哲学来理解自己，而哲学与理性也能够对它的教义作出某种阐释。另一个是特殊性问题，即相对于其他宗教，基督教与哲学有无什么特殊的关系？按黑格尔的观点，基督教是所有宗教最高的一个环节，它最接近哲学。一些神学家则认为基督教作为一神教，它是一种启蒙的宗教。也就是说，基督教是最高的宗教，因而它也就最接近理性。因此，当然也就最有理由借助哲学来理解与阐释自己。所以，基督教哲学也就成了最有可能的“宗教哲学”。

不过，作者实际上并不否认理性与信仰、哲学与宗教之间存在的内在关系。在批评反对基督教哲学概念最有力的伯里哀时，作者非常明确地亮明了自己的观点，“认为伯里哀所设想的理性完全自主的哲学是不存在的，完全与理性分离的信仰体系也是不存在的”。这也就等于说，没有独立于信仰的哲学，也没有独立于理性的信仰。因此，理性、哲学与信仰有不可分离的关系。有趣的是，作者并不着力于对理性与信仰、哲学与宗教的不可分离的关系进行论证，因为他并不把这种关系作为论证“基督教哲学何以可能”的根据，反倒要把这种关系排除在对“基督教哲学何以可能”的论证之外。

所以，虽然作者与吉尔松是同道——主张理性与信仰、哲学与宗教之间有内在的联系，但是，他并不认同吉尔松的论证。因为在作者看来，理性与信仰之间有内在关系只是为基督教与哲学的结合提供了一种可能性，而这种可能性在历史中的实现却要受各种外在、偶然的条件的限制，这使基督教与哲学的结合无法免受伯里哀关于它们之间的关系总是外在性的质疑。但是，如果有这种内在联系并作出论证，那么，这种内在联系在历史中的体现尽管可能由于各种外在偶然条件的不同而呈现不同的形态，但并不能改变这种内在联系的精神与实质。也就是说，如果信仰与理性之间存在内在联系能得到论证，那么，基督教与哲学的结合就是必然的，因而就会有一种“基督教哲学”，尽管它体现在历史里的形态会因各种外在因素而不同，但并不会因为历史的外在因素的变化而消失。在这个意义上，伯里哀关于基督教与哲学的关系是外在与偶然的结合的质疑恰恰是无效的。

概括地说，论证“基督教哲学何以可能”的问题，或者说，为“基督教哲学”这一概念辩护的问题，其关键在于回答两个问题：一个是理性与信仰、哲学与宗教有何种关系？一个是基督教作为一种宗教，它与理性和哲学有什么样的特殊关系？

在这个意义上，吉尔松与赵敦华教授的辩护，在我看来都还是不够的。不过，仍然赞同赵老师对教父时期与中世纪哲学的解释。也就是说，我不认为把教父时期与中世纪哲学解释为基督教哲学是一种谬传，倒是认为这样解释才是正传。

维护传统的出路 *

——普遍主义还是特殊主义？

如果有人说西方哲学里有一种“基督教哲学”，那么没人会感到惊讶，但是，如果有人说有一种“犹太哲学”，那么许多人即使不感到惊讶，也会觉得很陌生。当《现代犹太哲学》一书摆在面前时，我多少就有这种感觉。[1]

犹太民族贡献给西方世界乃至全人类的最伟大财富是以《圣经·旧约》为核心的一神教信仰。作为一种文明看，这种一神教信仰与古希腊文明的不同就在于，前者强调的是在践行神圣律法的信仰实践中去领会上帝存在的真实性，去追寻和理解生活与世界的真实意义，而后者则要求在思想中、在“理论上”去认识和确立世界的绝对性和生活的真实性，这也就是平常所谓“哲学的传统”或“理性的传统”。我们知道，希腊哲学与同是一神教的基督教信仰的结合产生了“基督教哲学”，如果说有一种犹太哲学的话，那么它应是一种什么样的哲学呢？只有一种可能，即它是哲学与犹太教结合的产物。这意味着犹太哲学命定就是一种宗教哲学。这也是本书作者明确给出的观点。但由此又会产生一个问题，即犹太哲学如何与同样也是作为哲学和一神教信仰相结合的“基

---

* 本文原刊于《哲学动态》2001年第2期，题为“犹太哲学：一种命定的宗教哲学”，是为傅有德教授专著《现代犹太哲学》所作的评论。

1 参见傅有德等：《现代犹太哲学》，北京，人民出版社，1999年。

督教哲学”区分开来？

作者对犹太哲学给出了两个基本特征：一、用哲学（理性）的概念和方法去理解和维护犹太教信仰的传统；二、既强调维护一神教信仰，也强调理性在理解上帝存在与生活之意义等问题上的作用（见该书绪言）。就第一点而言，是从一个事实特征的角度区分了犹太哲学与基督教哲学。这种区分首先提供了把犹太哲学作为相对独立的哲学史对象来研究的理由。至于从实质上和学理上去区分犹太哲学与基督教哲学则要复杂得多，它不只是史家的任务，而首先是每个犹太哲学家要面临的问题。犹太哲学家在进行自己的哲学活动时，西方的基督教哲学和世俗哲学既是他们思想必不可少的资源，同时也是他们要与之保持距离的一个参照系。因此，只有在熟知西方哲学的背景下深入研究犹太哲学家的具体思想，才能在学理上实质上澄清犹太哲学与基督教哲学的根本性区别。

不过，从对马丁·布伯有关“永恒之你”的思想的论述，对亚伯拉罕·约书亚·海舍尔有关“觅人的上帝”的思想的阐释，我们可以非常强烈地体会到，在犹太哲学里的上帝是活生生的上帝，人们随时随地都可能与之相遇（begegnen/Begegnung），他虽然高于我们，但并不远离我们。对于这个活生生的上帝，我们不可能用概念和推理这种理智方式去接近他、理解他，而只能在全身心的爱中与之相遇，在敬畏、赞美、惊讶、恐惧等等极致的情态中领会上帝存在的绝对真实性。这并非说犹太哲学家们放弃了理性在理解信仰中的积极作用，相反，从客观的角度说，他们恰是自觉不自觉地扩大了对理性的广度与深度的理解：理性并不只限于理智（rational）的形式，更包含着体现人之存在的极致或深度（depth）的超越性情感。在这个意义上，犹太哲学倒是丰富和提升了理性本身。这一点与基督教哲学的历史效果是一致的。不过，犹太哲学里的这种上帝观与传统基督教哲学里的上帝观显然有很大的区别。如果说在布伯或海舍尔哲学中的上帝是活生生的“生命化的”上帝，那么在以托马斯·阿奎那为代表的传统基督教哲学中的上帝则显得刻板而毫无生气——他是一个“理智化的”对象。

实际上，如果说犹太哲学与基督教哲学之间有什么区别的话，那么构成这种区别的核心一定是在如何理解上帝存在这一问题上。这意味着上帝观理所当然地应成为有关犹太哲学研究的核心内容。如果说从事实特征的角度对犹太哲学与基督教哲学所作的区分，为把犹太哲学作为相对独立的哲学史对象来研究提供了理由，那么只有对犹太哲学的上帝观的阐释，才能真正展示这种研究在学术上、思想上具有不可替代的意义。作为汉语世界里有关犹太哲学的第一部专著，本书在这两方面完成了为进一步更系统深入的研究提供基础的开创性工作。

不过，对于西方哲学研究者来说，这本书最直接的意义就是它提供了重新理解一些哲学家的历史意义的特殊视角。我们从西哲史知道赫尔曼·科恩（Hermann Cohen，此前译为柯亨）是新康德主义者，他的重要性就在于他通过对康德哲学的重新阐释，使哲学度过了在黑格尔绝对哲学崩溃之后的一个新的准备时期。但是，他作为犹太哲学家的重要性，要比他作为新康德主义哲学家的重要性大得多。在晚期著作中，他把上帝的唯一性看作是以人的理性与上帝的关系为前提，而人的理性则是以人与上帝的理性关系为前提。这实际上等于说，绝对的一神教信仰是以人的理性存在为前提。作为人类最早的一神教信仰，犹太教的产生则意味着人类的绝对理性的自我觉悟，而对绝对唯一的上帝的信仰，则是觉悟了的理性的必然要求或绝对命令。这种理性宗教观直接也就是宗教理性观。在这里，科恩并不只限于用理性方法去理解上帝的存在问题，更重要的是他从理性的绝对性角度去理解一神教信仰的意义和价值，从而把一神教信仰与非一神教信仰区别开来。这一方面是在康德哲学的基础上进一步推进和明确哲学与一神教信仰沟通、调和的可能性；另一方面则是从理性主义立场消除犹太教的民族主义内容，以彰显犹太教作为人类最早的一神教信仰所具有的世界意义。

尤其值得指出的是，犹太哲学作为哲学与宗教的结合，它本身就是一种不同文化沟通、融合的范例，一部犹太哲学史实际上就是一部不同文化沟通、融合的历史。就此而言，有关现代犹太哲学的研究也并非只具有一般哲学史的意义，对于如何处理自己的传统与其他文化之间的关系这一问题仍感困惑的人，或许也可以从中找到某种有意义的参照。在世界上，大概没有哪个民族像犹太民族那样强烈、那样坚定地信奉自己的传统。但是，他们的散居命运不仅使他们遭受种种迫害，而且不得不面对侨居地的不同文化的冲击。散居的命运使犹太人几乎没有条件去玄思是接受还是拒斥其他文化，他们直接就被抛入各种文化当中。摩西·门德尔松对于犹太启蒙运动的重要性的一个重要方面就在于，他以自觉的方式意识到犹太人的这种文化命运，从而要求犹太人挑起“两副担子”：遵从所在国的文化与法律，同时又坚定地维护犹太教信仰。从根本上说，这实际上是要求以普遍性立场去处理犹太教信仰的传统与其他文化之间的关系。因为只有在普遍性立场的基础上，才能同时挑起这“两副担子”。在科恩那里，这种普遍性立场更具体地体现为，以普世的理性主义去理解犹太教信仰本身的一系列核心观念。这实际上是通过将犹太教传统普世化来维护这一传统，换个角度也就是说，通过使犹太教传统与一切具有普遍性的文化、思想的沟通、融合来维护犹太教。简单说，维护传统的出路和价值不是特殊主义，而是普遍主义。任何以传统为由的特殊主义信念与特殊主义实践，都是在自己的民族（或国家）与其他民族之间制造“精神隔都”，从根本上说是否定自己的民族及其所属的传统对人类负有普遍性的使命。这正是“现代犹太哲学”能够给人的另一个启示。

二〇〇〇年十月于北京

自由与秩序*

——评周伟驰教授报告“基督教神哲学中的秩序观念”

这里我想首先区分单向度的秩序与双向度的秩序。单向度秩序是指完全由上帝一方确立的既定秩序。如果我们把上帝创造世界万物与亚当、夏娃这一段创世史看作是宇宙史，那么，显而易见，宇宙史与宇宙秩序只与上帝的意志相关。这意味着，宇宙秩序是一种由上帝给定的单向度秩序。但是，从上帝把亚当、夏娃一起安置在伊甸园里，并向他们发出吩咐（禁令）开始，也就开始了另一段历史，这就是人类历史。这段历史从上帝向人发出禁令开始，经过人类始祖突破禁令而堕落，并遭受苦难，最后复活接受审判，是一个与人自身的意志相关，而不仅仅与上帝的意志相关的历史。因此，这段历史的秩序并不是单方既定的，而是人—神双方约定的。这种人—神双方契约而成的秩序，我称之为双向度的秩序。

伟驰教授在刚才的报告里，以及在他的专著《奥古斯丁的基督教思想》里，对基督教信仰里的秩序问题进行了非常深入而到位的讨论。他特别从“三一性”着眼讨论了人心的秩序问题，认为人作为小宇宙，其秩序是上帝这个大宇宙的秩序的缩影。具体

---

* 本文系2009年10月12日在北京大学政治思想研究中心“秩序与历史”论坛上，对周伟驰教授报告“基督教神哲学中的秩序观念”的评论，这里有所修订。原刊于《文景》2011年第5期。

说来，就体现在人这种存在者，不管是作为外在之人，还是内在之人，都具有三一结构，只不过作为内在之人，人的心灵结构具有最真实、最明确的三一性，这就是记忆自己、认识自己与爱自己。对自己的记忆与认识，都是对自己的爱。而对自己的爱，根本上也是对上帝的爱。因为只有真正爱“爱”，即上帝本身，才能真正爱自己。所以，奥古斯丁会说：“越爱自己，也就越爱上帝。”

这些分析无疑是很深入的，它通过对奥古斯丁相关思想的阐释而触及基督教最核心的基本精神。这里我想指出的只是，伟驰教授在分析基督教信念里的秩序问题上，由于主要是从“三一性”着眼，并且未明确区分宇宙史与人类史的不同，因此关注更多的是单向度秩序，而较忽略双向度的秩序。

但是，在忽略双向度秩序情形下考察基督教的秩序思想，很容易陷入宿命论的危险：因为这种考察在关注既定秩序的同时，很容易忽视在这种既定秩序里包含着突破这种秩序的环节。现在问题就在于：如果不能打破这个秩序，那么也就意味着，人永远只是按上帝创世时创造的宇宙秩序生活，而不可能有别样的生活。这在根本上意味着人只是一种“程序存在者”：他存在（生活）的秩序就是由上帝植入的程序，人将像电脑一样，永远只按被预先安装好的程序运行。在这个意义上，也可以说，人是被上好发条的自动机。他的一切生活与行动，实际上并不是他自己的生活与行动，而只是上帝行动的延伸。甚至按斯宾诺莎的极端推论，按既定秩序运行的事物与人本身，都不具有实体的独立地位，而只不过是上帝在具体的时间中的偶性与样式。

所以，如果人只能按上帝既定的秩序生活，那么，人实际上就没有自己的生活，而只有按上帝设定的程序进行的生活，也即代理上帝的生活。

但是，事实上，人突破了上帝给定的秩序，因此才发生了堕落与受罚。也就是说，事实表明，人并非只能按上帝既定的宇宙秩序生活。这表明什么呢?

表明在原有的既定秩序中，人是自由的，人被给予自由意志，而不是程序物。这才是上帝创世时设定的世界秩序中最关键的一个地方。对于上帝来说，人的自由意志并不是一个意外嵌入而能破坏或改变程序的病毒，倒是上帝自己的形象，是上帝赋予人的一种能够中断既定程序与突破一切秩序的能力。

这意味着，自由意志是原有既定秩序中的一个环节。换句话说，中断与突破既定秩序是原有既定秩序的一个环节。这才是上帝创世时设定的秩序最神奇的地方。这是什么意思呢？我的意思是，原有的既定秩序并不是秩序的全部，因为还有突破既定秩序后的另一种秩序，那就是自由者之间新的契约关系。这包括上帝与作为自由者的人之间的关系，以及作为自由者的每个人之间的关系。

实际上，这意味着，从三一性角度来理解世界与人的秩序是不完整的，因为这会忽略既定秩序中隐含的突破秩序这一特殊环节。所以，就人这个小宇宙来说，我更愿意从创世说去理解秩序问题。从《创世记》的启示教义来说，至少有两个方面的内容与秩序问题相关：一个是一神论信念，一个是人类始祖偷吃禁果与被罚的事件。

一神论信念有很隐晦而深邃的哲学意味，而与秩序有关的意味则是，由于上帝是独一的神，因此他要求每一个人都要以其全部的虔诚、全部的爱来面对他，而不允许通过把虔诚与爱奉献给中间代理人，来代理自己对上帝的虔诚与爱。也就是说，每个人都要独自直接面对上帝。在一神论信念里，人—神关系是一种不对称的一对一的关系，克尔凯郭尔称为孤独者与上帝的关系。换成政治学语言说，就是在上帝面前，人人平等。这意味着，对于任何他人来说，每个人都是独一的，不可替代的。这也就是后来康德哲学命题“每个人就是他自己的目的本身”所表达的真正意思。

所以，在《创世记》的一神论信念里，既隐含着人—神关系秩序，也隐含着人—人之间的关系秩序。

但是，人类始祖偷吃禁果并因此受罚这一教义内容，把这种关系秩序进一步具体化了。

人类始祖偷吃禁果，表明人能够对造物主说“不”，而他对上帝说不之后，也即突破上帝禁令吃了禁果之后，受到上帝惩罚则进一步表明，人在被造时被赋予自由意志。因为如果人没有自由意志，那么他就只会按本能与既定秩序生活，而不会对上帝说不，不会突破上帝的吩咐；进一步说，如果人没有自由意志，也就是说，人的所有行动都是必然的，那么，在他偷吃了禁果之后，上帝也就没有理由惩罚他。既然行动是必然的，上帝凭什么理由惩罚做出这种行动的人呢？人偷吃禁果是堕落，而水往低处流、苹果往地下落却不是。

因此，在人类偷吃禁果并遭惩罚这一教义内容里，隐含着对人的一个基本理解，那就是：人是自由的，人有自由意志。

人有自由意志，在人—神关系秩序上意味着，人—神之间既是一对一的关系，也是自由者之间的关系，一个是作为创造者的自由者，一个是作为被造者的自由者。虽然这意味着人—神之间的自由关系，是一种绝对自由者与有限自由者之间的关系，但是，既然是自由者之间的关系，那么，他们之间的关系秩序就不完全是单向决定的，而是双向协定的，也就是契约性的关系。

实际上，人的被罚可以被视为突破最初契约之结果，而堕落后的人类，也并不是失去了希望，上帝的惩罚本身就隐含着给予拯救的希望，而人类个体只要愿意，都可以为此希望做好准备。耶稣的到来，实际上就是要唤起新的希望，立下新的约定，以成全旧的约定。

在人—人关系秩序上，人有自由意志则意味着，人—人之间首先是一种自由者间的关系，而不是父子关系、君臣关系或主奴关系，而是平等的自由者间的关系。所以，就人间世界而言，人之间首先要确立与维护的是自由者之间的关系秩序。自由者间的关系，是一种什么样的关系？从基督教看，这才是要问的最根本的问题。

就我们的自由意志是上帝赋予我们而言，我们是从上帝那里获得自由者身份的。换言之，我们首先是在与上帝的自由关系那里，获得与他人的自由关系。所以，如果说我们因有自由而拥有绝对的、不可替代的权利、尊严与责任，那么，我们也可以说，我们是从与上帝的关系那里携带着我们的绝对性，进入与他人的社会关系。我们与上帝的关系，是我们与他人关系的起点。这与中国儒家把孝即父子关系作为确立与他人关系的起点，有很大不同。

不过，伟驰教授肯定会用他所熟悉的奥古斯丁后期的恩典论，来对我上述评论提出异议，特别是对于我对人的自由意志与人之为自由者身份的强调提出异议。

基督教给哲学带来了什么？*

——《宗教与哲学的相遇》引论

在欧洲古代历史上，最波澜壮阔的事件大概要数罗马帝国的建立及其对无数城市、国土的掠夺与征服。然而，对于后世的欧洲乃至世界而言，最重要的事件却不是跨越欧亚非的世界帝国的建立，而是在这个帝国版图内发生的一件在当时人们看起来微不足道的事件，这就是基督教的产生与传播。罗马帝国征服了包括犹太人故土在内的整个中东，然而，由犹太人创立的基督教却最终征服了罗马，并改造了欧洲。不过，这种征服不是靠武力，不是靠强势，而是靠精神，靠柔弱，即凭信、望、爱的力量。

当然，基督教对罗马帝国的征服，也是一个充满冒险与牺牲的历程。除了使徒遭受迫害以外，基督教徒更是经受了长达三百多年的各种迫害乃至屠杀。不过，这方面的牺牲不是我们这里要讨论的课题。我们要关注的是，在征服罗马过程中，基督教在精神层面上的冒险。罗马帝国不仅是建立在自己的多神教信仰之上，也是建立在由马其顿的亚历山大大帝为其准备好的希腊化世界之上。什么是希腊化世界？简单说，也就是被希腊文化教化、改造了的世界。而我们知道，哲学是希腊文化中最核心的东西。因此，基督教在罗马帝国的传播与立足，不仅要面对多神教信仰的抵制

---

* 本文原刊于《文景》2007年第11期。

和反抗，而且要面对哲学的追问与质疑。如果说作为一神教的基督教在面对偶像崇拜与多神教信仰方面有犹太教的经验可资借鉴，那么，面对哲学，则是基督教较为特殊的精神遭遇。

基督教与哲学的相遇，不管是对于基督教，还是对于哲学来说，都是一件重大事件。因为这种相遇将不像基督教与多神教相遇那样，最终由基督教取代了多神教，而是相互改变了对方，相互造成了影响深远的历史效应。我们试图用导论的标题来概括这种相互的历史效应。"基督教哲学"——它通常以基督教神学的形态存在——可以被视为这种历史效应的一个集中体现。它是基督教寻求哲学理解、接受哲学追问的实践的直接产物；当然，也可以说是哲学试图去理解、开显基督教教义的思想产物。对于基督教来说，基督教哲学是其教义得到理解、认同，并因而得到维护乃至加强的一个有效途径，而对于哲学来说，基督教哲学则为其开辟新的问题与新的维度。后者正是本研究所要探讨的。

那么，哲学与基督教的相遇，究竟为哲学带来哪些新问题、新维度呢?

概而言之，这种相遇迫使哲学在人类精神世界里打开了这样一些新问题与新维度：第一，绝对他者的问题与绝对原则意识；第二，自由意志问题与人格意识；第三，历史原则与希望意识；第四，普遍之爱与亲情的限度意识。

宗教和哲学（还有艺术）既是人类自我解放、自我提升的方式，也是人类自我超度而返回本原的途径。但是，并非所有宗教和哲学都能真正回到本原。真正的本原只能是绝对，或叫绝对的一，否则，它就不是本原。对这个绝对的觉悟或意识，是真宗教与真哲学的标志。当我们说，基督教与哲学的相遇开显绝对他者问题与绝对原则意识时，并不是说，在此之前的希腊哲学没有达到对绝对的意识。不管是苏格拉底—柏拉图对善本身这一“理念”的追求，还是巴门尼德、亚里士多德对“存在”的追问，都坚定地表明了希腊哲学对“绝对”的深切觉悟。不过，基督教却给哲学的绝对意识带来了新的内容。不管是在哲学里，还是在宗教信仰里，绝对当然都是一个大于我的他者，一个我（们）能从中获得一切正当性理由和坚定力量的永恒他者。在希腊哲学里，这个绝对他者更多的是一个被追求和被追问的认识对象，而与我们的现象世界或尘世生活没有直接的关系；只有当我们把灵魂漂洗得足够干净而接近它，或者竭尽全力而认识它，这个绝对他者才作为真理引导着我们的生活。在这个意义上，在希腊哲学的绝对意识里，绝对他者是一个自在的他者，一个只能等待而不能自为的他者。使哲学觉悟到绝对他者既是自在的，又是自为的，因而是一个自在—自为的自由存在者，是基督教给哲学的绝对意识带来的新内容。在基督教信仰里，绝对他者不仅是全善的，而且是全能的，因而是一个具有自由意志的存在者。也就是说，它是自在—自为的位格存在者。它不仅从自身中创造—开显这个世界，而且保持着审视这个世界，并最终裁定这个世界。——我们永远处在这个绝对他者的眼光的审视之下。因此，它与我们的现象世界和尘世生活息息相关。相对于我们而言，它不只是一个静待着我们去认识的对象，而且是一个活生生的逼视者与召唤者。基督教关于这种自在—自为的绝对他者的信念，大大强化和丰富了哲学对绝对他者的意识。而绝对他者之为这样一个自在—自为的存在者，使得出自于它的一切原则都是绝对的，人们不能以任何理由背离它，而不管人们处境如何。这既使原则获得了担当起一切苦难和不幸而穿越历史的力量，也促使了哲学对绝对原则或原则的绝对性的自觉。

同样，在希腊哲学中，也有自由的维度。但是，自由并不构成希腊哲学的一个问题，或者更确切说，自由还没有被自觉为一个哲学问题。因为希腊哲学还只是在“摆脱—解放”层面上指向自由，而并没有触及自由本身。当希腊哲学强调摆脱实用与感性，努力以一种超功用、超感性的纯净理论态度去认识、对待事物，以便获得一种客观知识时，它实际上预设了我们具有一种摆脱—解放的能力，却并未自觉地深究过这种能力本身，以至于连伦理—道德法则都只是建立在某种客观知识之上，而与这种能力无关。所以，希腊伦理学必以“知识存在论”为其基础。这使哲学在实践领域讨论和关涉的只是诸如善恶、正义、幸福等问题，而构成后来实践哲学之核心内容的那些问题，诸如权利、责任、尊严、平等、博爱等，则还在希腊哲学的视野之外。

后面这些问题进入哲学视野是以哲学提出自由意志问题为前提的，或者说，是以人在哲学层面上自觉到自己的自由意志的存在为前提。而就西方思想史来说，哲学正是在理解犹太—基督教有关“原罪”信念的过程中开辟人的自由意志问题。原罪的发生表明，人被抛入这样一种能力之中：他能够不愿意服从，也能够不愿意一切诱惑物。这种能力就是自由意志：人能够完全从自己的纯粹意志出发决定自己的意愿，从而决定自己的行动。自由意志问题进入哲学视野，使哲学不再停留在摆脱与解放的层面上指向自由，而是进入自由存在本身。于是，自由不再只是以摆脱—解放的维度被遥远而朦胧地觉察，而是以自我决定—自我开显的创造维度得到深度觉悟。对自由意志存在的觉悟，也是对人自身的人格存在的意识。人的存在是有“格”的，这个格就在于他的自由意志以及由此带来的绝对权利、绝对尊严和绝对责任。伦理—道德法则因此不再是建立在某种客观知识之上，而是建立在自由意志的存在之上。所以，伦理学不再以“知识存在论”为基础，而以“自由存在论”为基础。[1] 哲学的格局由此发生了重大变化。

在基督教成为西方主流精神生活之前的希腊化世界，宇宙论—知识论是人们自我理解的基本方式，历史并不构成他们理解自身的一个维度。所以，历史并不构成希腊哲学—思想的一个问题。也就是说，人的历史存在并没有得到哲学的意识。在这个意义上，我们说，西方人还没有历史意识，还存在于历史之外。有历史学并不一定就有历史意识。只有从历史学进入历史哲学，历史才真正进入人类自身的思想视野而打开历史意识。简单说，所谓历史意识，就是自觉地把历史当做自我理解自我定位的一个基本维度。历史哲学的产生标志着历史意识的觉醒。就西方来说，历史意识的觉悟是很晚的事情。开发历史意识，打开人类自我理解的历史维度，是基督教于西方精神世界的另一大贡献。基督教关于上帝从无中创造世界，到人类凭自己的意志事件而开始的尘世生活，再到末世的来临、复活与审判等教义内容，实际上确立了一个完整的历史图景，以此系统地回

---

1 这里，我把试图通过某种客观知识来寻求真实存在的哲学理论，看作一种“知识存在论”，而把试图通过理解和确立人的自由存在来理解和寻求人自身的真实身份、真实生活及其与他者的真实关系的哲学体系，看作一种“自由存在论”。按照这个区分，我把海德格尔的存在论看作是自由存在论的典范。

答了历史的起源、历史的本质、历史的主体、历史的目的与希望，借以理解和安置人自身的存在意义。正是基督教这一历史图景迫使哲学在其世界图景中打开历史维度，使历史成为其中一个重要的部分；由此，也才有所谓历史哲学；而近现代的所有社会改造运动，几乎都是建立在这种历史哲学对历史的理解之上。

基督教最核心的一个教义就是爱。但这种爱不是血缘亲亲之私情，不是江湖义气之纠合，也不是某个行业、某个团体或某个阶层内部相互之扶持。不管是血缘亲情，还是江湖义气，抑或行业、阶层内的互助，都限于一个封闭的群体里面，而不能同等地扩展到所有人身上。在所有这类情感当中，爱者与被爱者都是以某种功能身份和关系角色出现，比如，在亲亲之情里，爱者不是父母，就是子女，或者兄弟姐妹，被爱者同样如此。一个人如果没有这些关系角色，那么，人们也就不会给予他亲情，他也不会给他人以亲情。在任何行业或团体中的互助之情更是如此。我们可以把这种因身份和角色才具有的爱，称为身份之情或角色之爱。但是，基督教所确立的爱是一种“爱人如爱己”的爱。显然，这种爱不以任何功能身份和关系角色为前提，否则就不能爱人如爱己。也就是说，在这种爱中，人退出了一切功能身份和关系角色：每个人既不以父子、兄弟、姐妹等家庭角色出现，也不以农民、士兵、商人、学者或公务员等社会身份出现。那么，以什么面貌出现呢？以本相出现，这就是自由—自在的个体存在者，一个自由的独立个体。爱人如爱己的爱，不是因他人充当的身份爱他，也不是因他扮演的角色爱他，而只因他本身而爱他，也即因他是个自由存在者而爱他。这种爱是一种开放性的爱，可以无差别地泛施于人人的普遍之爱。在这种爱中，爱者和被爱者都首先只是一个自由存在者；或者说，在这种爱中，人与人之间的关系，就如人与神之间的关系一样，是自由者之间的关系。因此，这种爱首先确立的是对他人自由的确认与尊重，因而也就是对他人的自立—自主的尊敬与维护。真正的爱他人，就是让他人守住自由，而这在根本上就是尊重、扶持、维护他人的自主—自立。如果一个人被爱得失去了自由，失去了自主—自立的权利和能力，那么，这种爱一定不是真爱，而是溺爱。这意味着，人人之间的亲情和一切社会情感，都是要有限度的，而不能完全顺其"自然"，这个限度就是普遍之爱。

实际上，人类除了容易陷于声色货利的诱惑外，还很容易沉迷于无度的亲亲私情以及在各种需要与被需要的功能关系中生发的种种尘世情感，而不可自拔。基督教对普遍之爱的极度强调，在促使哲学对人类情感及其尺度进行反思的同时，强化了哲学对自主—自立原则的觉悟与确立。

这些新问题的提出与讨论，改变了欧洲哲学的格局，也改变了人类自我理解的世界图景；而在现实里，也改变了整个世界。迄今为止，世界的基本法则与制度安排，在很大程度都是建立在回答这些问题（特别是关于自由问题）的理论体系之上。

当然，基督教能带给哲学的并不会只是这些，它作为一个启示体系，永远是作为概念体系的哲学要不断加以理解和消化的。

爱到深处独见“你”*

——亲吻与神学

不管是什么年代，也不管在什么地方，人世间总有三种情爱，也是靠这三种情爱来维系紧密的关系，这就是亲情之爱、恋情之爱与友情之爱。在这三种情爱里，两性之间的爱情无疑是最强烈、最激动人心的，虽然并不一定是最持久的。即使是在欧洲古老的修道院里，除了亲情和友情之外，那高耸而隐秘的院墙也未能挡住异性间燃烧的爱情。常年掩映在树叶与云雾之中的修院，虽然隔绝了种种尘世诱惑，却也不时演绎着修女与修士之间的鸿雁传情。《亲吻神学》收录的“情书”，就是发生在修院里的爱情的忠实记录。

不过，请不要以为这是修院的污点，相反，那些爱情是修院高墙上绽放的一朵神性与人性交辉的云彩；从修院发出的一封封情书，写满的不只是相会的欢喜与陶醉，也不只是分离的思念与忧伤，更有两性真爱的密码与人—神关系的奥妙。为什么这么说呢?

且看其中的一封情书：

> 最亲爱的！……你是我的见证。满足我的欢乐、实现我的愿望并非我的目标，绝对不是。我的目标是

---

* 本文原刊于《文景》2009年第1期、第2期合刊。

> 使你完全得到满足。……如果我的自我不在你那里，那么它就哪里都不在，因为没有你便没有它的存在，没有它的本质。让我的心与你同在，求求你，求求你了！让它在你那里得到保护！[1]

海萝丽丝（Heloise）与阿贝拉尔（Abaelard）大概是最早的一对师生恋。利用海萝丽丝舅父的信任，阿贝拉尔以家庭教师身份与海萝丽丝相遇，并开始了一生的恋情。在这之前，阿贝拉尔已是颇有名望的哲学家与神学家，而海萝丽丝则是一个颇受称道的美貌才女。在海萝丽丝怀孕导致隐情泄露之后，阿贝拉尔惨遭海萝丽丝家族的阉割。虽然缔结了婚约，但两人先后都进入修道院。上面援引的信，就是海萝丽丝在修院里写给阿贝拉尔的第一封信。这封信有什么特别之处吗？它的特殊之处就在于它是一封“普通的”情书，是热恋中人的一次衷肠倾诉，它所呈现的是进入爱情的人都会身陷其中的一种状态：一种特殊却又是每个人本己的存在。

什么叫本己的存在？本己的存在也就是本于自己、出于自身的存在。因此，本己的存在就是真正自己的存在。

但是，当海萝丽丝说“我的自我不在你那里，那么它就哪里都不存在”时，这不正表明在恋爱中的人们恰恰是失去了“自己”吗？的确如此，不过，恋人们失去的自己，是残缺不全的自己，实乃某种日常角色。在日常生活中，每个人充当着各种角色，担当着各种角色的功能与职责。角色生活看起来就是一个人的生活的全部，以致有名伶说：“人生即是演戏，社会即是舞台，人人都

1 引自阿贝拉尔等著：《亲吻神学——中世纪修道院情书选》，香港，汉语基督教文化研究所，1996年，第62—63页。

是演员。”的确，人人一生不仅扮演着众多角色，即便是同一时间也充当着不同角色，演绎着不一样的剧目。一个人的生活表面上看就是由各种角色组成的。

然而，我们却不能由此说，人的存在可以归结为他的角色生活，他的角色生活就是他的存在的全部。因为角色只是一个人的临时身份，而不是他真正的自身；角色生活只是一个人的存在的片段，而不是他的完整的存在。虽然人的存在要通过角色生活来展开其各种可能性，但是，再多可能的角色生活都不可能穷尽人的存在本身。一个人不管演绎着多少角色，也不管所充当的角色有多重要，他都不只是这些角色，因为他始终还保持为他自身。只不过智者以自觉的方式，而“常人”以不自觉的方式。

所谓自觉的方式，也就是对角色之临时性、无常性保持一种了悟而能够退出角色，守住自身；而常人之为常人，就在于他沉迷于角色而忘却了自身，所谓“入戏而不出戏”是也。这种常人实际上就是假戏真做的人，我们可以称之为“角色化的人”，相反，守住自身者则是所谓“性情中人”。何谓性情中人？有真性情者之谓也。性情中人即自性之人。因此，恋爱中失去的自己是角色化的自己，却回到真正的自己，有真性情的自己。

就人的自己是非角色性的存在而言，回到自己就是回到自在—自由。自由—自在是每个人自己的位置——每个人被抛入的天位。因此，在自由—自在中的人才是自性之人，才是有真性情之人。如果说角色化是一个“失自性”的过程，那么爱情则是一种“复自性”的方式。

如果说艺术、哲学、宗教是人类个体“摆脱”舞台生活而返回自身、恢复自性的基本方式，那么，爱情则纯属个体在特殊机缘下自我返回、自我复性的事件。其中，艺术与爱情最为接近。艺术最能拨动爱情的琴弦，而爱情则常常最能帮助艺术家摆脱世俗而获得自由的眼光。

当一个人进入爱情状态，不管所爱的人是因为什么而引起他（她）的爱，在他眼里，她都是完美的，甚至是唯一的。

> 我的心上人啊，
> 你全然美丽，
> 毫无瑕疵。
>
> （《圣经·雅歌》4：7）

而实际上，在外人看来，这个被爱的人不管多么出色，都不可能是完美无瑕的。首先，总有人在某些方面比她（他）更卓越。西施虽有蹙眉之美，但在健美方面定然逊于昭君，杨玉环的丰腴之美冠天下，而在曲线、气质之美上则难比貂蝉之婀娜娇羞。其次，就其角色功用言，任何一个人都不可能是全才：力拔千斤者，可能疏于谋略；文采飞扬者，可能拙于外交；善于商贾者，难与言稼穑。那么，为什么在恋人眼里这个人竟是完美无瑕的呢？

显然只有一种可能，那就是恋人不再从功能角色的眼光去看待所爱的人。虽然唤起一个人对另一个人的爱常常是被爱的人在某些方面的优越，如温柔秀美、窈窕娇艳，或者帅气阳光、才华横溢乃至拥有财富与权势等等，但是，与其说这些卓越方面是爱的对象，不如说它们只不过是在某种情境下对某些人起作用的“催情剂”。它们一旦完成了催情作用，也即一旦激发一个人的爱情，它们在爱情中也就不再重要，不再被看重，否则，“我的心上人”就不可能是“完美无瑕的”。这意味着，一方面，人们是借助角色比较中的优越因素进入爱情；另一方面，一旦进入爱情，一切角色身份与比较关系都将隐去。也就是说，对于施爱者来说，所爱的人不再是任何角色，因此，也就不在任何比较关联中。对这种无角色性的爱，在许多情书里都可以找到这样的经典表达：“不管你到哪里，也不管你处境如何，我都爱你依旧，直到永远……”

爱，不仅打破了时空，而且打破了一切“阶层”，突破了一切比较。对于爱者来说，所爱者之所以“全然美丽而完美无瑕”，就在于，在爱者的世界里，所爱者不再是任何比较级里的角色。换言之，所爱者在原级里，即在自己的位置上，这就是上面所说的天位——自由。这也就是说，对于爱者而言，所爱者是一个完整的自由存在者，一个全位格。当你真爱一个人时，让你爱上此人的，可能是此人身上某些优越要素，但是，你以全身心接纳、拥抱的，却绝不是由这些优越要素标示的一个功能角色，而是一个被隐去所有功能角色的全位格。但是，你之所以能够把所爱的人从角色关系中“解放”而让其回到自身，首先是因为你自己退出了角色关系而回到自身。而在这里，你之所以能退出角色关系而回到自身，不是靠宗教、哲学或艺术，而是因为你爱上了心上人。你对心上人的爱首先让你自己从角色关系中解放，从日常生活世界里超越，从而获得一种自由、完整的眼光。在这种眼光里，心上人的角色身份才被隐去而作为完整的位格存在。

不过，两性之爱多于普遍之爱就在于，它并不只是隐去对方的角色而让其作为全位格存在，而且向对方投入、奉献了自己的全部，实现与对方的全位格的合一。恋爱的过程，一方面是一个解放的过程——从功用世界、角色身份、世俗眼光中摆脱；另一方面又是一个投入的过程——向另一个被视作全位格的他者投入自己的全部身心。对另一全位格的全身心投入，实际上，同时也就是向另一全位格敞开自己的一切，以自己的全部接纳对方的全部。这种完全的投入、敞开、接纳既是一个全位格的自我实现、自我完成，同时也是与另一全位格的合一。

不过，这种位格的合一，并不是两个人变成一个人；渴望两个人合一也并不是要成为对方。这种合一并不是我变成你，或你变成我，更不是以你或我之是非为是非，或者一方代替另一方。合一的实质在于共同进入第三种状态，即因双方全身心地相互投入、相互承担而得到充实的全位格。如果说原先各自的位格是两个不可替代的位格，那么，我们可以把这第三种状态称为双方共在的第三位格。换言之，第三位格是一种共在中的位格：既是我全身心向你投入而进入的位格状态，也是你全身心向我奉献而进入的位格状态。它既离不开我的投入，也离不开你的奉献。因此，这种第三位格一方面当然是“一个人”的位格，但是另一方面又是这个人与另一个人相互全身心地投入而共同进入的一种共在位格。也就是说，这个第三位格既是“我”进入的位格状态，也是“你”进入的位格状态，其前提是：你我彼此倾心相爱，彼此奉献着全部。

因此，进入第三位格，你不再是原来的你，我也不再是原来的我，而是互为唯一地共在中的你我。就此而言，位格的合一，实乃一个人的新生：将自己完全托付、奉献于另一个人，又担当起另一个人的完全托付与奉献。爱情的本质就在于进入第三位格，进入相互把对方当唯一者来托付与担当的状态。

这里要指出的是，在爱情中共在的那个唯一是明显的地平线内的唯一，是通向地平线外那个暗的唯一的中介。那才是最终的、绝对的唯一。我们实际上是在暗的那个唯一中与明的唯一共在。渴望与明的唯一亲吻，在根本上也是渴望与暗的唯一亲吻。《雅歌》开头写道：

愿他用口与我亲嘴，

因你的爱情比酒更美。

（《圣经·雅歌》1：1）

为什么说的是“你”的爱情比酒更美，却希望“他”与我亲嘴呢？这个“他”是谁呢？20世纪中国重要的神学家倪柝声先生认为，这里表达的是希望与神建立更个人化的关系。也就是说那个“他”指的是看不见的神。这是一个大胆而颇有洞见的解释。

你的爱比酒美，你的唇比蜜甜，你的眼光如水般温柔，你的容颜似美玉迷人……你的一切是我的唯一，但是，所有这些看得见的，都是那么有限与短暂，而我希望与你陶醉到永远，亲密至无边。而只有与你共在于那个暗的、地平线之外的唯一者中，我才真正能够与你相爱到永远，亲密无间。因为只有暗里的唯一者是永恒的、无边的和绝对的。因此，一方面可以说，“愿他用口与我亲嘴”表达的是渴望与所爱的人亲爱到永远；另一方面也可以说，渴望与恋人亲吻，在根本上也就是渴望与暗中的唯一者亲吻——通过拥抱明的唯一者而拥抱暗的唯一者，从而获得归宿与安宁。

通向一个绝对而暗的唯一者，这是爱情的全部神圣性所在。因为这样的爱不仅超越了一切世俗功利、角色功能的考量，把人从一切功能身份中解放，而且超越了人的有限性，把人提升到了与绝对者共在的永恒性。爱，是永恒的，就永恒在因爱而与绝对者共在，因爱而与唯一者拥吻。

通过爱情，通过奉献全部与承当全部奉献而使自己的灵魂成为完整的灵魂，从而学会以使自己完整的灵魂去爱明的唯一者并学会爱暗的唯一者。所以，爱情总与宗教信仰切近：它把人们带到了唯一者之旁。如果说《亲吻神学》收集的情书有什么独特之处的话，那就是这些情书既是爱的表达，同时也是因爱而走向与那暗的唯一者——耶稣基督共在的见证。换言之，它们同时也是爱的神圣性的见证。

> 最亲爱的，坚强些，愉快些。凡是由于我的不在而失去的东西——因为你不得不接受我之不在这一事实——请到一位比我更好的朋友那里去寻觅，即到耶稣基督那里去寻觅。……他是一条将你的精神与我的精神联系在一起的纽带。只要你想到主，你也就时时在我身边，不论我走向何方。[1]

> 罪与恩宠，这是我们俩的共同经历。上帝也不会忘记你的灵魂得救。上帝之爱仁慈地抚慰着我，借我而抚慰着你，这正如往昔诱惑者也想借我而毁掉你一样。在那场转折即将发生时，上帝用婚礼这条牢固的纽带将我们紧紧地系在一起。我曾想永生永世占有着我无比爱的人，而上帝却只是想利用这一机会让我们两人都去侍奉他。……我们两人在基督身上合而为一，而且通过缔结

1 约尔丹致狄安娜，《亲吻神学》，第45页。

婚约使我们“不是两个，而是一个肉体”。[1]

走进你自己的心，你也就看到我的心。你会看到，你在你心中怀有对我的全部的爱完全活在我心中，成为我对你全部的爱。不要总是错误地推断，以为我爱得少些，你爱得多些……那曾激励你如此爱我，并将我选为你的得救的指导者的他，也曾同样激励我给予你相同的爱。[2]

今天，我非常幸福，整个心灵为你所占据。我悠悠地散步，享受着上帝的创造：鸟儿为我歌唱，花儿为我送来芳香……你无时不在，无所不在。你那明澈、深邃、晶莹的双眼时时处处注视着我。我感到你一直伴在我身边。这感觉真是美妙无比。俯身凝视流水，看见你的脸在天空露出微笑；合上我的双眼，看见你在我之中，完全在我之中，好似我们两人的存在在上帝之中，完全地合为一体。[3]

这些由不同的恋人写于不同地点、不同年代的情书，不管是表达得温婉含蓄，还是抒发得火热直白，都表达着一个共同的体验与亲证：“我”因爱“你”而爱着他。换言之，爱情是通往那看不见的第三者即上帝的道路。在激情澎湃的热恋里，人们不仅向

1 阿贝拉尔致海萝丽丝，《亲吻神学》，第 78 页。

2 一位早期西笃会修士（Cistercian）致一位所爱的女士，《亲吻神学》，第 116 页。

3 一位 20 世纪的修士致一位叫马莉的女士，《亲吻神学》，第 159 页。

看得见的对方完全敞开自己，而且向看不见的第三者无限敞开自己；在把自己完全托付给看得见的有限唯一者时，也把自己全部托付给了暗的无限唯一者。爱驱使着人们不断向有限的他者敞开自己，也不断向无限的他者托付自己。因此，当情人们倾情相拥的时候，当恋人们倾心亲吻的时候，他们渴望的不只是肉体的临时满足；在他们全身心的颤抖中，在他们海啸般的激情里，隐秘地向往着完美的联合，隐秘地渴望着沉入那无边的永恒。

因此，“亲吻”也就具有神学的意味。

实际上，这一方面意味着，爱情里的亲吻、拥抱、性关系不仅具有超出生理方面的意义，而且具有超出世俗方面的意义，也即具有神圣维度的意义；另一方面则意味着，如果人们把爱情仅仅视作为人与人之间的一种关系，特别是把爱情中的性爱关系仅仅当做两性之间的相互满足与欢娱，那么其结果必定是缩小了爱情的天地，遮蔽了爱情的高空，使爱情除了通过性的结合与满足以外，没有别的出路。这一结果的体现就是爱情趋向物质化、平面化与性爱的快餐化、色情化。神圣维度的关闭，爱情的诗化度、纯真度也必将随之日渐消失，取而代之的是新鲜度、时尚度与性感度。

最为严重的是，一旦爱情的神圣维度被关闭而失去纵深度，那么痴男怨女都将难以遇到人人心中渴望的那个“你”，即便众里寻他千百度。

曲阜或耶路撒冷在何处？*

在历史性科学普遍沉湎于“小学”的时代，追寻“客观的历史事实”几乎成了众多历史性学科的唯一目标，宏大叙述被斥为无稽之谈，解释努力被讥为学术歧途。于是，考古学忘情于挖掘，历史学迷失于文献，语言学沉溺于音韵。然而，实情却是，不存在单纯过去了的事实，任何发生了的事件只有在包含着某种未来视野的解释活动中，才会在当下（现在）成为历史事实；没有解释活动，任何发生了的事件，都永远被冰封于物理岁月而无法进入历史时间。所以，真正的历史不存于赤裸的事实乐园里。这被称为“历史的失乐园”。

其实，历史如此，一种文化传统也是如此，不管这种传统是思想性的，还是宗教性的。在解释活动之外，不会存在任何文化传统。不管是耶路撒冷、雅典，还是曲阜，它们的永恒性，它们的真实存在，都不在于它们是地球上的某个地方，而在于由解释活动打开的未来，在于由伟大心灵敞开的彼岸。作为圣地，它们是三种本原文化传统的伟大灵魂的显现地。但是，如果人们以为回到作为地理位置的耶路撒冷或曲阜，就以为回到源头，回到故乡，那么这一开始就找错了返乡的方向。

---

* 本文原刊于《文景》2011 年第 1 期、第 2 期合刊，这里加了新标题，并略有改动。

耶路撒冷之成为耶路撒冷，曲阜之成为曲阜，不是因为那里优美或繁华，而是因为伟大的心灵曾在那里接受伟大的启示，曾在那里点亮历史的未来。所以，耶路撒冷在启示里，曲阜在未来里。朝向它们，是“返乡”，也是“重构”，但不管是返乡还是重构，都是一种永远不会结束的“流浪”。

不过，要保有“返乡的意识”与“重构的能力”，最需要的永远是自由，而于今天，尤其是大学的自由，巴黎高师这个“小小”的“大学”就是一个最有力的例证。自由是打开伟大心灵的第一把钥匙，也是迎候神圣启示的必要准备，更是开启未来的真正源头。

关于我们的时代，有各种说法，诸如消费时代、全球化时代、即时通时代、后现代等等，它们呈现了我们时代的不同面相，同时传达了一个共同的事实，那就是，我们每天都不得不置身于遭遇陌生与异域的境地。陌生的个人与异域的文化，每天都扑面而来，让人措手不及给出合适的表情，行出得体的举止，更来不及作出恰当的理解。于是，“翻译”不仅是一种临时的迫切，甚至成了我们时代的生活方式与生活处境——人人都不得不在“翻译”中打开自己理解生活与世界的视野。“译后回眸”与“跨文化视野：旧典新读”这两个栏目的开设，就是基于对这个时代的这种“翻译”处境的体认。如果说前者要回眸的是对异文化文本的理解，那么后者要呈现的则是与异文化相遇、交融后的跨文化视野及其解释力。

在众多精神形态中，文学在中国一向具有远超哲学、历史和宗教的影响力。它曾带给这片大地充盈的灵性与蓬勃的想象，那是在它守住纯粹的年代；它也曾在这个国度激起澎湃的激情与崇高的理想，那是在它拥有信仰的年代。然而，信仰退席时，纯粹也随即失守，中国文学迅即陷入“一马平川”的平庸之中：它在和文学评论一起制造平庸的同时，也把读者拉入平庸。中国文学的问题在哪儿？在它缺乏思想性——这是一位哲学家的诊断。的确，思想深度的一向缺乏，使中国文学不仅难以持久守护灵性的充盈与想象的蓬勃，而且一再轻率地以弱势群体的代言人自居，以此获得某种虚幻的救苦救难的身份，却从未严肃思考过人类解放的永恒性与真正前提。结果就是，它难以阻止激情不蜕化为革命的冲动、理想不演变成吃饭的教条。但是，这些，仅是文学本身之过吗？抑或是思想（哲学）与文学共同沉沦之过？或许还是更严重的文化之过？这是本期《文景》“特稿”栏里涉及的话题。

学术、思想并不只存在于著作中，也存在于人生与生活里。有些人的生活就是一个知识的蓄水池，有些人的人生就是一部思想史。当然，这样的生活与人生，一定是积累的，是穿越了岁月的，所以，它的意义，它的启示，需要追忆。本期“追忆中的学术与人生”一栏，要呈现的就是这样的人生与生活。

2011 年是《文景》一个新的开始。这个新开始，既是基于对过去的理解，也是基于对未来的期待，首先则是基于对作者的期待、对读者的期待。

二〇一一年一月于清华新斋

复兴“国学”与会通天下普遍之学*

近年来，复兴国学成了一个热门话题。那么，怎样看待复兴国学，怎样复兴国学？这是首先要面对的问题。

近代以前，在中国学术界大概只有经学、史学和小学之类的区分，而没有“国学”这样的称谓。经学乃是经天纬地、立心开命的天下之学，绝不限于只关涉一国一族之兴衰。换句话说，经学就是要开显天下普遍之理的“大学”，而不是只为一国一族之特殊利益服务的“国学”。正因为经学始终以普遍主义的视野怀抱对普遍之理的关怀与追寻，才使得它不仅具有开辟中国千年历史的力量，而且在东亚其他民族产生了广泛而深刻的影响。

然而，近代以来，经学这一名称淡出学界，转而以国学代指中国传统的思想—学问。显然，这种名称的变化与对西方世界的发现相关。在近代西方列强的威逼下，中国学人不仅发现有一个比“中央国度”更强盛的西方世界，而且发现这个西方世界也有一套关于天下普遍之理的天下之学。从此，中国人不仅要面对一个强势世界，而且要面对一种不同于传统经学的天下之学——西学，相应地把以经学为核心的中国传统学问称为国学。然而，国学与西学的这种对置并不像中国历史上佛学与儒学的对置那样只

---

* 本文原刊于《人民日报》2005年10月07日第二版，略有修改。

是精神层面上的相遇，而是一开始就伴随着中国与西方列强之间的力量对比和利益冲突，以致这种名称上的对置在不知不觉中把两种天下之学导向对立。也就是说，在国家和民族利益陷于相互冲突的历史境遇下，不管是出于革故图新以富国强兵，还是出于坚守道统以维护国体尊严，中国学人都在不知不觉中将国学与西学对立起来。这种对立由最初停留在学人心中的观念形态转化为现实运动，而这类现实运动又强化了这种对立意识。

这种对立意识产生的历史境遇表明，它是从功利主义的角度去理解不同的天下之学的。也就是说，不管是中国人的天下之学，还是西方人的天下之学，都被视为只是一种利益的表达和申明，因而，不同的天下之学才陷于不可会通的冲突之中。问题是，既然中国人的天下之学探寻的是天下的普遍之理，因而才具有开辟和支撑千年历史的力量，而西方人的天下之学也是探寻天下的普遍之理，因而才能开辟出一个强势世界。那么，为什么这两种天下之学一定是对立的，而不可以相互会通、相互补充呢？实际上，任何天下之学，其力量并非来自它对民族或国家的利益的表达和反映，而是来自它对天下普遍之理的觉悟以及这种觉悟的深度。不管是西人的天下之学，还是吾人的天下之学，其动机、使命和目标都不局限于为一族一国谋利益，而是明天下普遍之理于普天之下。因而，从本质上讲，它们是超越利益考量的普遍之学。正因如此，它们才能够经受各种时代艰难的重压而开辟历史，从而给确立并坚守它们的国家和民族带来长时段的利益。

显然，天下之学的不同并不在于它所代表的国家和民族的利益不同，而在于切入普遍之理的维度和深度不同。这种不同能够通过也只能通过相互会通来消除，其结果不是一方取代另一方，而是给出足以容纳二者的新的普遍之学。在这个意义上，对于任何天下之学，人们都应以普遍主义的立场去理解和阐扬它，而不应以功利主义或特殊主义的立场去维护它。于是，所谓国学也就并非只是中国人之学，就如西学绝不只是西方人的学问，它们首先是普天之下的普遍之学。

因此，如果复兴国学是以排斥其他天下之学（比如西学）为前提，那么，它在本质上就不是在弘扬中国的天下之学，而恰恰是在把它引向退化。因为这种复兴运动复兴的将不是经学的核心精神，也即追寻天下普遍之理的天下精神和普遍主义信念，而是狭隘的民族文化自大感和拒斥普遍正义的特殊主义信念。而任何狭隘的文化民族主义和特殊主义信念对于中华民族的复兴事业来说，不仅恰恰是最大的危险，而且也恰恰是最大的障碍。就此而言，复兴国学的立足点不在别处，而在于会通天下之学（当然包括西学），以建立今日之天下普遍之学。因为中华民族的复兴事业，不仅在于富国富民而富天下之人，而且在于明天下普遍之理于普天之下。实际上，也只有遵循和开显普遍之理的复兴事业，才是最可靠的和最可持续的。

第三编

多元的前提

康德为什么“不喜欢”中国？*

在近代西方哲学家当中，对中国及其文化持强烈批评态度的，莫过于康德、黑格尔与尼采。然而，颇有讽刺意味的是，正是这三个人一再受到中国人的赞赏与重视，特别是康德，他的哲学思想不仅受到专业研究者持久的重视，而且更成了像牟宗三这些试图推陈出新的中国哲学家们寻找灵感与对话的首要对象。对于近代以来的中国思想界来说，康德哲学不仅是理解西方哲学乃至西方文化不可绕过的一个关口，甚至成了中国哲学—思想重新发现自己、重新阐释自己的一个可靠而便捷的桥梁。

不过，这里我们感兴趣的一个问题首先是：康德为什么会对中国持强烈的批评态度？这种态度甚至被有的论者概括为“绝对否定”。

我们知道，莱布尼兹（G. W. Leibniz）、沃尔夫（C. Wolff）、毕尔芬格（G. Bilfinger）是德国启蒙运动的先驱，也是康德的启蒙老师，他们都曾以肯定、积极的态度发表过关于中国的作品，或作过关于中国的演讲。在他们心目中，中国思想的实践品格、中国文化的源远流长、中国社会的温和多彩、中国世俗政治的开明稳定等等，是欧洲所欠缺的。所以，正如伏尔泰那样，中国成了他们改造

---

* 本文原刊于《文景》2010年第3期。

欧洲的一个积极的参照系。然而，从康德开始，几乎所有的德国启蒙哲学家都一反“颂华”态度，几无例外地对中国持强烈的否定态度。中国不仅不再是未来欧洲的参照样本，而且成了比现实的欧洲更需要否定与避免的对象。简单说，对于康德及其后的德国哲学家来说，中国不再是将来的，倒是已然成了过去的。这是为什么呢？

2009年在北大“德国哲学与文献和文本”国际会议上，我曾向德国莱布尼兹文献档案馆专家李文潮教授提出过类似的问题，记得他当时的回答大意是：这跟当时有关中国的礼仪之争的最后“定论”有关。

所以，这里我们首先要交代一下，何谓“中国礼仪之争”？

我们知道，17世纪至18世纪，耶稣会士们在中国传教过程中采取了“文化适应”策略，一方面他们试图善意地从基督教立场解读中国古典文献，以发现中国古典文献中隐含着的关于上帝的信息与启示的内容；另一方面他们主张把中国传统礼仪当做一种约定俗成的伦理习俗，而不是宗教仪式，因此，皈依基督教之后的中国人仍然可以行传统礼仪而祭祖尊孔。正是这些耶稣会士们把有关中国文化与社会的积极信息系统地传回欧洲，这使得像莱布尼兹、沃尔夫这些通过他们传回来的中国报道去理解中国的思想家们，把中国作为一种积极的形象来加以想象和定位。但是，耶稣会士们这种文化适应策略却在罗马教会内部引起了激烈争议。从1707年禁止中国礼仪的多罗禁令在华颁布，到1770年罗马教廷禁止在华耶稣会士们的著作，这场争论最终以耶稣会士们的“失败”收场。禁止中国礼仪意味着把中国传统礼俗视为一种宗教性的异教礼仪，因而是邪恶的、不可容忍的。

所以，莱布尼兹之后，欧洲将中国描绘成一个异教的、沉迷于迷信的腐败而停滞的国家，也就是很自然的事情。对中国的这种负面态度无疑直接影响到了莱布尼兹之后的康德对中国的评价。这是有关欧洲启蒙思想家与中国关系的学术史研究中持有的主流观点。

也就是说，康德及其之后的德国启蒙哲学家之所以一反其前辈的颂华态度，转而持批判乃至否定的态度，是由于在关于中国礼仪之争上耶稣会士的失败而导致把中国定性为异教国家与异教文化引起的。这一答案无疑是历史学能给出的一个客观答案。

但是，这一历史学答案虽然是客观的（因为可以为它找到事实根据），但是客观答案并不一定就是本质性答案。因为教廷对中国文化与礼仪的定性固然会对人们评判中国产生影响，但是，康德及其后的德国哲学家们不会也不可能以教廷的评判标准为尺度，否则他们也就不会成其为启蒙哲学家。也许人们会进一步说，教廷的定性固然不会成为康德等人的评判尺度，但是教廷对中国的定性却引发了关于中国的报道与研究的否定性思潮。这种否定性思潮无疑会影响莱布尼兹之后的德国哲学家。问题是，真正的哲学不会停留在思潮性的观念。哲学从来都不会跟随时髦，尤其不会跟随“政治正确”引导的时髦，至少对于启蒙哲学来说如此。

实际上，康德、黑格尔这些德国启蒙哲学家之所以一改其启蒙先驱对中国与中国文化的积极态度，转而以否定性态度加以评判，更根本的原因乃是出于他们的启蒙哲学本身，而不是出于其他。换言之，在我看来，从莱布尼兹—沃尔夫到康德—黑格尔，对中国的评价由肯定性态度为主调转变为否定性态度为主调，其实是启蒙运动的深入、启蒙思想的成熟的结果。

这里，我们要追问一下，早期启蒙思想家对中国持积极态度的真正原因是什么？我们且从分析两段引文来讨论这个问题。

在海外宣教神学“颂华”姿态的激励下，1650年之前欧洲已出版大量有关中国文化及社会的作品。这些作品参与了启蒙运动关于宗教、政治以及国内社会事务的讨论。“告解时期”（confessional period，即“三十年战争”）的残酷暴行所留下的创伤，使欧洲人将中国设想成一个比自己无限好的世界。[1]

对中国文化的赞赏在最初就产生了一种特定的评价标准，中国文化被解释得博大精深。在18世纪反对教权的讨论中，这种解释的意义就很有轰动性了。……这种观点——同欧洲相比，中国虽然在科学技术的发展上滞后，但他们却有更发达的伦理——是对中国进行评价的决定性因素之一。

在启蒙运动早期，自然法问题对于如何评价中国是至关重要的。中国这一实例则似乎就是自然法观念之普遍性的一种情形。这样，某种“颂华”的法律理论就与某种“颂华”的政治理论结合起来，它以中国的伦理和政治为标准来衡量欧洲的国家制度。显然，中国当时拥有18世纪的欧洲知识分子朝思暮想的东西：一个强大且按理性标准行事的中央政府。[2]

---

1 托马斯·福斯（Thomas Fuchs）：《欧洲人眼中的中国：从莱布尼兹到康德》，引自成中英与冯俊主编：《康德与中国哲学智慧》2009年卷第一辑，北京，中国人民大学出版社，第42页、第43页。

2《康德与中国哲学智慧》2009年卷第一辑，第43页。

这些论述无疑是颇有见地的，从中我们可以引出一个结论，即：耶稣会士以积极的态度发回欧洲的大量关于中国的报道与研究，是早期启蒙思想家据以肯定性地评价中国的文献前提。但是，这些文献之所以被早期启蒙学者们所接受并加以强调，在根本上乃是出于对欧洲现实社会进行批判的需要。也就是说，早期启蒙学者颂华的真正原因乃是出于批判欧洲社会现实，首先是批判教会与教权的需要；他们颂华的真正理由则是，他们从耶稣会士关于中国的文献中读出了能够据以评判与改变欧洲社会现实的“尺度与标准”。

这里我们要进一步问的是，在早期启蒙学者眼中，“中国”在哪些方面构成了他们据以评判与改变欧洲社会的尺度或标准？如果我们关于“他们颂华的真正原因是出于批判现实的需要”这一结论是正确的话，那么，我们则可以从当时欧洲的一般现实来讨论这个问题。

的确，相对于欧洲教权从精神领域到世俗生活的全面专断而言，道统与政统在一定程度相分离的中国帝王专制要显得开明得多，特别是相对于欧洲教权从最高教廷到最基层小教区的无边界的全面统治，中国实行中央、郡、县三级的垂直统治确是有限的（县以下的乡村长时段处于自治状态），对社会的控制要宽松得多；相对于欧洲社会的权力阶层完全由僧侣和贵族阶层垄断来说，中国社会因文官选拔制度为各个阶层进入权力集团提供了可能通道而显得更具开放性；同时，欧洲社会因宗教分歧而不时陷入严重分裂，乃至长期的血腥战争，特别是在1618年至1648年因宗教派别引起的“三十年战争”，更是淋漓尽致地呈现了欧洲社会现实的失序与血腥，相比之下，宣称以伦理（德—孝）治国的中国社会则显得更理性、温和，更文明、稳定，而从法理学角度审视，以伦理治国而不是以神学教义进行统治的中国，至少更接近以理性自然法进行管理的社会实体。在这个意义上，中国社会甚至可以被视为贯彻与实践自然法的一个典范，是自然法理论具有普遍性的一个范例。简单说，“以德治国”的中国似乎更像一个理性法治的国家。

于是，在早期启蒙思想家心目中，中国在三个方面成了评判与改善欧洲的标准：一、政统和道统相分离的开明与三级社会管制的宽松；二、权力阶层向所有阶层敞开大门的开放性；三、伦理治国的理性与秩序。

中国具有这三方面的“优点”究竟是早期启蒙思想想象的，还是他们从耶稣会士的中国文献中解读的，以及这些优点是否符合真实的中国，在多大程度上符合，对于启蒙思想家来说，并不重要，于我们要讨论的问题来说，也不重要。这里，重要的是要问：从康德开始，成熟的启蒙思想家们是否放弃了这些“中国标准”？如果放弃，他们为什么放弃？如果没有放弃，他们为什么却改变了“颂华”态度而转持“厌华”态度？

实际上，整个启蒙运动既是人类试图摆脱权威的自我解放运动，更是人类自我认识的运动。作为解放运动，它之所以具有划时代的世界性意义，恰恰就在于它对人类自身的认识达到了一个新的阶段。这就是对人自身身份的重新发现，也就是对人作为理性存在者的本质身份的真正确认与觉悟。不过，作为一种自我认识的运动，它也有一个从初步到深入、从早期到成熟的过程。如果说莱布尼兹—沃尔夫代表的是德国启蒙运动的早期，那么康德批判哲学的出现则意味着德国启蒙哲学乃至整个欧洲启蒙哲学进入一个成熟的境界。这里的根本性标志就是：是否将人的理性本质意识为自由，也就是否将理性本身与自由意志统一起来，从而将自由规定为理性的本质，也即规定为人的本质。

康德通过对理性的批判，不仅划定了人类理性在认识方面（理论运用）的客观界限，从而既奠定了一切科学知识的基础，又敞开了现象界之外的另一个领域；而且确立了人类理性在行动方面（实践运用）的自由本质，从而既为一切可能的伦理学和实践理论奠定了基础，又无可争辩地确定了人的自由者身份。作为理性存在者，每个人的第一身份或天然身份就是自由者。自由，成了人类本质的存在方式。对人的自由本质的这种觉悟，使自由成了康德哲学体系最核心的问题，也成了之后整个德国古典哲学的核心问题。

如果说近代启蒙哲学“发现”了“人本身”，那么我们可以说，康德批判哲学对自由的确立与自觉则意味着，启蒙哲学达到了对人本身的本质的真正“发现”。实际上，自由被作为康德开创的德国古典哲学的核心问题而得到了系统、深入的讨论，在根本上表明启蒙哲学达到了对自由的真正自觉：对自由的意识不再只是感性的，而是概念的，不再只是直觉的，而是反思的。而这进一步意味着，奠定在自由基础上的一切伦理—道德法则也在反思概念层面上得到了确立与把握。

简单说，在康德哲学里，自由以及一切绝对的实践法则是在概念层面上，因而是在普遍必然性的层面上得到了确立与理解：每个人因理性而是普遍自由的，每个人也因理性而不得不是自由的。于是，自由被坚定地自觉为每个人的绝对身份。

正是对人之为自由存在者这种绝对身份的自觉与确立，使启蒙思想不仅确立起了批判欧洲现实社会的学理根据，而且提供了建设未来欧洲社会的学理蓝图，而再无须从中国假借标准与尺度。因为人之为自由者身份在概念层面上的确立，也就意味着，作为自由者存在已被自觉为人的一切其他可能存在的前提与基础。

因此，自由者之间的关系法则理应成为人类共同体的全部基础，当然也应当成为任何社会与国家的全部基础。也就是说，自由者之间的关系法则不仅是评判欧洲现实社会的尺度，而且是建设欧洲梦想乃至人类未来的根据。

具体说来，从自由存在者身份出发，对于人类政治共同体来说，自由者之间的首要法则就是绝对的权利法则。这一法则就是：因每个人都是自由的，每个人都能够做与任何他人符合普遍法则的意志相协调的一切事情；换言之，每个人因是自由的，所以，他能够按其意志行一切可普遍化而不自相矛盾的可能行为。这一权利法则是每个人一切不可让渡的权利（诸如信仰自由、思想—言论自由、出版自由、结社自由等等）的基础，也是每个人拥有可让渡的强制权（die Befugnis zu zwingen）的基础——正是这种强制权使每个人可以强制要求他人尊重、承认其拥有那些不可让渡的自由权。国家首先就建立在所有成员让渡的强制权基础上，这是国家全部正当性的基石。这意味着，国家的首要使命就是维护与保障所有成员那些不可让渡的自由权：人们让渡强制权，乃是为了维护与保障那些不可让渡的自由权。

因此，什么样的国家制度是合理、正当的，或者说，应当建立什么样的国家才是合理、正当的，其尺度与基础全在于自由者间的权利法则。这一权利法则当然也就成了评判欧洲历史与现实社会的尺度和理据。

实际上，当康德的批判哲学把自由作为其核心问题来确立与讨论时，不仅意味着德国启蒙哲学为评判欧洲现实社会与建设欧洲未来确立了学理上的标准和根据，而且意味着为评判一切人类社会与建设整个人类未来提供了学理上的标准和根据。因为只要人类达到了对其自由本质的自觉，自由者间的权利法则就不可避免地要成为国家共同体的合法性基础。除非人们还没达到在反思概念的层面上认识自由，或者除非人们能证明自由不是人的本质存在，否则，任何国家共同体的合法性都要经受权利法则的检验。

所以，对康德和所有成熟的启蒙思想家来说，不仅中国不能成为标准和尺度，而且中国本身也要成为批判与检验的对象。从权利法则出发，中国在早期启蒙思想家心目中的三方面“优点”并不足以成为效仿的范本。

首先因为专制国家不管多么开明、宽松，它都是专制，并没有因其开明而改变了它不具有合法性的基础。因为国家合法性的唯一基础就是权利法则，而从权利法则出发，一个正当的国家必须对最高权力进行有效分解，以达到维护、保障个人不可让渡之自由权的目的；任何集行政权与立法权、司法权于一体的国家，都是背离权利法则而不合法的专制国家。

同时，尽管中国的文官选拔制度使中国的权力集团对其他阶层开放，从而使国家权力获得了更广泛的认同，但是，这只是使权力阶层一部分成员的构成在程序上具有正当性，却并没有使整个权力集团的构成与配备获得实质的合法性。因为这样的权力集团作为一个特权阶层，依然是建立在少数人利益最大化的基础之上。实际上，任何一个权力集团，不管它的构成成员选拔自什么阶层，只要它的权力没有得到有效分解，它实质上都将只是一个特权阶层：它没有边界的权力不可避免地使它去追求自身利益的最大化，而置其他阶层的利益于不顾，直至损害、剥夺其他阶层的底线利益与底线权利。

至于伦理治国带来的温和、稳定，以启蒙思想观之，温和不过是一种世故，稳定不过是一种停滞。因为在以自由为基础的绝对伦理学看来，像德、忠、孝这些被作为治国之本的伦理规则只不过是些经验的、非反思的关系规则。也就是说，中国奉行的那些伦理规则还没达到概念自觉的层面，中国伦理学还不是反思概念的伦理学。凡概念的自觉，都是通过概念的反思而确立起最后的、可靠的超越性根据。在康德这里，这种超越性根据就是自由。正是这种超越性根据使一切伦理规则获得了绝对性与纯洁性，使由这些伦理规则建立起来的秩序首先是一种自由者之间的关系秩序，而不是父子、君臣、夫妻之间的关系秩序。由具有绝对性与纯粹性的伦理规则带来的温和，才是真正理性的、超世故（功利）的一种品德；同时，也只有建立在自由者之间的关系秩序基础之上的稳定，才是保持差异与多元的和谐，而不是满足与沉迷于角色关系的停滞。所以，在成熟的启蒙哲学家眼里，中国原来在早期启蒙思想家那里具有的“伦理优势”也丧失了。

在康德这些成熟的德国启蒙哲学家看来，中国社会不仅不再是人类未来的范本，它倒同样是人类要摆脱的对象，就如同欧洲的现实社会，也是要告别的对象，甚至从反思哲学角度看，中国是更需要摆脱的对象，因为它被视为属于更久远的过去。

尽管我们可以不同意康德等启蒙哲学家对中国的理解与评判，但是，他们对中国的态度并不是出于私人的主观情感，也不是出于某种时髦的社会思潮，而是出于他们成熟的启蒙思想。简单说，康德“不喜欢”“中国”，是出于“思想”，出于“学理”。

中国作为一个社会“虽然属于过去了”，但是，作为一个文化主体，它却是一个“本原性的民族”（我曾把古希腊、中华、印度与犹太民族称为四个本原民族），因而拥有一个本原民族所特有的思想胸襟与思想风范。所以，尽管康德与黑格尔对中国持有强烈的否定态度，但是，他们的哲学却一直受到中国思想界的持久重视与研究。至于他们的哲学为什么会一直受到中国思想家—哲学家们的持续重视，以及他们的哲学为什么成了中国思想界理解西方文化与开显中国思想新境界不可回避的环节，则是一个需要专文加以讨论的有趣问题。不过，我相信，对康德和整个德国哲学的研究与消化，不仅能帮助我们走进希腊传统的西方，同样也能帮助我们走进犹太—基督教传统的西方。所以，当我们这个本原性民族开显出新的思想境界、开辟出新的世界史时再回过头看，我同样相信，我们会发现德国哲学是我们经历过的一个最重要津口。

二〇一〇年五月于清华新斋

我们离近代有多远？*

——我的近代观

对于历史学来说，这根本就不是一个问题；历史学不仅能确切地指出我们从什么地方、什么时候开始了近代，而且还以十分有把握的态度叙述了如何从近代向现代的迈进。每个国家或民族都有自己的近代史学与现代史学，就是一个很好的例证。

但是，当历史学在进行这样的叙述时，它显然预设了一个基本前提：我们已从中古社会进入近代社会。而对于这一预设历史学本身并不能给出充分的理由。历史学的通常做法是：以当代人的生活世界为参照点，把离此参照点最近的一段历史称为“现代史”，把离得次近的一段历史称为近代史，在这二者之间，以一历史事件来标划近代—现代史的界限。在历史时间里，历史学的这种做法是顺理成章的事，有其自己的理由。但普通历史学的这种划分却不能从实质上将近代与古代区分开来。这种划分只具有标划历史时间的形式意义，因此，历史学当然也就很难充分回答“我们有什么理由宣称我们已进入近代社会？”这一问题。

实际上，这意味着，通过历史学叙述而给出的“时代观”很可能是不确切的，至少是可疑的。

这里，问题的关键在于：何为“近代”？“近代”作为一个

---

* 本文原刊于波士顿，《美中社会和文化研究》（*American-Chinese: Society & Culture*）第三卷第一期，2000年6月。

历史时段，它一开始就是相对于中世纪（中古时代）而言的，它与中世纪的不同并非只是历史时间的自我划分的结果，而是有实质上的差别。这种差别是如此之大，以致人们有理由把“近代”视为一个全新的时代——在德文中，“近代”（Neuzeit）作为一个专有名词，其字面上的意思就是“新时代”。那么，与中古时代相比，“近代”究竟新在什么地方呢？新在人对自身的身份与使命的全新认识与自觉。在天地万物当中，人应充当一个什么样的角色呢？“近代”的序幕就是在对这一问题的重新审视与自觉当中拉开的。而对这一问题的思考与自觉正是启蒙运动的一个核心所在。这也是人们提起“近代”时，总是与启蒙运动联系在一起的原因。我们甚至可以说，没有启蒙运动，也就没有近代；或者说，没有启蒙运动，近代也就不成其为真正意义上的近代。

启蒙作为一场思想运动，它首先不是一种附属于近代社会的精神现象，相反，整个近代社会恰恰是以这场思想运动为基础。这是人类史上的一次思想大解放，大觉醒。在这当中，人才第一次发现了人自身（的恰当身份）。人不再是上帝的羔羊，或某种保护人的臣仆，人就是人自身，他就是人自己的主人。而这一切的全部根据或理由就是：人是有理性的存在者。换句话说，启蒙思想家是以理性来确定人的合法身份，以及人与世界的关系，最终人与上帝的关系也必须由理性来处理。每个人都能够也必须由自己的理性去理解自己与上帝的关系，而无须也不能通过其他途径。康德的“理性范围内的宗教”无疑就是对这一思想的最深刻的表达。在这种理性范围内的宗教信仰里，上帝与其说是世界与人的主宰，不如说只是我们人类的永恒的道德榜样，是我们的理性为了理解和维护一切道德行为而作出的一个必要设定。

于是，启蒙思想的光芒照亮了这个世界的真相：世界本没有什么主人，作为理性存在者，人就是自己的主人，他是独立自主的。因此，人的存在是自由的。这是启蒙运动最重要，也是最根本的一个结论。除非否认人是有理性的，否则就无法否定启蒙思想的这一结论。但是，启蒙运动之所以具有开辟人类史上一个全新时代的力量，并不仅仅在于它的思想家从理论上得出这一结论，而且更在于每个被它启开了理性的人都会给出这一结论。

"启蒙"的本意就是揭去蒙蔽（昧），启开理性，让理性自己作出判断。在这个意义上，启蒙运动是人类对自身的理性存在的自觉。这种自觉使自由成了个人不可替代的绝对要求（权利），用康德的话来说，就是自由成了人的绝对命令。因为理性的存在就意味能独立自主地作出决断。因此，当这种理性存在成了人的自我意识，那么，自由也就不可避免地成为人的必然要求。"宁愿在风暴中享自由，不愿在安宁中受奴役。"这种慷慨激昂的宣言只要在理性自觉的地方，就会被普遍地理解和接受。

因此，什么地方仍供奉着"救星"，仍高唱着"救世主"的颂歌，也就意味着这个地方仍处于蒙昧中。因为在理性自觉的地方，人们不会容忍任何意义上的"救世主"；对"救世主"的任何妥协都意味着放弃理性的绝对自主而出让自己的自由，而这在理性自觉下是绝对不允许的。对于理性自觉的人来说，自由——独立自主的决断与思想——就如吃饭、睡觉那样是其不可抗拒的要求。维护与捍卫自由，不与"救世主"相容，是获得新身份、充当新角色的新人的根本标志。只有这种新人才能开辟一个全新的时代——近代。这就是为什么自由成为启蒙思想家百般强调、不厌其烦加以讨论的话题。

我们都知道“自由、民主、平等、博爱”这个启蒙运动的纲领性口号，却很少去过问它们之间的关系。为什么“自由”被置于首位？不管这一口号的发明者是否是有意的，它恰恰道出了自由观念在启蒙运动以及整个近代社会中的基础性地位。启蒙思想家借以批判中世纪社会、建立新社会的政治理念的最根本的立足点就是他们的自由观念。对于启蒙思想家（以及一切理性的自觉者）而言，专制政治之所以不合理，首先是因为它剥夺或妨碍了人的自由，而建立民主政治的要求之所以是合理的，则是因为只有民主政治才能在最大限度内保障人的自由。也即说，在启蒙思想家这里，民主政治的要求及其合理性是建立在自由观念的基础上。只要自由成了人的绝对命令，民主的要求就是不可避免的和必然的。因为只有民主政治才能保障人作为人本身存在，才能真正保障人的自我决断的权利。

在这里，民主虽然只是一种手段，但并不是谋取功利（如富国强兵）的手段，而首先是维护与保障每个人的自由存在的手段。换句话说，民主首先是一种超越功利的手段，然而，正因为这样，它反而才能给人们带来最大的利益，因为它最大限度地保障了每个人的自由。

当然，我们并不否认，民主政治在建立与操作的实际过程中，与某些社会群体（比如所谓“第三等级”）的利益相联系，并且受这种利益的推动。但这并非意味着民主是建立在某一社会群体的利益之上。实际上，任何政治理念在落实的过程中，都不可避免地首先与某些社会群体的利益相联系，但是，如果某一政治理念只为某一或某些社会群体之利益服务，那么它带来的一定是一种专制。以自由为基础的民主政治在实现与落实过程中，虽然与某些社会群体的利益首先结合，但它同时要求这些群体限制自己的利益，以便不因它们利益的过分膨胀而妨碍或损害他人的自由。这是近代民主的内在力量所在，也是它作为一种政治价值观之所以能逐渐为世人所认同，并成为世界的一种不可阻挡的趋势的原因所在。

如果人们忽略或抽掉了民主的超功利的基础，那么民主的普遍合理性立即不复存在，而且在实际操作的过程中，它将不可避免地随着某些群体利益甚至个人利益而发生种种变形，最终与专制没有实质性差别。在欧洲、非洲、亚洲和拉美都发生过不少这方面的案例。这意味着光有民主之名，并不一定有民主之实。这里，判定的标准只有一个，这就是它是否背离了自己的目的，即维护个人的自由；更具体地说，这一标准就是：现实政治是否把掌握权力的群体的利益限制在不损害和不妨碍社会中个人的自由的范围内。如果权力个人或权力群体竟然允许以牺牲全体个人的自由来换取或维护自己的利益，那么这个权力实体与中世纪的权力实体在本质上没有什么区别，尽管它可能被冠以诸如“民主”、“联邦”、“共和”等名号。以自由为目的的民主政治从根本上而言，其本质特征就是能对权力群体的利益进行合理的限制。任何政治实体如果不能在制度架构上保障对权力群体的利益进行合理的限制，不能把这种限制落实到技术操作层面上，那么这种政治实体绝对不可能是真正意义上的民主政体；民主充其量只是它欺世愚民、混淆视听的门面。因为任何不能在制度架构上把权力群体的利益限制在合理范围内的政治实体，不仅将损害其他非权力群体的利益，而且不可避免地将妨碍乃至剥夺全体个人的自由：只要一个人或一个群体的利益不受限制，那么这种利益就必然要成为全社会的行动与思想的尺度，因此，不合或反对这种利益的一切行动与思想都丧失了其应有的社会空间。

至此，对于“何为近代？”这一问题，我们可以作出基本的回答。我们至少可以这样来刻画“近代”：一、理性意识或自由权利的普遍觉醒，至少是在知识精英与政治精英中获得普遍觉醒；二、以自由权利为基础的民主政治的真正确立。这两个相互联系的条件足以使人们在观念上和实践中把中古社会与近代社会区分开来。就近代社会是以自由权利（理性意识）的觉醒为前提而言，近代是人进入理智健全的时代，是人摆脱屈从和迷信权威而走向独立自主的时代，因此，也就是人成为真正成熟的人本身的时代，是每个人成为他自己的时代。民主政治之所以构成近代的一个基本标志，其全部根据就在于，民主政治是获得健全理智的人的必然要求，是每个独立自主的人，每个自在—自由的人的绝对命令。人类为了迎接“自己时代”的到来，建立民主政治是他不可回避的基本任务。

如果从这一“近代观”出发，那么，“我们离近代有多远？”这一问题对于不同的国家或民族来说，具有完全不同的意味。对于一些国家或民族来说，这一问题可能就不是问“我们的近代开始了多长时间？”，而是问“我们还要多长时间才能进入近代？”虽然大部分国家或民族都有自己的“近代史学”，但是，这些“近代史学”叙述的很可能并不都是名副其实的近代。当然，我们指出这一点的目的并不在于纠正历史学的做法——史学有自己的正当理由那样做；我们这里感兴趣的只是，从近代的基本内涵出发去观照那些基本缘由，正是它们使得一些国家或民族虽然花费上百年的努力也未能完成近代化。

毫无疑问，近代化起源于欧洲，而且随着欧洲势力一度的全球性扩张，近代化也逐渐成了全球性事件。当然，这并非说，如果没有欧洲的启蒙运动及其开辟的近代化，人类就不会有近代社会。从理论上讲，每个民族都有可能自己进入自我启蒙自我觉醒的时代。就中国而言，倡导“人人有一样的良知”，“满街都是圣人”的王阳明心学，在明朝后期已引发了一场具有全新气象的思想运动，中国有史以来第一次出现了系统地反思和批判“家天下”的帝王专制政治的思想家，虽然他们还未能提供正面建设的明确目标，但他们显然已朝新的政治理念的方向努力。然而不幸的是，这场具有启蒙性质的思想运动随着清朝在中国的统治而彻底中断了；一个文化上处于落后阶段的民族无论如何也不可能自觉地去接受一场启蒙思想运动的洗礼。

所以，从事实角度讲，包括中国在内的所有非欧民族都是在欧洲的推动下开始了近代化历程。不过，这种推动基本是采取对非欧民族的文化、经济、政治乃至整个社会造成强大威胁与冲击的方式进行的。也就是说，非欧民族是在各个方面都遭受到强大力量的压迫与威胁的情况下才被迫开始各自的近代化。因此，非欧民族几乎没有例外地把近代化首先理解为一种培植和获得强大力量的事业，似乎近代化就是强力化或力量化，近代社会似乎就是一个拥有强大力量的社会。

这种近代视角与非欧民族摆脱欧洲殖民统治的愿望当然也是十分契合的。因此，这种近代视角似乎也具有与摆脱殖民统治同样的合理性，因而得到长久的维护。而在此近代视角下，非欧民族普遍从欧洲近代社会中首先看到的是两个东西：一个是科学技术，一个是民主。他们几乎都相信只要拥有这两个东西甚至只要有其中一个东西，就能使自己强大起来，而完全忽略了这两个东西赖以存在的基础。

实际上，在这种近代视角下进行的近代化事业一开始就失去了近代的真正内涵。在此视角下，对于人们而言，民主或科学所以是必要的，并不是为了维护人的自由与真理，而完全是为了获得某种力量。一句话，为了“富国强兵”。这等于说，人们只是为了某种利益，才需要民主与科学。民主与科学完全成了一个民族或一个国家，甚至是一帮人谋取利益的手段。于是，民主与科学在这些国家里获得了“新生”：科学甚至成了维护权力集团的利益的某种意识形态，而民主理念或者成了轮流坐庄的政治游戏，因而实际上成了“政治动荡”的代名词，或者得到了“创造性”的解释，民主从而成了一种“工作作风”，或莫名其妙地成了一个与“法制”概念相对立的东西，似乎一个民主社会就是一个没有法制的社会。实际上，这等于说，如果社会让每个公民都享有自我决断与独立思想的自由权利，那么，这个社会就会成为一个缺乏法制的社会。从根本上说，这种推论是建立在不相信公民的理性的基础上。用一句政治俗语说，就是“不相信群众”。因为我们所说的公民的自由并不是一种为所欲为的自由，而是理性的自由。这种理性自由在维护公民自己自我决断与独立思想的权利时，也要求维护和尊重他人的自我决断与独立思想的权利。因此，“法制”不仅不应与公民的自由权利相对立，相反，只有建立在公民的自由权（理性自由）基础上，它才具有普遍的合理（法）性，才是真正全体公民的“法制”。而那种与民主相对立的“法制”往往是以“群众”的保护人自居的人们制定的“法制”，在这种“法制”下，“民主”除了是一个空洞的概念外，没有任何实质性意义。

在失去了自由作为其基础的情况下，民主被弄成了什么样的一种怪东西，人们都不用感到惊讶。因为在这种情况下，掌握着权力话语的群体有多少种利益与要求，就会变幻出多少种民主花样。人们会感到困惑的是，一些国家或民族为什么付出了漫长的努力，却仍徘徊在近代的边缘？仅仅是政策上的失误吗？抑或是在近代化过程中整个立国之本出了问题？国家制度或体制是应建立在维护某个或某些群体的利益之上，还是首先应建立在维护与捍卫全体公民的自由权利上，也即建立在维护每个公民的独立自主的、不可让渡的绝对权利上？从世界范围看，在一些地方，这不仅是一个没有过时的问题，甚至是一个极为迫切的问题。

从我们的近代观出发，我们还会发现，在近（现）代化过程中，民主与专制的斗争绝不仅仅是两种不同政治理念之间的斗争，更不是不同文化传统之间的斗争，而是两个不同时代之间的斗争，从根本上说，是促进和维护人成为自由的人，还是阻碍和反对人成为这种理智健全的人的斗争。在这个斗争过程中，学者承担着一个特殊的使命——维护学术与思想的独立自由。学者作为人类分工系统中专门从事精神劳动的一个特殊阶层，是最先完成自我启蒙而获得健全理智，从而在思想—人格上彻底独立的一个群体。只有通过这种独立的学者阶层的思想活动才能帮助和促进全社会的自我启蒙而获得普遍觉醒。任何一个民族或国家如果不能产生这样的学者阶层，或者不允许有这样的学者阶层存在，那么它就不可能进入真正意义上的近代。在这种国家里，科学往往在政策上得到了前所未有的重视，但是，科学实际上并没有也不可能得到真正的繁荣发展，原因很简单，那里缺乏健康的人类理智，因此，科学实际上要么成为鼓舞人心的梦想，要么成为新迷信的对象。即使在形式上确立了民主宪政的国家里，独立的学者阶层也仍是不可缺少的。因为社会全体个人的独立自由除了要有制度上的保障外，更需要在思想上得到维护与认同。这一工作只能由学者来承担。因为学者不同于其他社会阶层的根本所在就是，他的工作既独立于自己的私人利益，也独立于任何集团的利益，他只根据自由理性思想—说话。因此，学者的工作既是人类自由独立的体现，也是对这种自由独立的维护。中国学界曾普遍认为，中国的启蒙工作远未完成。然而，令人不解的是，在20世纪90年代的中国学界，不仅又一次中断了启蒙运动，而且兴起了诸如文化保守主义、后现代主义、“新左派”等等各种反启蒙思潮。这表明，中国还有相当一部分“学者”在自己的存在与思想里，对“自由是人的存在的前提”这一构成近代社会根本原则的公理性命题还完全缺乏经验与意识，换言之，中国学界在“人要不要成为理智健全的人？”这个问题上还存在歧见。可见，中国学者要完成近代学者的使命还任重道远。

如果对上面的讨论做一个概括，那么，我们可以说，“近代”作为区别于中世纪的一个历史时段，它的到来是以“启蒙运动”为前提的，也即以人对自身独立自主的自由存在的觉醒与认识为前提。这种觉醒一方面意味着人的自由存在——依自己的理性独立自主地思考与决断自己的生活——成了人的绝对要求与基本权利，因而表明人进入成熟的、理智健全的时代；另一方面则意味着民主政治必然成为人类在实践上的共同追求，因为只有民主政治才能把权力阶层的利益限制在合理的范围内，从而才能保障和维护全体个人的不可让渡的基本权利。因此，每个民族或国家在近代化的过程中，专制与民主的斗争并不仅仅是两种政治理念之间的斗争，更不是不同文化传统之间的斗争，而是促进与维护人的自由存在，从而维护个人的不可让渡的绝对权利，还是阻碍与剥夺个人的自由存在，从而在根本上阻止人成为理智健全的人之间的斗争。在这个近代化过程中，学者承担着一个特殊使命，这就是促进与维护学术—思想的独立自由。

二〇〇〇年四月于北京三里屯

历史与多元的前提

在所有生物当中，只有人类有宗教、哲学与科学。这即使不能表明它们是人之别于其他生物的根本所在，至少也表明，它们是人类特有的现象。在人类特有的精神现象中，对人类自身影响最大的，迄今为止莫过于科学、宗教与哲学，以致我们可以说，人类自身在某种程度上是宗教、哲学与科学的产物。

今天，没有一个民族或国家能够离开科学而生存下去，而今天人类之间的冲突甚至被归结为由宗教、哲学—思想构成其核心的文化之间的冲突——虽然这样的归结过于简单，却也表明宗教、哲学在人们生活中的重要地位。不管是作为个体，还是作为类存在，人们迄今都一直生活在宗教、科学与哲学（思想）当中。它们就像“三位一体”一样统一于人的存在。这是否意味着，只要人类存在着，就离不开宗教、科学与哲学？难道人类与它们有如此密切的关系，以至于人类根本不可能摆脱它们，哪怕只是取消其中一项？就起源上而言，宗教先于哲学与科学。但是，这是意味着宗教因其原始而落后呢，还是相反，倒是意味着它对哲学与科学的优先性和超越性？对这一问题的不同回答，规定着对它们三者的不同态度。就近代以来而言，宗教面临着从未有过的危局：各门科学从不同方面揭露宗教的荒谬、虚伪。然而，所有这些克服、摆脱宗教的努力，都遭遇同样一个结局，那就是，宗教以从未有过的力量与科学达成和解，并且以从未有过的速度影响着全世界。这表明，不可能通过把宗教揭示为非科学的东西就能简单消除宗教。就其超越性而言，宗教虽然不是科学，但它却可能恰恰是理性的。[1]所以，宗教与科学、哲学的关系问题，是任何有深切关怀的思想都必须严肃面对的问题，尤其是曾对宗教一再持简单化处理的中国学术界需要重新审视的问题。

实际上，不管是宗教，还是哲学和科学，它们的产生都以人的自由本性为前提。如果说宗教是通过打开过去与未来而理解现在，那么，科学则是通过打开现在去理解过去与未来，而哲学则要通过打开任何一个维度去理解其他维度。但是，不管是要打开过去与未来，还是要理解过去与未来，都必须有能力从现在、从当下解放—摆脱。这种能从当下或现在解放—摆脱的能力，就是能使每个人成为目的本身的一种伟大力量，这就是自由。人类不仅因自由而有宗教与哲学，而且也因为自由才有过去、现在与未来，因而也才有“历史”。同时，也因为自由，人类才置身于各种可能性当中而成为未完成者，成为永远有分歧的存在者。所以，对于自由的人来说，分歧是常态。对分歧的尊重，就是对自由的维护；而对分歧的忌恨，则是对自由的否定。所以，宋继杰在他的一篇文章里说，“没有分歧的自由不是自由”。

不过，分歧并不意味着分裂。

分歧与多元需要得到尊重，同时分歧与多元则需要维护其前提，那就是每个人的自由。分歧与多元之所以可能的根据，之所

---

1 有关这个论点的更详尽论述，可参见黄裕生：《宗教与哲学的相遇》。

以正当的理由，全在于每个人都是自由的。因此，一切分歧与多元都需要维护与尊重使它们成为可能的自由，否则，分歧与多元就失去了自己的正当性根据。这意味着，分歧与多元是有限度的，那就是以不反对、不否定自由为界限；一切反自由的分歧，一切否定自由的多元，必定走向自己的反面：消除一切分歧，否定多元本身。对于人这种自由存在者来说，导致其分裂的不是他们之间必定存在的分歧，而是对他们每个人都拥有的自由的否定与压制。哪里压制自由，哪里就一定有分裂与对立。只有自由得到维护的地方，只有分歧、多元得到尊重的地方，人类才会有真正的团结、真正的统一。但是，维护与尊重每个人的自由，首要任务则是捍卫每个人的自由权。每个人因自由而拥有绝对的自由权，但是，在社会关系中却只有通过维护与捍卫自由权，才能真正维护自由本身。所以，自由权对于多元社会的实现，对于维护人的本性生活，都是根本性的。正因为如此，对自由与自由权的捍卫，是每个人的天职，而对它们的追问与思考，则是每个学者的使命。

学者作为社会分工体系里的一个阶层，它是通过追问与思考自由来捍卫自由，坚守自由。不过，学者对自由的坚守并不仅仅限于对自由本身的追问。为了学术的纯粹性，抗拒名与位的诱惑；为了真理的神圣性，抵御金钱与权力的收买；为了科学的严肃性，顶住权势的干预与胁迫，这些都是学者对自由本身的坚守，也是学者之为学者应有的独立品格与自由精神。学者从事的专业千差万别，与媒体的距离，与权力的关系，也迥然有异。但是，学术的庄严，真理的神圣，使任何学者都必须保持与媒体、权力的适当距离。借助媒体炒作而声名鹊起的学术，借助权力造势而被捧为权威的真理，都不可避免地沦为泡沫学术与泡沫真理。

除了像所有其他人一样面临声色货利、名位权力的诱惑外，学者还面临着“自我圣化”的诱惑：将自己一家之言定位为人类的至高真理，直至声称自己掌握了宇宙与历史的必然性，因此，正义与未来永远站在自己一边。未能抵挡这种诱惑的学者，概无例外地误以为包括历史在内的宇宙万物都能够只存在于知识之中，而没有知识之外的可能性。这种唯科学主义的误解在根本上意味着对自由的否定。因为如果一切都能够只存在于知识中，那么，我们自身也就不过是必然性的一个环节而已。于是，只要有机会，这类学者就会像法国哲学家萨特那样认为，自己代表着正义与必然性，因此，如果有必要，比如，清除正义的障碍，或者为了“革命”的需要等等，那么，剥夺一些人的自由，或者对他们施行暴力，也是允许的、正当的。可以说，这是学者未能守住自由而带来的最大危险性。

这些话题向我们强烈地提示，对于我们这些有限智慧的生物来说，在我们还未能弄清楚什么是真正的真理时，或者在我们被某种理论所触动而准备接受它为真理时，特别是在我们信心十足地要宣布自己的理论是真理时，我们首先要做的一件事就是检查一下，这个可能的真理是否以不反对自由为前提；对于任何可能成为反对、压制乃至剥夺自由的根据的真理，都需要保持高度警惕与全方位的怀疑。

二〇一一年二月于清华

考古学，一种实证方式的追忆*

——一次“考古游”之后

在日常生活里，说穿越空间，是一件很容易理解的平常事。2003年国庆期间我们从北京到安阳殷墟，再到偃师二里头的“考古游”，就是一次穿越“八百里路云和月”的旅行。但是，我们这次旅行实质上更是一次穿越三千多年历史的时间之旅。

在我们的常识里，时间不会像空间那样总留在某个地方，可以从头穿越，相反，时间过去了就过去了，所以，我们好像不可能再回头抓住它或穿越它。但是，实际上，我们人类不仅总在跨越空间，而且每天都在穿越时间。我们不仅可以不远千里地回到老家看看房前的流水，屋后的老树，更可以在异国他乡的窗前追忆童年的梦想与朴拙，在摇曳不安的灯光下回味昨日与亲友别离的惆怅与伤感。空间距离的宏大，往事的久远，都不会成为人类追忆历史、穿越时间的障碍。

实际上，与“穿越空间”一样，“穿越时间”是我们人类的一种存在方式。尽管穿越的时段有长有短，但是，只要人们存在着，他就一定是有所追忆地存在着。这是人类自我理解、自我确立的前提。在自我理解并确立自我身份这种活动中，与占据空间位置相比，穿越时间具有更根本的地位。而正是自我理解与自我确立

---

* 本文部分内容原刊于《人民日报》2004年1月6日理论版，题为“穿越时间：人类的一种存在方式”，此处为全文。

这种活动构成了人类生活与个体存在的基础与核心。不管是个体，还是类存在（比如，作为一个民族存在），都是在追忆历史与源头中完成自我理解与自我认同，从而确认自己的身份。一个“中国人”要确认自己的“中国人”身份，最重要的不是确认自己在法律上的国籍归属，而是确认自己的种族归属与文化归属。但是，不管是确认自己的种族归属还是文化归属，都只有通过追忆自己的历史与源头才能完成。

确认自己的身份也就是回答“我是谁？”这个问题。那么，究竟是什么东西使我成为我呢？这个问题不仅激励着所有的哲学家，也困扰着每个人。人们可以不满意哲学给出的任何回答，但是，没有人能否认，如果不能穿越时间而追忆自己的历史与源头，因而也就是说，如果没有记忆，那么，也就没有任何东西能够使“我”成为“我”。因为如果我不能意识与确认自己的来源与经历，那么，我又如何将自己与他人区分开来呢？我又如何确认自己在与他人他物的关系中的身份呢？一个不会追本溯源的失忆症者不仅不能辨认相遇者是谁，甚至也无法确认自己是何许人。他不能追忆，也就意味着他没有能力将自己的经历贯穿为同一个人的经历，他的存在实际上分裂为一个个没有同一性贯穿其中的时间点。因此，他的生活就如浮萍雨滴，只能消失在随波逐流中。同样，作为类存在，一个民族如果失去了追本溯源的能力，那么，它不仅中断了过去，也关闭了未来：它没有未来，因为它必定被完全同化而消逝在其他具有强大追忆能力的民族中。

这意味着，不管是个人，还是民族，必须通过追本溯源这种穿越时间的活动才能获得并维持自己的同一性身份。人们拥有各种追本溯源的方式。就个体而言，回忆是人们最常使用的追本溯源的方式；而作为类存在，宗教、哲学和历史—考古学则是人类进行追本溯源的基本方式。每一个本原性的伟大民族都具有强大的追本溯源的意志与能力。因此，它们或者拥有发达的宗教，或者具有成熟的哲学、历史学，或者三者兼而有之。

如果说宗教是以信仰活动进行追本溯源，那么哲学和历史学则是以思想—学术的活动追溯本源。人们穿越时间，追本溯源，在获得和确认自己的同一性身份的同时，也获得了生存的信心与力量。只有与历史中的先人、特别是与那绝对的本原（比如绝对的上帝或"道"）保持活生生的关系，人们才能真正生活得踏实，生活得心安理得，生活得有力量。绝对的本源实际上就是历史中的那个"绝对的他者"，人们或者如犹太人那样称之为唯一的上帝，或如古希腊人那样称之为 Logos，抑或如中国古人那样称之为"道"；而历史中的先人则是与那个"绝对的他者"息息相关的一个个他者。

历史学对于我们之所以重要，就在于它以确实可靠的方式让我们得以与历史中的一个个他者建立起关系，进而与那个"绝对的本原"即"绝对的他者"保持一种或明或暗的关系。也就是说，人们可以通过历史学从他者、从源头获取生存力量与信心。而考古学作为历史学的分支学科，它实际上是以可靠的文物为依据追本溯源，或者说，它是以一种实证的方式来保证"回忆过去"的准确性。

在这个意义上，考古学实际上是以更实证的方式，帮助人们确立起与历史中的源头和他人的关系，从而使人们在获得更坚实、更确定的同一性身份的同时，获得信心与力量。这也就是考古学为什么会像哲学那样让人欲罢不能，也是为什么会有一些出色的考古学家如此钟情考古事业：不仅把青春献给了它，而且把一生的虔诚与寄托献给了它。因此，当我们的朋友、中国社科院二里头考古队队长许宏博士，在向我们讲解他在二里头的发掘工作以及他的学术见解时总是充满激情与虔诚，也就可以理解了。在他的考古学视界里，考古工作并不只是挖掘文物，更重要的是解读挖掘出来的文物。

的确，我们正是通过解读文物而理解古人的生活世界，体会古人的成败兴衰、荣辱尊卑，从而穿越千年时空，与古人建立起直接的关系。古人已逝，但他们的生活世界，他们的生活理念，却被保存在他们遗留下来的器物上。一个实物之所以能够成为一件文物，它必定进入过古人的生活世界，传达着“那个世界”的某种信息。必须解读出这种信息，才能与古人也即历史中的他者取得联系。出色的考古学者真正感兴趣的不是文物本身，而是保存在文物中的另一个世界。

在偃师市辖区内的二里头村一带，被一些学者确认为中国第一个王朝——夏王朝的主要活动区域，这里发掘出来的陶器、青铜器以及宫殿遗址与安阳一带发掘的商朝器物遗址有很大的不同。但是，迄今尚没有足以证明夏王朝存在的文字材料被发现。因此，在二里头一带发掘出来的文物在学术上并不被称为“夏朝文物”，而是被称为“二里头时期文物”，其中还分二里头一期、二期、三期、四期。我们从二里头和殷墟发掘的文物可以看到一种有趣的情形经常出现：有些后期器物的技艺水平反而不如前期的。这与时代的精神状态和政权的兴衰强弱直接相关。所以，器物的考古分期的根据是器物所处的地层，而不是器物体现出来的技术水平。而在生产技术能力决定一切的片面史观下，人们容易误以为更晚的器物技术一定要高于更早的。实际上，生产技术并不能决定一切，相反，技术倒受政治制度与生活理念的制约。

今天的中国人仍很重视修筑阴宅，不过，阴宅一定远离阳宅。但是，在殷墟和二里头发掘的宫殿遗址却有一个会让今人惊讶的现象，那就是墓葬区就在宫殿附近，甚至坟墓就建在宫殿里，比如，武丁时期的妇好墓就是如此。这表明当时人们对阴阳两个世界的区分还不是很明确，对生死的理解与今人也迥然有别。在这里，正如“豪华的”宫殿紧挨着沉寂的坟墓一样，生与死、辉煌与退让似乎并没有太大的距离，因此，也许人们还并不溺生而忘死、因生而怕死。墓地与生活区的分隔，据说到战国才变得明确。这种分隔表明，在人们的精神世界里阴阳两个世界的区分得到了更明确的自觉。这种自觉拉开了生与死、辉煌与退让的距离。正如人们在宫殿里再也看不到坟墓一样，人们似乎也更容易只看到宫殿的辉煌，而看不到坟墓的退让，以至于因生而忘死。但是，如果一种生活是建立在忘却死亡之上的生活，那么这种生活一定不可能是真实的生活。今天，我们是否也会因我们的“宫殿”里没有“坟墓”而忘却坟墓的存在呢？这也许不是一个没有意义的问题。

20世纪历史学中的疑古学派，使中国人确信了几千年的夏商两个王朝的存在成了问题。

从历史—考古学角度看，文字是最有力的内证材料。因此，为了确认夏王朝的存在，发现夏朝文字也就成了二里头考古活动的一个关键性目标。从商王朝使用的、被今人称为“甲骨文”的文字可以推断，一定存在比甲骨文更早的文字，因为甲骨文已是一种很成熟的文字。但是，这种更早的文字能否被称为夏朝文字呢？这只有在发现了这种文字，并且这种文字本身证明了夏朝的存在之后才能确定。

不过，寻找和发掘这种古文字的意义，并不仅仅限于确证夏王朝的存在乃至澄清夏朝诸王的谱系，更重要的是，这种更早的文字的发现将帮助我们更准确、可靠地理解四千年前的他者的生活世界，让我们与源头更接近了一步。而对先人的生活世界的理解与接近，可以使后人明白自己的生活是如何从历史的源头开出的，从而帮助后人确认自己的身份以及这种身份的历史合法性，借此使后人获得生活的信心与力量。

如果有朝一日发现了夏文字，那么，这无疑将是中国考古学界的一件划时代的事情。但是，这样的事件在成就了一批雄心勃勃的考古学家抱负的同时，也把中国考古学带进了一个新的、也许是更困难的目标，即发现与接近“五帝时期”的生活世界。我相信，这个目标虽然困难，但对“五帝”也一定会有所发现。

但是，在发现了“五帝”之后呢？正如“之前”还有之前一样，“之后”也还有之后。考古学不会终止于任何划时代的发现。作为一门以遗存物为依据追本溯源的科学，考古实际上是人类的一种实证式的追忆活动，它通过发现与解读遗存物来穿越时间，接近源头和他者。但是，正如一切实证科学不可能达到那个绝对的源头一样，考古学也不可能以自己的方式发现或达到那个绝对的源头。因此，我们说，考古学是我们穿越时间的一种方式，但不是唯一方式。人们对考古或考古游有兴趣，就在于它给人们提供了一种追忆源头的实证方式。

二〇〇三年十月于北京三里屯

何处是我邦？*

——从京剧《文姬归汉》谈起

最近，在梅兰芳大剧院看了一出由李海燕主演的《文姬归汉》。我于京剧完全是外行，只停留于直接的感受与欣赏，至于唱腔、表演好在哪里，则不知所以，无以置评。剧目的情节则几乎是众所周知，也无须介绍。不过，这出戏倒是让我想到了一个问题，这个问题是每个人在抉择归身何处时都会面临的，那就是：何处是我邦？

历史上文姬归汉究竟是被迫的（正如她被掳向北漠时是被迫的一样），还是她自愿的，事实上也许并不能十分确定。不过，这里我们只从这个剧目本身的演绎来讨论问题。当曹操派使者周近出使南匈奴去迎接文姬归汉时，文姬已在北漠生活了十二载，并与左贤王一起育有一双儿女。

单于接受曹操之请，同意送文姬归汉，无疑是出于政治考虑，他也只需从现实出发权衡得失来决断这件事；左贤王则比较复杂，一方面他显然不愿文姬离开自己，因为不管是从自己对文姬的感情讲，还是从两个年幼的孩子看，都难以割舍；但另一方面他又不能不考虑单于的旨意，同时如果按剧情的演绎，他还得考虑文姬的意愿。但是，在选择离开还是留下这个问题上，内心最复杂

---

* 本文原刊于《人民论坛》2011 年 10 月总第 343 期。

而最难抉择的则是文姬本人。离开之难有种种，而难中之难则是骨肉亲情，一个母亲要抛却一对幼小儿女，其情何堪！其次是养育之情，生我者尊，养我者大，漠北穹庐虽非生育之境，却是劫后十又二载的养育之地，即便对此异域还不十分习惯，毕竟受惠良多于此间天地，一旦诀别在即，不免难舍难分。其三则是恩宠之情，文姬是在乱军中被掳到匈奴的，但是庆幸的是她得到了左贤王的爱情，列身王妃之位，虽然她并不一定爱左贤王，但是左贤王对她却是恩宠有加，这些是她在汉地未曾有、回到汉地也不会有的，所以，一旦离开也就意味着恩宠尊荣一并离去，这于任何人而言都不是一件易事。

虽然有此种种离别之难，文姬最终却选择了离开，选择了归汉。这意味着她割舍了骨肉亲情，也舍弃了数身的恩宠与一身的尊荣！所以，为何选择归汉，也才成为一个沉甸甸的问题拷问过文姬，也拷问着每个人。文姬选择归汉，显然不可能只是出于汉地是父母之邦，因为汉地虽为父母之邦，但是，漠北却是子孙之邦，况且其父蔡邕早已在汉地的政治斗争中惨死狱中，家人流徙，已是存亡不知，故园破败，已是断垣残壁。两相权衡，孰轻孰重耶？

那么，是出于汉地是文姬的生养之地吗？其实更不可能，因为虽然文姬生于斯长于斯，却没能安于斯，倒是漠北的十二载给她提供了最安宁与尊荣的生活。剩下的一种可能就是归汉继承父志，续修汉史；据说，这也是曹操迎文姬归汉的目的。

不过，这个目的显得有些抽象。它如何能够在文姬抉择中发挥如此决然的作用，以致让她抛舍一切？单就父志而言，父志有那么重要吗？难道母子之情、丈夫之尊也抵不过父志之重吗？这里或许真正该问的是，续修汉史为什么在文姬心目中有如此重大的意义？如果这只是一份史学工作，那么它还不如文姬留下来，利用尊贵身份之便替匈奴修一部匈奴史，更具有独特价值，用我们今天的话说，更具有填补空白的意义。

实际上，在中国古人心目中，修史并非只是一份史学工作，而是承祖绍脉，成就大统的事业。不过，这里所要承绍的并非亲亲之祖、血缘之脉，而是超越于血缘亲情的“太祖与天命”，所以，所要成就的“统”并非血统，而首先是“道统”。修史的最终意义在于述道统以引政统，明道统以正政统。在中国古代，经、史之义皆在于此。实际上，这隐含着一个基本信念：在华夏大地展开的历史是行进在天道运行的道统之中，因而，这里的历史是有“正义”与“神圣性”的，简单说，有来自天道的合法性与正当性。这意味着，汉地展开的历史，既有由天道开启的绝对源头，也有由天道担保的可靠未来。这一信念构成了华夏文化的内核之一，它实际上把历史引入了人类自我理解的世界图景当中，使历史成了人类自我理解、自我定位的一个基本维度。不管是国家，还是个人，都因此而能够通过对历史的叙述与理解来获得存在的伟大力量。华夏文化的这一历史信念正如犹太—基督教文化的历史信念一样，都包含着对人类自身的历史性存在的深刻觉悟。这种觉悟是这两种本源性文化对人的深度存在的一种共同的深切洞见。正是对人性深度的这种洞见与觉悟，使华夏文化与犹太—基督教文化能够深入人心而为人类提供安身立命之所，能够对人类本身具有巨大的教化与提升力量，从而开辟具有世界意义的历史。

因此，曹操不惜重金迎回文姬，续修汉史，以图文治，并非只是一种政治策略或政治谋划；而文姬割舍人间亲情，抛下一切，决然归汉，也绝非出于汉地为父母之邦，或汉地为自己的生养之地。不管是对曹操来说，还是对文姬而言，续史以达文治，首先都是一种信仰行为，都是在践行华夏文化的一个基本信念，通过这种践行，达成在天道史观下的某种自我理解、自我认同，从而获取某种永恒的力量。所以，文姬在面临“身归何处？”时所抉择的回归之地，并非空间意义上的汉地，而是文化上的汉地。也就是说，促使文姬放下一切，毅然回归的国度，不是生养之邦，而是信仰之邦、文化之邦，也就是代表着文明与希望的未来之邦。

实际上，每个人在抉择“身归何处”时，最后确定的回归之地，往往首先是“心”可皈依之地。身归何处的问题，实际上首先是归心何处的问题。真正的故乡，真正的家园，在文化之中，在信仰之中，而不在地理上的某个确定之地。如果说空间上的某个地理位置成了人们心向往之的回归之地，那么，这个地方一定是文化（特别是信仰）中的圣地。唯有文化与信仰，能给每个漂泊者以家园，能把每个在路上的行人引向故乡。当人们在心中发问“何处是我邦？”时，那么，真正的答案只有一个，那就是，“我邦”在文化之中，在信仰的深处。哪里没有文化，那里就不会成为“我邦”；哪里没有信仰，那里就不会成为任何人的家园；哪里没有信仰，也没有文化，那里永远只会是人们的客居之地，或逃离之所，而永远成不了安宁之邦。

这并不是说，所有文化与所有的信仰都能成为普遍“家园”，成为更多人的“我邦”。在文姬时代，匈奴以及其他少数民族也有自己的文化与宗教。文姬当然既熟悉汉文化，也熟悉匈奴文化，但她最终选择归汉。这意味着汉文化信仰才成为她的家园，才成为她心灵深处的向往之邦。面对多种其他文化传统，一种文化与信仰能够成为熟悉多种文化的人们皈依的家园，它也才能成为更多人的向往之邦，成为更普遍的家园。而一种文化信仰在众多其他文化传统中之所以能够成为人们普遍皈依的家园，不是因为它有强大的国力或权力的支持，而必定首先是因为它对人类自身与世界的洞见达到了其他文化所没达到的深度与广度，并因此更能深入人心而安顿人心，更能把人类教化、提升到更高的文明，从而开启着未来与希望。

在古代的东亚世界，华夏文化在广度与深度上，在对绝对性事物的系统把握上，都是其他文化所不及的。正因为如此，不仅文姬归了汉，所有原本异于汉地的民族，包括所有那些在地理空间上征服了汉地的民族，都归了汉。整个东亚史，实际上就是一部“归汉史”。

这就是文化与信仰的力量。武力与经济实力本身永远只是一种“现在”的力量，一种当下的力量，它可以征服地理空间，但是征服不了有深度的文化与信仰，征服不了历史与未来。相反，任何一个只有强大武力的权力实体最终都必定被深度的文化信仰所归化与征服。基督教信仰产生于罗马帝国一个弱小的犹太人群当中，但是，它的普遍主义精神使它在整个罗马帝国境内坚定而缓慢地传播开来。面对罗马帝国的强大武功，基督教徒可谓赤手空拳，柔弱至极。在帝国三百多年的各种迫害乃至屠杀过程中，基督徒几乎没有什么还手之力。但是，罗马帝国这个跨越欧亚非三大洲的强权实体不仅没有消灭掉基督教，反而被基督教所征服，最终成为一个基督教世界。不仅成千上万的普通罗马人皈依了基督教，而且连罗马帝国皇帝也成了基督教徒。

有历史教科书以为，基督教在罗马帝国的胜利，是统治者利用基督教的结果。这实际上是倒因为果。罗马统治者为什么要利用基督教？如果基督徒只是寥寥无几的少数人，那么统治者如何利用它？统治者之所以利用基督教，是因为帝国境内在种种残酷迫害之下竟然仍有如此之多的人成了基督徒，以致如果不停止迫害基督徒，如果不承认基督徒，最后，如果不支持基督徒，就无法有效地统治下去。所以，关键的问题在于，基督教信仰为什么能够在穿越强权给它带来的漫长黑夜的同时，召唤了如此众多的信众？这里，人们无法不承认基督教信仰本身的伟大力量。它的教义系统所蕴含的普遍主义精神，特别是关于突破种族、突破亲情的普遍之爱，关于人类历史有绝对正义与可靠未来的历史信念，以及关于每个个体都具有位格绝对性的平等观念与尊严意识，以不可阻挡的力量深入帝国大地上所有阶层的心灵，不仅穿过了奴隶们的胸怀，也涤荡了奴隶主们的灵魂，更给予每个接受召唤的帝国公民以坚定的力量，使他们不仅能够承担起不幸与苦难的重压，而且能够为了心中的正义抗拒沉沦的诱惑。这才是罗马帝国基督教化的真正原因，也才是统治者不得不利用基督教的真正原因。

不管是文姬归汉，还是边陲民族的最终归汉，都与罗马帝国归化于基督教一样，在根本上都是文化信仰的力量使然。在这个意义上，这些事件都是一种文化信仰的皈依行为，都是寻求家园、走向“我邦”的行为。

其实，每个时代，每个个人，都带着寻求家园的乡愁，都面临着皈依的抉择，面临着何处是“我邦”的茫然与犹豫。特别是在众多文化相互碰撞，多元价值相互交会的今天，更是如此。而中国人从近代以来，直至今天，一直更为直接地处身于这样的境地之中，也一直对此有更为深切的体会。今天，不管是穷人还是富人，仍然不断有人“用脚投票”，奔向异国他乡，移民加国、美国、澳国不成，移居香港也求之不得。这不能不让我们想起香港回归前，有过那么多的港人不愿“归汉”，至少对回归忧心忡忡。他们与内地的血缘之情显然要亲于他们与英人之情。可是，他们却反认他乡是故乡！那些已移居海外与梦想移居海外的中国人，其实一样也是反认他乡是故乡。如果有人以为这些中国人不爱国，或者以为他们崇洋媚外，甚至以为他们是汉奸，那么这即使不是无知、褊狭，至少也是严重失之偏颇。他们之归向异国，与文姬之重归于汉，看似相反，实则一也。所以，今日之香港现象、台湾现象，以及众多国人不分贫富都梦想移民的现象，倒是让我们应当认真深思一下，在我们的国度里，我们的社会、我们的文化、我们的信仰，究竟出了什么问题？

虽然这个问题近代以来就一直盘旋在中国人心中，但今日却显得尤其紧迫。因为，时至今日，如果我们仍然以价值多元性为借口继续拒斥诸如自由、民主、权利、尊严等等这些具有普遍意义的基本价值，如果我们一再以文化多样性为理由，继续拒绝接受乃至拒绝承认其他文化系统在对人类自身与世界的认识上拥有我们所没达到的深度与广度，那么，历史还会给予我们多少机会呢？

的确，文化是多样的，价值是多元的。但是，价值的多元性并不意味着各种价值之间没有高低之分。在所有价值之中，自由理当是最高的价值，因为它是一切价值之基础，是价值多元性的前提。如果有一种价值是反自由的，那么它一定是反多元的。所以，如果要真正维护价值的多元性，必定首先要维护自由本身。同样，因为人类是自由的，所以，文化一定是多样的。但是，文化的多样性也并不意味着文化之间没有高低、深浅之别。凡是不能突破自己而容纳其他文化精神的文化，一定有高于它的其他文化。

由于人类的自由本质，人类永远不会停留在某个道德等级上，也永远不会停留于某个认识层次上；在道德改善与认识深化上，人类永远处在不断突破自身、超越自身的历程之中。所以，作为人类对自身与世界的认识，文化信仰系统永远处在开放当中，处在不断深化与拓展当中。任何一个民族或国家的文化信仰系统都不可能包揽对人类自身与世界的认识，不可能独自承担起对人类的教化与启蒙。因为任何一个文化信仰系统，不管它曾经多么辉煌伟大，它都是有限的，它对绝对性事物与人类自身的深度存在的洞见和觉悟，都永远是未完成的，所以，它永远需要谦逊地面对其他文化信仰系统。

这意味着，即便是像中国文化这种本原性的文化信仰系统，也必须在人类的自由历史中不断敞开自己，在与其他伟大文化的交往、对接中不断深化自己、突破自己，以此会通天下普遍之学，维护和发扬华夏文化原本拥有的普遍主义精神与天下主义情怀。真正拥有深度与广度的文化信仰系统没有敌人，因为它超越了国族之利益。然而，正因为它没有敌人，正因为它超越了国族之私利，它才能给国族、给人类带来最高的利益。

这样的华夏文化信仰系统，才真正会是我们的皈依之邦，或许也才会成为人类的梦想之邦。

二〇一一年九月

拒绝基督再临的理由*

——论自由与幸福的虚假对立

“宗教大法官”是陀思妥耶夫斯基的绝唱之作《卡拉马佐夫兄弟》中的一章，属于整部小说的第二部之第二卷中的第五章。相对于整部小说来说，它的篇幅很小。但是，它引起人们的兴趣和关注却要远远大于它在小说中所占的比例，它受到的关注与研究甚至要超过人们对整部小说的兴趣与研究。为什么会这样，我们这里暂不理会；至于这一部分在整部小说中占据什么样的位置，与其他部分是什么样的关系等等问题，也不是我们这里要追问的——那是文学研究与评论的工作。这里，我们感兴趣的只是，陀思妥耶夫斯基借“宗教大法官”这个人物所提出的一个哲学—神学主题：拒绝基督重新临世的理由。

一

故事发生在天主教的宗教裁判所制度最可怕的15世纪。在西班牙一个叫塞维尔的地方，耶稣基督带着不变的慈爱，仍以十五个世纪前第一次在人间走动时的形象，突然降临在人们面前。也像在十五个世纪前那样，他的双手、他的衣服，都充满治疗的力

---

* 本文原刊于《浙江学刊》2009年第4期。

量。他伸手让盲人看见阳光，甚至也像当时让会堂主管的女儿从病死中重又康复一样，也让一个名人的小女儿从棺材里复活过来。然而，就在众人为此欢呼雷动时，亲眼见证了这一奇迹的老红衣主教，也就是宗教大法官，却下令手下的卫队抓住耶稣，把他当犯人投进了宗教法庭的监狱里。

难道是宗教大法官没认出耶稣基督，而倒是把他当邪教异端？不是！他也与众人一样，认定这个十五个世纪前装扮的人就是耶稣基督。要不然，他也就不会夜晚一降临就独自挑灯，来到监狱里向犯人做独白式的长谈。那么，宗教大法官为什么竟然把基督当囚犯抓起来呢？他甚至还威胁要在第二天烧死他。自从耶稣离开这个世界之后，人们就日复一日地等待着他许诺下的再次来临。在人们怀着不变的信仰与依旧的感动等待了十五个世纪之后，好不容易等到了他的再次降临，宗教大法官却毫不犹豫地把他当犯人投进了监狱。这到底是为什么？宗教大法官为什么要反对基督？为什么要拒绝基督？

我们且从分析宗教大法官在耶稣面前的独白开始我们的讨论。

宗教大法官在监狱里一见到耶稣就质问：

“你为什么到这里来妨碍我们？你确实妨碍我们的，你自己也知道。

“……你不应在你以前说过的话上再加添什么，你也不应夺去人们的自由，这自由当初你在地上的时候曾经那么坚决维护过。不管你新宣示些什么，因为它们将作为奇迹出现，因此必然会侵犯人们信仰的自由，而他们的信仰自由，还在一千五百年以前，你就曾看得比一切都更为珍贵。你不是在那时候常说‘我要使你们成为自由的’么？但是，你现在看到这些‘自由’的人们了。是的，我们曾为此花了极高的代价，但是，我们终于以你的名义完成了这件事。

“……只是到了现在（他当然指的是有宗教裁判制度的时代），才破天荒第一次可以想到人们的幸福。人造出来就是叛逆者；难道叛逆者能有幸福么？已经有人警告你了，你没有少受到警告和指示，但是你不肯听这警告，你不承认那条可以使人们得到幸福的唯一的道路，幸而你离开的时候，把这事情交托给了我们。你答应，你留下了话，确认你给我们系绳和解绳的权利，现在你自然不用再想从我们手里夺去这个权利。”[1]

宗教大法官之所以拒绝基督，是因为他认为，基督的再次降临妨碍了“我们”。“我们”是谁？显而易见，“我们”首先就是以罗马教廷为代表的地上教会，但不仅仅是教会。那么，还有谁呢？这一问题，稍后再讨论。这里，首先要问：基督再临妨碍了“我们”什么？

在宗教大法官看来，基督再临妨碍了“人们”的自由，妨碍了他已交付给“我们”的权利。

于是，我们要首先讨论，耶稣基督第一次在地上走动时，如何维护人的自由？他维护的是人的一种什么样的自由？

二

的确，正如宗教大法官（和陀思妥耶夫斯基）所洞见到的

1 陀思妥耶夫斯基：《卡拉马佐夫兄弟》，耿济之译，北京，人民文学出版社，1994年，第374—376页。以下引用仅标注页码。

那样，当耶稣坚决拒绝魔鬼——宗教大法官称之为地上伟大的精灵——的三个诱惑时，也就坚决维护了人的自由。也就是说，耶稣是以坚决抗拒魔鬼引诱的方式来坚决维护人的自由。为什么这么说呢？我们且来逐一分析这三个诱惑。

耶稣面对魔鬼的第一个诱惑是：在耶稣禁食了四十昼夜之后，正在他饥肠辘辘时，魔鬼引诱他说：你若是上帝的儿子，就把石头变成食物吧。耶稣拒绝说：人活着，不是单靠食物，而是靠上帝所说的一切话。[1]

人饿了就要吃饭，困了就要睡觉。这是一个看似多么自然的事情，甚至是“必然如此”的事情。今天在一些人眼里，也仍是首要的事情。因为有人活着可以不吃饭吗？没有！人活着，就需要面包。然而，对于人来说，他要真正像他这种存在者那样活着，他手里不仅仅要有面包，还要有高于面包的法则。这有两方面的意思：首先，不管人们多么饥寒交迫，都能够不为了面包而出卖或突破法则。否则，他将与兽类无异。换言之，对于人这种特殊存在者来说，有比面包更重要的法则与奠定在这种法则基础之上的尊严。其次，不管人们手里是否拥有面包，也不管拥有多少面包，都不能为了面包而出卖或放弃法则。因为如果人们只有面包而没有法则，那么，面包带来的将不是满足与安宁，恰是血腥与毁灭。哪里没有法则，哪里的面包就沾满人类自己的血泪。

所以，从这两方面的意义来说，对于人类的存在而言，面包固然重要，法则更是不可须臾或缺。人要像人那样活着，他就不能只靠面包，更要靠法则。人饿了就需要吃饭，但是，为了维护

1 参见《圣经·马太福音》4：1-4。

法则与尊严，人能够不吃饭，也就是说，人有能力拒绝面包的诱惑。更明确说，人有能力从“饿了就需要吃饭”这种生理性的必然关系中超越，而坚守某种法则。这种能够从必然性关系中突破出来的超越能力就是人的自由。

因此，当耶稣说：人活着，不是单靠食物，而是靠上帝说出的一切话时，他实际上就是在确认人的自由，即确认人具有突破必然性关系而坚守与上帝订立的法则的超越性能力。而当耶稣拒绝把石头变成食物，以便以食物来换得人们对他的崇拜时，他也就在坚决维护与捍卫人的自由与尊严。

对于耶稣来说，把石头变成食物，是轻而易举的事。而对于人这种软弱的存在者来说，虽然一方面他不只是靠食物活着，而是按某种法则活着，但另一方面，他又是时刻受到面包的诱惑，特别是在饥肠辘辘而面包又稀缺的时候，谁有面包，谁就可能成为一面旗帜。因此，在这个饥馑不断的大地上，对耶稣来说，以面包来使自己成为大地上的一面旗帜，是再简单不过的一件事情了。然而，如果耶稣真的听从魔鬼的引诱，以面包来赢得信众，那么，这也就意味着，耶稣是在利用人的弱点，是通过乘人之危的引诱，来获得人们对他的信仰。但是，耶稣非常清楚，这样引诱而来的信众的信仰，是出自人的软弱与缺陷，而不是出自人的自由与真诚，因此，这种信仰是伪信仰，而不是真信仰。因为这种靠面包引诱而来的信众，与其说他们信仰真理，不如说他们信仰面包。

因此，耶稣拒绝通过把石头变成面包来赢得信众，既是维护人的自由，也是维护信仰的纯洁与真诚。在耶稣看来，唯有出自自由的信仰，才是真实的信仰。所以，要在人类中确立起纯洁、虔诚的信仰，就必须倍加珍惜与坚决维护人的自由。耶稣拒绝另外两个诱惑同样隐含着对人的自由的坚决维护。

耶稣受到的第二个诱惑是以奇迹服人的诱惑。

魔鬼把他带到一个大殿顶上，并对他说：如果你是上帝的儿子，可以跳下去，因为经上记着说，主会让他的使者用手托着你，免得你碰到石头。于是，你就可以证明你是上帝的儿子。但是，耶稣拒绝了，他说："经上也记载说：'不可试探主你的上帝'。"[1]

耶稣不从殿顶上跳下去，并不是他害怕，更不是对自己是上帝的儿子有丝毫怀疑，相反，他拒绝往下跳倒恰恰是因为他坚定相信上帝，并坚定相信自己是上帝的儿子。只要他有丝毫往下跳的试探之意，倒反而表明他对上帝与自己作为上帝之子的身份的怀疑，从而彻底摧毁了心中的真正信仰。不过，耶稣在拒绝这一诱惑时，他同时也失去了一次通过制造奇迹来证明自己的神子身份，从而轻而易举地获得信众崇拜的机会。

由于人的有限性，总是对神秘的奇迹感到惊骇，并且在骇异之余，很容易就拜倒在奇迹创造者之下。所以，奇迹甚至比面包还更容易赢得信众。然而，因奇迹而信，乃是出于对特殊能力的惊骇，出于害怕，而非出于自由之自愿而信。把奇迹当做降伏人们的方式，也就意味着通过把人们吓傻、惊呆来获得人们的崇拜。哪里以奇迹引导人们的信仰，哪里也就盛行着愚昧与无知。耶稣拒绝从殿顶上跳下来，也拒绝从十字架上走下来，就在于他拒绝以奇迹这种简单轻易却同样是利用了人的弱点而蔑视人的自由的

---

1 参见《圣经 · 马太福音》4 : 5-7。

方式来降伏人。在这个意义上，当耶稣从容而凛然地拒绝魔鬼的第二个引诱时，也就同样意味着他在决然地维护人的自由，为此，他甚至愿意忍受着痛苦与屈辱而一直被钉在十字架上。

最后一个诱惑实际上也就是最大的诱惑。

魔鬼把耶稣引到高山上，将世上的万国与万国的荣耀指给他看，对他说：你俯伏崇拜我，我就把这一切都赐给你。耶稣说：撒旦，走开！因为经上记着说：要崇拜主你的上帝，单要侍奉他。[1]

人最大的一个缺陷大概就在于容易受到诱惑。每个人都会面临声色货利的诱惑，然而，所有这些诱惑都被包含在万国之国的诱惑当中。一旦登上这地上唯一王国的宝座，那是真正的普天之下，莫非王土；率土之滨，莫非王臣。那声色货利又算得了什么呢？不仅这类诱惑物唾手可得，而且将在众人的服从与崇拜中获得人上人的荣耀。人们不仅受到声色货利的诱惑，而且也受到追求人上人的荣耀的诱惑，也就是统治、控制他人的诱惑。这也是地上统一王国的诱惑最核心的内容。但是，魔鬼许诺赐予的这个地上统一王国是建立在权威与利剑之上，这王国的宝座也是靠权威与利剑来维护。这也正是耶稣断然拒绝诱惑的原因。

如果耶稣接受魔鬼的诱惑而接受了万国之国的宝座，那么，他固然无须到处奔波收徒，无须经受种种艰辛与困扰，就可以在一夜之间成为万民之王而受到万民的朝拜与称颂；然而，他君临的万民是在权威与利剑下颤抖的国民，他得到的朝拜是在权威与

1 参见《圣经·马太福音》4：8-10。

利剑下求怜乞利的谄媚，而他听到的称颂则是被权威与利剑永远吓坏了的惊叹。因为从魔鬼手里接受万国之国的宝座，也就意味着从魔鬼手中接过了权威与利剑。但是，耶稣要君临的不是颤抖的国民，而是在爱中联合起来的信众，他要赢得的崇拜不是出于求生本能的谄媚，而是出自自由的真诚信仰，他愿听到的称颂不是被威吓而发出的惊叹，而是出自爱的感恩。

实际上，耶稣拒绝地上王国的权柄，从而拒绝以权威和利剑来赢得信众，不仅像他拒绝前两个诱惑那样，意味着他对人的自由的珍视与维护，而且意味着他拒绝一个世界，拒绝忘却天国，拒绝执迷于建设这个世界而无视另一个世界。他坚决维护人的自由，是因为这自由是人身上的上帝形象，虽然是那样模糊不清，甚至淡如乌有，却是人身上最弥足珍贵的东西。耶稣确信，只有出自每个人身上这种作为上帝形象的自由，才会有真正的爱，才会有真诚的信仰；也只有这种出自自由的信仰，才会越过这个世界而看到另一个世界，才会相信两个世界，而不会局限于一个地上世界。用更哲学化的语言说，只有自由，才会真正地爱，也只有自由，才能超出眼前而打开未来，打开一个绝对的希望。[1]

因此，耶稣拒绝三个诱惑所隐含的真正要义不仅在于尊重与维护人的自由，而且还在于维护人类生活中的两个世界。耶稣以人子的身份为人类作出了一个人人可以效仿的榜样：维护自由与维护生活中的两个世界。

然而，如果说宗教大法官以及许多人看到了耶稣对人的自由

1 参见黄裕生："论爱与自由"，《浙江学刊》2007年第4期。

的维护，但是，他们却没有或不愿意看到他对人类生活中的两个世界的维护。

三

现在，我们可以回过头来回答前面提出的问题：耶稣如何维护人的自由？他维护的是人的什么样的自由？

前面的讨论表明，耶稣是以拒绝三大诱惑而宁愿忍受艰辛、屈辱乃至牺牲的方式来维护人的自由。而他所维护的这种自由，不是别的，正是人身上拥有的上帝形象。从对第一个诱惑的分析中我们知道，这种自由在人身上就体现为一种能够突破必然性关系的超越性能力，能够对眼前的现实说"不"的能力——这种能力也就是自由意志。唯有自由意志能突破必然性关系，也唯有这种自由意志能对任何现实说"不"，因为只有自由意志能够只从自己的决断出发，而无视一切其他条件。这是人类最高贵的地方所在。

然而，人身上的这种自由又是非常脆弱的，因为作为被造物与有限物，人有种种的缺陷与弱点，比如容易受到面包、奇迹、权势的诱惑。这些弱点使人类很容易忘却或放弃自己最珍贵的自由。虽然从绝对意义上说，人因自由而有能力像耶稣那样抗拒住一切诱惑，但是，有限性带来的种种弱点常常会使人忘却与悬搁自己的自由。这使维护人的自由的事业变得更为复杂：不仅在于确认与尊重人的自由，而且在于拒绝利用人的弱点。耶稣拒绝三大诱惑隐含的一个爱的关切，就是拒绝利用人的弱点。

我们知道，宗教大法官是以妨碍了人们的自由作为反对基督再临的一个理由的。现在我们要问，基督是否真的妨碍了他曾经为之维护的这种自由？如果是，那么，宗教大法官的反对就是有理由的，因为妨碍这种自由将使耶稣陷入自相矛盾之中，宗教大法官反对耶稣的再临就是在维护人的自由。

那么，宗教大法官凭什么说耶稣再临是妨碍人的自由呢？他认为，耶稣再临不管他新宣示些什么，都会被当一种奇迹而受到崇拜，从而破坏了人们信仰的自由。的确，耶稣曾反对以任何奇迹来赢得信仰。但是，耶稣反对出自奇迹的信仰，却并不反对出自信仰的奇迹。出自奇迹的信仰，意味着是从奇迹而不是从自由走向信仰。而如果是因信仰而发生或看到奇迹，则是信仰的力量。耶稣再临不管新宣示了些什么，如果它们被当作是在耶稣以前说过的话上再加添新的内容，从而被视为一种奇迹，那么，这意味着人们首先相信他和他以前说过的话。也就是说，首先是人们相信—信仰耶稣，才把他的再临与新宣示当做奇迹。在这里，是奇迹出于信仰，而非信仰出于奇迹。

因此，宗教大法官指责耶稣再临妨碍了人们的自由，是没有理由的。也就是说，他以妨碍人们的自由作为拒绝耶稣再临的理由，是不能成立的。

实际上，宗教大法官反对耶稣再临，并非因为他真担心耶稣再临会妨碍人们的自由，相反，倒恰恰因为他害怕耶稣再临会重又唤醒人们的自由，重又使人们成为自由的，正如耶稣在十五个世纪前所做的那样。因为宗教大法官不信任人的自由，对人身上的自由表示怀疑，更对通过维护人类的自由而让人类走向真理的信仰这一事业表示质疑。

因此，不信任人的自由，怀疑人的自由，甚至可以说，反对人的自由，才是宗教大法官反对基督再临的真正理由。那么，宗教大法官为什么怀疑乃至反对人的自由？正如耶稣以抗拒三大诱惑来维护人的自由一样，宗教大法官也是针对这三大诱惑来展开他质疑、反对人的自由的理由。

四

在宗教大法官看来，人身上固然有自由这种能够突破“饿了就要吃饭”这类必然性关系的超越能力，但是，他们，至少是大部分人，实际上是无力承担起这种自由，无力运用这种自由。人的自由是如此脆弱无力，以致他们不可能像耶稣那样，在饥肠辘辘时，还想着《圣经》上上帝的话语，而不是忘乎所以地扑向面包。对于自由而软弱的人类来说，面包永远是最真实、最无可争辩的东西。由于自由，人们面临最苦恼不堪的问题首先就是：该无可争辩地一致崇拜什么？而由于软弱，对于人们来说，最无可争辩的就是面包。然而，也正由于软弱，人们永远不善于在他们之间分配面包，以至于弄得他们手里的面包都会变成石头，从而使面包总是大地上最稀缺的东西。因此，面包永远是大地上一面能够让人们无可争辩地一致崇拜的旗帜：谁能够给予人们面包，谁就能得到人们一致的崇拜。耶稣尊重、高看了人们的自由，所以，他拒绝了这面旗帜，而“我们”（宗教大法官们）不信任人的自由这种能力，对自由这种能力表示怀疑，“我们”不看重人的自由，甚至蔑视人的自由——因为它在人身上是微不足道的，几乎像是人身上一条隐形的尾巴一样没有任何用处，所以，“我们”接过这面旗帜 。结果是什么呢？结果是人们把自由弃置在“我们”脚下，并乞求地说：“你们尽管奴役我们吧，只要给我们食物吃。”[1] 对于这种为了面包可以弃自由如敝屣的人们，如何能寄希望于他们的自由？如何能够把信仰与天国建在他们如此脆弱的自由之上？就是连地上片刻的安宁与幸福，都不可能指望建立在他们那脆如薄冰的自由之上。

人的自由不仅经不起面包的考验，而且，在宗教大法官看来，同样也在奇迹面前也毫无抗击力。人的自由根本就无力抵挡奇迹的引诱。耶稣抵挡住了以奇迹服人的引诱，试图以自己抗拒奇迹诱惑的榜样和爱来赢得人们自由地信从他而走向上帝。然而，宗教大法官认为，这无异于缘木求鱼。因为人不可能像耶稣那样抵挡住奇迹的诱惑，他们甚至没有奇迹就活不下去。因此，如果没有奇迹，他们就会创造自己的奇迹，于是他们找到巫医的奇迹，乃至巫婆的邪术。[2] 如果说面包能使人饱足而安静，那么奇迹则可以使人驯服而惊叹。也正如谁能给予面包，谁就能成为一面信仰的旗帜一样；谁能创造奇迹，谁也就能获得人们的崇拜。如此不堪奇迹一击的人们，如何能从他们的自由生长出真理的信仰？如何能从他们的自由走向上帝，而不是从他们的软弱投向魔鬼？

面对权威的诱惑，人的自由更没有显出丝毫的抗击力度，否则，人类历史也就不会如此充满血腥与硝烟。的确，人身上似乎有那么一点自由的影子。但是，自由看起来不仅不是他们身上高贵的源泉，倒像是他们一切愚顽卑劣的渊薮。这样的人类的自由值得寄托未来的希望吗？

不过，宗教大法官也承认，在人类当中，的确也有一些人能担当起为耶稣所珍爱与维护的自由。因这种自由，他们能为了天上的

---

1 参见《卡拉马佐夫兄弟》，第 379 页。

2 同上书，第 382 页。

面包而舍弃地上的面包；因这种自由，他们能拒绝为信仰寻找奇迹的根据；也因这种自由，他们能抵挡住权威的诱惑——抗拒对人上人的荣耀的向往，拒绝对人上人的权势的崇拜。这些能承担起自由的人，这些不把自由选择当做可怕负担的人，其实都是些接近耶稣的神人。然而，这些“伟大而强有力的”人可谓少之又少，从古至今也就几千人，最多也就几万人。他们在人类中永远是少数派。

如果说，这些少数人的自由值得像耶稣那样给予尊重与维护，因为他们能以自己的自由决断抗拒住三大诱惑而跟从耶稣，那么，其他大多数人呢？他们的自由不堪一击，但他们的人数多得像沙子一样数不清。他们的自由值得尊重与维护吗？需要尊重与维护他们的自由吗？能够尊重与维护他们的自由吗？这是宗教大法官质问耶稣的问题，也是所有人类“领袖们”永远要面临的问题。

五

不过，宗教大法官已有了答案，在陈述答案之前，他先指责耶稣说：你那么尊重人的自由表明，你很可能只是为那少数人来的，只是为那屈指可数的选民而来的。但是，那么多“沙子们”呢？他们无法像少数强者那样，以其超越的自由站立起来。然而，他们“不能忍受强者们所忍受的事物”，又有什么错呢？如果你的确只是为了少数人而来，那么也就意味着你舍弃了同样爱着你的大多数人，把他们当做踏上天路的少数人脚下的泥土！但是，“我们”不能放弃他们。那么如何对待他们呢？宗教大法官向耶稣亮出了自己的方案：如果你只是为少数人来，那么，“这就是神秘，是我们所无法了解的，既然是神秘，我们也就同样有权利来宣扬神秘，并且教导他们，重要的不是他们的心的自由抉择，也不是爱，而是神秘，对于这种神秘，他们应该盲从，甚至违背他们的良心。我们就是这样做的。我们改正了你的事业，把它建立在奇迹、神秘和权威的上面。”[1]

在这里，有三点要指出来：一、宗教大法官实际上区分了两种人，一种是属于少数的强者，他们是自由的，且能承担起自由的重负；一种是属于绝对多数的弱者，他们也是自由的，但是他们承担不起自由的重负。二、在宗教大法官看来，耶稣对人的自由的尊重与维护表明，他只为少数强者而来，而抛弃了多数弱者。三、由于人类中多数人的自由无力抗拒三大诱惑，因此，他们的自由是不值得尊重与维护的。于是，“我们”也就不能像耶稣那样，试图通过尊重与维护人的自由来引领人们的信仰，相反，倒是要接过魔鬼的三大诱惑，也即面包、奇迹与权威来把人们诱向统一的信仰。

这第三点，是以宗教大法官为代表的“我们”对耶稣的“自由事业”的重大“修正”：鉴于多数人的自由是微不足道的，“我们”不再以自由为旗帜引领人们的信仰，而要以面包、奇迹和权威为旗帜统一人们的信仰。这一修正的结果就是上帝的自由事业成了魔鬼的奴役事业。因为这三面旗帜也就是魔鬼引诱与奴役的旗帜。这一点，宗教大法官是心知肚明的，所以，他对耶稣说：“我们拥护的不是你，而是他，这就是我们的秘密。”[2]

这里，要进一步指出的是，宗教大法官实际上给出了修正耶稣事业的两个相互关联的理由。首先当然是因为在以他为代表的“我们”看来，人的自由，至少是多数人的自由，是如此微不足

1 参见《卡拉马佐夫兄弟》，第384页。

2 同上。

道，以致相对于各种诱惑而言，人不可能守住自由。所以，试图通过尊重与维护人的自由来获得一种纯洁、真诚而充满爱的信仰是一项不可靠的事业，因而必须加以修正。同时，也由于第一个原因，耶稣实际上抛下了弱者，也就是大多数人，而“我们”不能舍弃多数人，因为“我们”时刻都面对着这些弱者，需要照管这些弱者，而他们也需要“我们”的照管。但是，这些弱者需要“我们”怎么照管他们呢？

在大法官看来，显然不可能像耶稣那样，以尊重和维护他们的自由的方式来照管他们。他们不需要、不喜欢这种照管方式，相反，他们首先要求“我们”接过他们的自由，承担起他们的自由。因为对于这些弱者来说，再没有比自由更让他们痛苦的东西了。首先，不管是行动的自由抉择，还是良心的自由评判，都让他们苦不堪言，夜难成寐。其次，自由使他们有能力突破所有禁令而不断亵渎上帝，叛逆成性，可是他们又不愿意且无力忍受由此带来的不安、骚乱与不幸。自由于他们而言，似乎是一个注定只会遭遇不幸的诅咒，似乎是一条通往不幸的单向街，永远找不到逃避绝望的岔口。对于这样的弱者，如果以尊重和维护其自由的方式来对待他们，那么，这实在是过于高看了他们，过于抬高了他们。这不仅于他们无补，反而于他们有害。因为看重他们的自由，鼓励他们的自由，无异于就是鼓励他们走向只有不幸与绝望的单向街。不是这样吗？宗教大法官以“历史事实”“有力”地向耶稣“证明”说：“所以在你为了他们的自由受了许多苦以后，不安、骚乱和不幸却成了人们现在的命运。”[1]

1 参见《卡拉马佐夫兄弟》，第383页。

在宗教大法官看来，让这些“沙子们”自由，也就是让他们自己决定自己，自己管理自己，结果只会一塌糊涂，而绝不会产生出纯洁的信仰、合理的秩序。他们既管理不好自己，也不愿意自己决定自己。所以，只好由“我们”来管理他们，照管他们。而且，既然让他们自由只能导致不幸与混乱，那么，“我们”首先就要从他们手中接管过他们的自由。这是把“沙子们”从不幸与骚乱不已的单向街解救出来的第一步，也是最关键的一步。

那么，“我们”用什么去解救他们呢？如何从他们手里接过他们的自由？正如他们的自由总是屈服于面包与奇迹（神秘）的诱惑一样，面包与神秘也就是“我们”接管他们的自由的最好武器；也由于自由一到他们手中就会成为混乱与纷争的根源，所以，只有诉者权威与利剑，才能在他们面前确立尺度与界限，从而给他们带来秩序与安宁。

这意味着，为了把人类中的多数从混乱、纷争的不幸中解救出来，从而给他们带来富足与安宁，也就是给他们带来幸福，“我们”必须吸取耶稣为了他们的自由竟拒绝了面包、神秘与权威这三面旗帜的惨痛教训，坚决地接过这三面旗帜。是的，为了他们的幸福，为了多数人的幸福，“我们”需要面包、神秘，特别是权威及其伴随的利剑。相对于多数人的脆弱自由而言，唯有权威、神秘与面包能给他们带来安宁与富足，带来幸福。从耶稣的教训，“我们”可以知道，这是“可以使人们得到幸福的唯一的道路”[1]。所以，宗教大法官几乎是骄傲地说，在接过了这三面旗帜“八个世纪”之后，“才破天荒第一次可以想到人们的幸福了”[2]。

---

1 参见《卡拉马佐夫兄弟》，第376页。

2 同上。

的确，如果说，自由竟是如此微不足道，不仅抵挡不住诱惑，甚至还成了多数人混乱与不幸的根源，那么，威权与利剑，神秘与面包就是解救人类于不幸而带给他们富足与安宁的唯一途径。也就是说，为了多数人的幸福，需要借助于权威与利剑，也只有借助于权威与利剑！就像宗教大法官所经常做的那样，为了公众的秩序与安宁，需要宗教裁判所的权威来对那些思想上混乱的人进行公正的裁决，在他们的面前毫不犹豫地竖起绞架或支起柴堆。

因此，如果幸福高于自由，优先于自由——在宗教大法官看来当然如此——那么，权威与利剑就永远是管理人类的一面旗帜。这一方面意味着，哪里高喊着人民的幸福高于一切，哪里高唱着"地上出了一个大救星"，哪里就一定飘扬着权威与利剑的大旗；另一方面意味着，哪里盛行着权威的统治，哪里挥舞着利剑的威胁，哪里就打着人民幸福的名义而蔑视自由、反对自由。

实际上，人类历史上所有独裁者，特别是所有试图既控制人们的肉体又控制人们的思想的极权统治者，无不像宗教大法官一样怀疑人的自由，轻视人们的自由，直至反对人们的自由，并且总是以多数人的幸福的名义挥舞着他们手里时刻紧握着的利剑。所以，被基督再临所妨碍的"我们"，并不只是宗教大法官们，还有所有的独裁者与极权统治者——其实他们也都是大法官，因为他们都以为大众谋幸福的名义无视人的自由。正如别尔嘉耶夫敏锐地看到："哪里宁要幸福而不要自由，哪里短暂的东西高于永恒的东西，哪里爱人类与爱上帝相对立，哪里就有大法官。"[1]

不过，耶稣作为维护与捍卫人的自由的形象，不会只在西班

1 参见别尔嘉耶夫：《陀思妥耶夫斯基的世界观》，耿海英译，桂林，广西师范大学出版社，2008年，第145页。

牙再临，也不会只在15世纪再临，而会随时再临到世界任何地方，特别是在自由被怀疑、被蔑视、被压制的地方。

六

但是，被宗教大法官突现出来的自由与幸福的这种对立，实际上是一个假象，是一种假的对立。因为自由与幸福并非鱼与熊掌不可兼得的两难选择问题。

首先是他对人类自由的怀疑是值得怀疑的。换言之，他对耶稣的自由事业的修正是值得怀疑的。

与神的自由相比，人的自由的确是无力的、软弱的，并不像神的自由那样能必然地抗住一切诱惑。但是，这并不意味着，人的自由必然地抗不住诱惑。相反，恰是由于人的自由，也只是由于人的自由，使人有可能抗住诱惑，使人不必然地跟从诱惑。在天地之间的所有被造物当中，只有人因有自由而能超出本能、突破必然性，能以自己的意志决断对“面包”说“不”，对一切诱惑和必然性说“不”，哪怕要为此付出惨痛代价，直至牺牲生命。在这个意义上，人因其自由而获得了所有被造物中最伟大的力量。这也是人的全部高贵品质所在。

作为一种被给定的超越性能力，自由甚至就是人被抛入这个世界的一个天位。自由不是人身上一种可以取消或附加的品性与功能，而是人不得不在的一个位置，是人不得不承担起来的一种存在方式。换言之，自由是人的一种存在论意义上的存在，而非存在物意义上的功能性存在。在这个意义上，自由甚至是不可被剥夺的，而只能被蔑视、被压制与被敌视。

正因自由而能超出本能、突破必然性而抗拒诱惑，人才能确立规则，而颁发规则也才有意义。换言之，一切规则实际上都是以人的自由存在为前提的。也正因为人的自由实际上只可被蔑视与压制，而不可被剥夺，所以，即使是在权威与利剑下，规则也才一样是需要的，并且也才是有意义的。如果在权威统治下，人的自由真是被剥夺、被取消，因而人的所有行动都成了必然的，那么，权威颁布的一切规则就是毫无意义的，甚至连利剑也将失效。

因此，如果说人类的纯洁、虔诚、团结等等崇高的东西，直至人类的底线存在——自保这样的东西，都必须建立在规则基础之上，那么，也就意味着，一切希望都只能寄托在人的自由之上。因为只有自由，规则于人类才有意义；也因为自由，人类才能制定规则并通过改善规则来改善自身。

相反，如果没有自由，也就是说，只有铁链般的必然，只有必须盲从的命运，那么，人类也就无所谓未来与希望。因为在只有必然的地方，人类也就不可能根据自己的意志去打开自己的愿望与未来。因为他的未来已被命运封闭，他的愿望已被锁进了必然。而如果连愿望都不能有的地方，人们如何能够有幸福？实际上，人们甚至连幸福都不能想望！在没有自由的地方，在人们不能根据自己的意志去决定自己的行动与规划自己的未来的地方，人们如何能指望拥有自己的幸福呢？在这个意义上，没有自由，也就不可能有真正的幸福。对于人类来说，自由是幸福的前提，而绝不是像宗教大法官认为的那样，只有交出自由，放弃自由，才能得到幸福。

的确，我们到处都可以找到活生生的证据来证明，人们不因自由而忠诚，倒因自由而叛逆成性；不因自由而高贵，倒因自由而卑劣下流；不因自由而坚强，倒因自由而软弱不堪！他们甚至不因自由而有秩序，反因滥用自由而混乱不已。

但是，即便如此，自由依旧是我们的一切希望之所系。因为人们也一样会不因自由而叛逆无常、软弱卑劣，倒因自由而忠贞不渝、强大高贵；不因自由而混乱不堪，恰因自由而秩序井然。实际上，我们也只能对自由抱以希望，因为人的自由固然软弱，却又是人身上最强大的力量，是人身上一切崇高品性、一切伟大风范的源泉。只有凭借自由，而不是其他，人才可能走向纯洁、崇高与伟大，才能得救。因此，如果真爱人类，那么，维护与尊重人的自由，永远是第一要务。

尊重与维护人的自由，这是人间真爱的核心所在，也是耶稣对人类之爱的核心所在。耶稣把这种爱不仅给予所有的善人，也给予所有的恶人。因为恶人也一样只有从自由才可能走向善，只有在自由里才能得救。所以，在监狱里，耶稣虽然一言不发，却给了宗教大法官一个热情的吻[1]。这个热度直涌心里的吻，是耶稣给予宗教大法官的爱，是对后者的自由的尊重与维护。虽然后者是已向魔鬼投降了的真正罪人，但是，耶稣仍以热吻对他和他的自由抱以希望。

真爱人类，必定对人类抱以希望，而这必定首先是对人的自由抱以希望；也只有对人的自由抱以希望，才真正是对人抱有希望。对人的自由失去信心，结果必定是对人失去信心。而轻视人的自由、否定人的自由，在根本上就是敌视人自身，否定人的希

---

1 参见《卡拉马佐夫兄弟》，第392—393页。

望与未来。如果说在蔑视、否定人的自由的地方还有人的希望与未来，那么，这一定是与人们自己的意志无关的希望与未来，因而绝不是人们自己的希望与未来，而只是被动接受的东西，甚至只是被迫的幸福。

宗教大法官反对耶稣再临，禁止耶稣再到人间走动，是因为他妨碍了“我们”的事业。妨碍“我们”什么事业呢？从上面的讨论中，我们知道，就是妨碍了“我们”轻视、压制人的自由，以便给人带来幸福的事业。而耶稣在人间走动，将一如既往地尊重与维护人的自由，这势必威胁到“我们”建设人类幸福的事业。

简单说，宗教大法官反对基督再临的真正理由，是他怀疑、蔑视直至反对人的自由。[1]而他之所以蔑视乃至反对人的自由，是因为他不相信人的自由，他只看到人的自由的软弱，而没看到人的自由的崇高与伟大，以致他不相信人能得救，能走向纯洁、崇高与团结，而只相信，人只配享在权威与利剑下的秩序与幸福。

然而，人的自由是柔弱的，同时又是人身上最坚强伟大的，它可以被蔑视、压制，但是永远不可被剥夺、被取消、被代理。这是其一。其二，权威与利剑虽然是靠压制人的自由建立起来的，但是，它确立的规则同样是要以人的自由为前提的，因此，它的存在与持续，实际上仍是取决于人的自由，而并没有像宗教大法官和一切独裁者希望的那样，取消了自由带来的问题。其三，权

1 阿辽沙非常清楚地看到，宗教大法官反对基督的关键就在于他的自由观。所以，他在听完了伊凡的主要叙述之后，马上质问：“关于自由的那些话，谁能相信你呢？自由能够那样理解么？”参见《卡拉马佐夫兄弟》，第389页。

威与利剑下的幸福，由于不是出自人们自由意愿的幸福，所以，它永远是被迫的幸福，因而是虚假的幸福。如果说这种幸福是与自由相冲突的，那么，这是一种虚假的冲突。

真正的幸福必定是以自由为前提的幸福。

我们在生—死轮回之中*

——对列夫·托尔斯泰《伊凡·伊里奇之死》的存在论分析

死亡与“真相”

这里的标题绝非表明我们下面要去揭露一件被掩盖或被歪曲的故事的真实情节。虽然我们的讨论的确与“掩盖”行为密切相关，但是，这里被掩盖的不是一个故事或一桩事件，而是人的生活，人的身份。

也许马上有人会说，一个人的生活不也就是一个故事吗？人就生活在故事中。单从历史学（传记学）的角度说，人的一生的确可视作一个故事（Historie）。问题是，“历史学”并不能成为我们理解生活的唯一角度，否则历史学的叙述本身就会成为对生活的最严重的掩盖。人不仅生活在故事中，更是生活在同一性中。正是这种同一性使故事成为可能，使历史学叙述成为可能。因为如果没有自身同一性，我们便无法确定一个人的经历是否就是这个人的历史；没有自身同一性，我们甚至无法理解自己的存在，更无法理解他人的存在。我们之所以能读懂古人的书，体会古人的感受，首先并不是我们有关于古代的历史知识，而是我们与古人一样都首先存在于自身同一性中。这种自身同一性保证了我们

---

* 本文原刊于《江苏行政学院学报》2002年第1期。

能够设身处地与他人共在。这种同一性就是我们所说的“真相”，我们所谓的掩盖就是对这种真相的掩盖。

我们既生活（存在）于故事（各种经历）中，也生活于自身同一性中。那么，我们有什么理由把自身同一性理解为生活的真相？从哲学意义言，真相就是非“假相”，是无伪装、无掩盖的事物自身。问题又回到“自身”上来。

人们常说：请你自己（身）想想，请你扪心自问，认识你自己，等等。可是，如果认真一问：什么是你自己（身）？自身是什么，如何理解这个自身？那么人们即使不感到茫然，也难以一下给出满意的解答。每个人都有其同一性自身。作为生命存在的展开，一个人的生活经历不管怎么复杂坎坷，他充当的角色不管多么变幻不定，他都有一个同一性自身。刘邦不会由一个小亭长变成大汉皇帝而不再是刘邦，伊凡·伊里奇由省长的私人秘书转任异地的检察官，仍然是同一个伊凡·伊里奇。角色的变换并不会改变或影响一个人的同一性自身。如果角色是一个人在日常关联中，也即在与他人他物的关系中，展开和承担的某种可能性存在，那么，一个人的同一性自身则是他所承担的无关联的可能性存在。就人的存在是一种有纯粹意识的生命而言，人的存在向来就是一种可能性存在，或者更确切地说，人的存在向来就存在于可能性当中。他向来已在纯粹意识中展开可能性，并且根据此可能性去理解和筹划、安排自己的存在（生活）。人的一生无非就是承担或实现在意识中呈现的诸可能性中的某些可能性。

在由意识展开的可能性当中，有一种可能性是人最“内在”、最本己、最极端的可能性，这就是死亡。对于有纯粹意识的生命存在来说，死亡不是在生命终结处才到来的一桩外在的事件，它一开始就作为人的生命存在的一种可能性而内在于人的存在。换句话说，人的生命向来就存在于死亡这种可能性中。

人的生命之为人的生命就在于它是有纯粹意识的存在。所谓“有”纯粹意识，并不是“人有一双手”这种功能意义上的“有”，而是指，人的生命向来就存在于纯粹意识中，人的生命向来是在纯粹意识中展开的。而纯粹意识之为纯粹意识，不仅在于它不是经验（关联中的）意识，即不是对关联事物的意识，而且不是直接性的需求意识，恰恰是无关一切直接需求、也无关一切关联事物的意识，因而是超越了一切关联事物和直接性需求的超越意识。对于人来说，不存在着像动物那样的纯粹本能的直接性，他的任何生理性的直接需求意识（饮食男女等）都要经过超验意识的中介而获得自己的对象。人没有纯粹本能的感觉。人的直接性不在于其本能需求，而在于其纯粹的超越意识。换句话等于说，人的生命存在是在超越意识中展开的，超验意识使人的生命成为人的生命。超越意识展开的一切其他可能性都是可以替代的，都是相对的。刘邦卑为亭长自不必说，即使贵为天子，也“彼可取而代之”；伊凡·伊里奇充任的司法部检察官绝不是天生就非他莫属，这种可能性角色同样可由他人充当，事实上，在他生前死后都有不少人在觊觎这一角色。就人一生充当的可能性角色而言，都是可相互替代的，而且也必须不断替换。对任何人的一生来说，他充当的任何可能性角色都不是必然的。但是，死亡这种可能性，却是每个人的生命存在中绝对不可替代的必然的可能性。一个人可以为他人赴死，但并不能取走他人之死，不可能替代他人生命中的有终结性这一可能性。在这个意义上，死亡是每个人的生命存在中最内在、最本己的可能性。人生的不可重复性恰恰就在于，生命中的死亡这种可能性的不可替代性，也正是这种不可替代性保证了每个人的存在的绝对价值。

超越意识把死亡展开，也就是对死亡的觉悟，海德格尔曾把这种觉悟称为“忧”（Sorge）。忧之为忧，不忧天不忧地，不忧具体的什么，但总有所忧，这就是死亡。“忧死”并不是怕死，不是把死亡当做一件具体的不幸事件来思考和忧愁，而是把死亡当做一种可能性承担起来：让自己置身于死亡这种可能性当中去领会和理解自己的存在，这也就是“出生入死”、“方生方死”，或者如海德格尔所说的“提前进入死亡”[1]或“先行到死亡中去”。超越意识使人在死亡作为一件丧命事件到来之前，就能够觉悟死亡，让死亡呈现、展开，使人把它作为自己的一种可能性承担起来而置身其中，也即“提前进入死亡中去”。在这个意义上，超越意识使人能够存在于死亡之中，存在于生—死（方生方死）的轮回之中。

“人存在于死亡之中”，绝不是仅仅指人的存在是一种走向终结的存在，而是指人就展开和维持着死亡这种可能性，或者说把死亡当做自己的可能性来展开和维持，并且从这种可能性来理解自己的存在。但是，对人来说，死亡意味着“逝世”，意味着“没了”。一个人死了，他的世界也随之消失，更准确说，他开展出来的关联世界，也即他在与他人、他物的关联中建立起来的日常意义世界消失了，没了，他退出了与他人他物的日常关联。因此，当我们说，超越意识使人能够存在于死亡之中，也就等于说，人能够在超越意识中无化一切日常的关联事物或关联意义。当人提前进入死亡而把死亡当做自己的可能性存在来维护，也就意味

1　这里我采用了叶秀山先生的理解。在《时间与永恒》一书里，我曾把海德格尔的 Vorlaufen zum Tod 理解为“先行到死亡中去”，但“提前进入死亡”更平易，也更切入，故从之。

着，他从一切关联中退身而置身于无关联的存在中。这种无关联的存在也就是独立自主的存在，因而也就是自由—自在的自身存在。自身之所以为自身，就在于它是独立自主地从自己中展开自己的存在，而不是从与他人他物的关联中展开自己的存在。因此，超越意识对“自身”的觉悟与对死亡的觉悟，在根本上是一致的。对死亡的觉悟使人（从关联世界）退回到自身，维护自身而存在。人在超越意识中把死亡作为可能性承担起来，同时也就是独立自主地存在。从根本上说，人承担起死亡这种可能性而存在与人独立自主地作为自身而存在，这是同一回事。因此，觉悟（意识）死亡而承担起死亡这种可能性，对于理解和维护我们独立自主的自身存在，也即理解和维护我们存在的“真相”（真理）来说，具有本质性的意义。我们甚至可以说，超越意识对死亡的觉悟和展开组建着我们的自身存在，组建着我们存在的“真相”。

从另一角度这等于说，封闭了死亡觉悟而遗忘死亡这种可能性，意味着掩盖了人的自身存在而掩盖生命的“真相（理）”。如果说人在日常关联中充当的任何角色都是相对的、偶然的、可替代的，那么他的自身存在则是绝对的、不可替代的。这种自身性存在因其无关联而是独立自主的，因而是自由的。它构成了人的正当身份与神圣使命的全部根据：作为自身存在，人的使命就在于维护和承担起自由，他的正当身份不是自己存在的主人，而是自己存在的维护者和承担者。

我们也可以从另一个角度来理解人的正当身份与神圣使命。作为自身存在，人并非是一个自我封闭的存在者，他从与他人、他物的日常（经验）关联中退回来，但他仍会与他者相遇，也即他与他人、他物仍会有一种无关联的“关系”。在这种无关联的关系中，他人不是作为关联角色而是作为他自身来相遇，而来相遇的他物也不是作为关联物而是作为物自身出现。这意味着，当人承担起死亡而作为自身存在，他也必定是让他物作为自身存在，让他者作为其自身来相遇而真正地共在。自身与自身的相遇才是“真身”的共在，真理的共在，因而才是最真实可靠的共在。因此，我们可以说，当人在维护自己的自身存在时，同时也就是维护他者（他人他物）作为自身存在。换句话也可以说，维护自己的自身存在，同时也是维护他人的自由和他物的自在，维护他者作为自身存在。在这个意义上也可以说，人的使命就在于维护他者的自身（自由）存在，人的正当身份不是来相遇的他者的主人或主体，而是他者的自身存在的维护者。人与人的关系首先不是一个主体与另一个主体之间相互认识、互为对象的关系，而是一个自由的自身与另一个自由的自身神圣相遇、共同在场的关系；人与天地万物的关系首先也不是主体与客体的关系，人首先不是万物的主体，而是一物之为此物的维护者，也即事物的自身存在的维护者。人首先是万物存在的维护者。人的绝对尊严、绝对价值（意义）就来自他作为自由与自身存在的维护者这一身份。

因此，人的维护者身份是我们理解人的生命或生活之意义的基础，每个人有每个人的人生，每个人生都有自己的意义和追求。但是，人们践行自己的意义与追求必须以其神圣的维护者身份为基础，否则其所践行的生活就失去真理性根基而陷入虚幻。所谓“人生如梦”就在于此人生忘却了人之本性——人生（在）天地之间的真实身份与神圣使命。人们常以为，名位、货利、声色，乃人生之最快慰事，齐此三者，我愿足矣！然而，即使齐此三者而心满意足，也终归不免有梦幻之虞。因为这三者并不能使人永恒，倒往往使人忘却永恒。这并不是说，真实的生活不该有名位之争，实际上，名位之争、货利之欲、声色之娱，永远构成真实生活的一面，但是，它们要构成真实生活的一面，必须不能使人因它们而放弃或忘却了自己正当的真实身份，履行自己的神圣使命。只有在这一前提下，人的其他一切行动与追求才能构成其真实生活的一面。这意味着，真实生活使人不能为所欲为；想过真实生活的人必须履行人的使命。真实的生活之所以不是梦幻般的故事，就在于它建立在人的真实身份基础上，因而是建立在履行人的使命与职责基础上。

这种真实的生活，也就是我们前面所说的生活（生命）的真相（理）。因此，我们可以进一步说，对死亡的觉悟，把死亡作为一种可能性在意识中承担起来，对于我们理解生活的真相，对于我们过一种真实的、应该过的生活来说，是至关重要的；甚至可以说，只有在意识中觉悟死亡而承担起死亡，我们才能理解生活的真相，才能按"应该"的方式去生活。因为我们往往只是在死亡觉悟中才不致完全陷于关联世界而承担起自身存在，承担起这种自身存在的神圣职责——维护他者的自由（自身）存在。

人们说，真相（真理）总是要大白于天下。这一方面是说，人们不可能远离真理，也不可能久离真理；但另一方面也表明，真理并不是始终明如白昼，相反，它倒可能常常被掩盖。死亡对于生活的真理，对于真实的生活虽然具有根本性意义，但是，人们并不总是觉悟着死亡而承担起死亡，人们也常常忘却死亡而掩盖死亡。人既能揭示真理，也能掩盖真理，他既能觉悟死亡而承担起死亡，也能忘却死亡而掩盖死亡。这是人的两种先天的可能命运。因此，这种掩盖与觉悟都需要从哲学上加以思考，但是，从哲学上思考和揭示这两种可能命运，并不是也不可能取消其中的一种，只能表明，要维护真理必须反对掩盖行为，要过真实的生活必须觉悟和承担起死亡这种可能性。我们之所以把列夫·托尔斯泰的《伊凡·伊里奇之死》作为这里讨论的一个话题，就在于托尔斯泰在这篇中篇小说里以极其哲学的方式揭示了“常人”对死亡的掩盖，以及死亡对于洞见和理解真实生活的根本性意义。[1]

“常人”对死亡的掩盖

在《伊凡·伊里奇之死》里，托尔斯泰不仅淋漓尽致地描述了常人对死亡的掩盖与逃避，而且是把这种掩盖理解为人的一种命运性行为。

伊凡·伊里奇的生前知交彼奥特·伊凡诺维奇在吊唁死者时，心里既悲伤，又惶恐，而死者遗孀关于伊凡·伊里奇死前遭受三天三夜痛苦的折磨的诉说，更让他胆战心惊：死亡和痛苦的折磨也许随时都会发生在自己身上。

> 不过，马上就有个念头援助他，令他想到这是发生在伊凡·伊里奇身上，而不是发生在他身上，而且这种事没有理由发生在他身上，因此，不可能发生在

1 列夫·托尔斯泰并不仅仅是一个文学家，他的著作不能仅仅被视为文学作品，这在托尔斯泰的研究者中几乎已是一种共识。在当今俄罗斯哲学界（根据贾泽林教授最近一次访俄提供的信息），托尔斯泰甚至被一些人认为是俄罗斯最伟大的哲学家。抛开其中的某些偏见，这在某种意义上并非没有理由，托尔斯泰在一系列小说里对诸如历史、自由、真理、精神与信仰等问题的思考，无疑具有哲学的深度和视野。因此，他的作品不仅引起文学家的兴趣，也引起哲学领域的兴趣。可以肯定的是，这些作品比起苏联七十年历史上的所有哲学书籍都更具有哲学的意义，更值得哲学的关注。

他身上，不过，这种念头怎么会产生，怎么会突如其来的，他自己也不知道。[1]

人不可能不与他人、他物发生实际性的各种经验关联，而当他把这种关联世界当做唯一的世界时，他也就不可避免地把包括死亡在内的一切可能性存在当做未来事件悬搁在自己的生活之外。于是，死亡似乎与他现在的生活毫无关系，也不会有关系，它只是某种在外悬浮不定的遥远的事件。因其遥远而不确定，对于每个“常人”来说，死亡甚至成了某种几率事件或平均寿命事件。因此，即便有亲友死了，“常人”——日常关联中的“角色”在感到悲伤之际，同时也很“自然”地感到庆幸：死的是他而不是我。既然死亡是某种几率事件，那么现在既然有人不幸撞上了，就没有理由再让“我”碰上；现在他既然那么年纪轻轻就死了，（按平均寿命）“我”就没有理由会发生那样的意外事件。所以，虽然亲友的死会引起“常人”的悲伤和惊恐，但是，由于所害怕的是几率事件或平均化事件，人们很容易在不知不觉中排除这种惊恐。他人之死在常人心中唤起的死亡问题，转瞬之间又变成暧昧的几率事件。所以彼奥特在惊恐之余很快就平静下来，并且带着一种轻松而好奇的心情向死者遗孀询问伊凡·伊里奇的详细病情，好像死亡只是意外而奇怪地发生在伊凡·伊里奇一个人身上，而绝对碰不到他自己。

在对众常人掩盖死亡的分析性刻画中，伊凡·伊里奇对死亡的掩盖无疑是最生动、最具代表性的。因为正是他最典型地沉迷于

---

1 《伊凡·伊里奇之死》第一章，译文可参见汤新楣翻译的《俄罗斯的良心——托尔斯泰》原典之二，下面只注明章节。

日常角色。当他升任省检察官之后，他更是把生活的兴趣都集中在公务上。按托尔斯泰的分析，这有两个原因，一个是为了逃避他那爱吵架的妻子，她总是把一切不如意的事情归咎于他，使他无法在家庭生活上保持他作为一个检察官和丈夫的体面与尊严；另一个原因是“他意识到他具有想毁灭谁就能够毁灭谁的权力；他来到法庭或见到下属时所显露出他地位如何重要，尤其是他办事本领如何高强——这个他知道得非常清楚——凡此种种，都令他高兴。”（第二章）

这两个原因实际上可归结为一个原因，这就是追求与维护作为一个关联角色（如检察官或丈夫）而高于他人的“尊严”与“体面”。对于伊凡·伊里奇这种典型的常人来说，重要和有趣的就是充当重要的角色，它构成了其生活中最“真实”、最核心的内容，甚至除此之外，生活似乎就再没有什么真实的东西。就功能而言，任何关联角色都是公共性的，否则就不成其为角色。但是，角色带来的“尊严”与“意义”却完全是“私人的”（privat）。也即说，角色的“尊严”总是一种为充当者所独占的“私人尊严”，因而它是一种高于其他一些常人而又低于另一些常人的“尊严”，是一种“比较级”里的尊严。常人对角色的兴趣与追求，首先不是为了发挥角色的功能，而是以获得那种比较级里的“私人尊严”为目的。

如果说忘却死亡而沉沦关联世界是人的一种可能命运，那么也就意味着追求与维护虚假的“私人尊严”是人的一种可能性存在。“私人尊严”的虚假性不在于它的虚无性或无效性，相反，它倒具有十足的现实性、实效性（Wirklichkeit）。谁能否认检察官与被告这两个角色的“私人尊严”（不是“个人尊严”！）之间那实实在在的差别呢？而当你由一个学者摇身一变为一个手握实权的官僚时，那倍增了的“私人尊严”足足会让你回味无穷。“私人尊严”的虚假性在于它的“比较性”和临时性，也即在于它的相对性。它完全是由后天的经验关联决定的，与人的自身存在即自由无关，也即说“私人尊严”只存在于关联中，也只对关联中的常人来说才是有效的。一个人一旦卸下“角色”而退出相应关联，他原来拥有的“私人尊严”也便烟消云散；而在一个维护着自由的人心目中，即便威如高山的“私人尊严”也被视若无物。此即不卑不亢之谓。简单地说，“私人尊严”的虚假性就虚假在，它的存在只是一种关联性的存在，只是关联中的一种意义，而与人的正当的真实身份，与人的真实生活无关。每个人的绝对尊严来自他作为人的正当的真实身份，这种个人的绝对尊严对他人来说，意味永恒的共在和绝对的平等；而“私人尊严”则永远意味着与他人的暂时共在和对他人的临时优越。

人人生有“赤子之心”而爱真理，却又常常以假当真；人人生有神性而求永恒，却又往往沉湎于临时角色。当一个人越专注于其充任的角色，越醉心于追求“私人尊严”，也就意味着他越以假当真，越以临时世界为永恒生活，而在根本上则意味着，他越严重地忘却和掩盖死亡。因为正是忘却和掩盖了自己的死亡，他才会心安理得地热衷于他的角色生活，才会在不知不觉中把角色当做他最重要、最真实，甚至是唯一的身份，以致认为他天生就是为了充当这一角色，因而可以永远当下去。人一旦忘却了自己的死亡，他也就很自然地把他所充当的任何角色视作是不死的。而角色带来的“私人尊严”理所当然也成了他心目中最重要、最真实的生存意义。在这个意义上，我们恰恰要反过来说，一个人把自己的死亡掩盖得越深，他必定越生活在虚假当中，因为他必定越以自己的角色生活为自己的全部生活，越以“私人尊严”为自己的唯一尊严。托尔斯泰对伊凡·伊里奇热衷于其角色（检察官）生活与追求“私人尊严”的刻画，正是要表明他如何固执地忘却自己的死亡。

伊凡·伊里奇对死亡的掩盖是如此之深，以致虽然疾病已在他体内引起可怕的、前所未有的变化，但他始终不能正视死亡的存在，他无论如何也不能处之泰然，他既莫名其妙，也无法理解这怎么可能。他总想撇开“自己快要死了”的念头，努力想把它当做假的、不公平的、不健康的，力图召唤别的念头来代替它。他现在“大部分时间消磨在试图恢复能把死置之脑后的感觉上，有时候他对自己说：我将再去办公室，那一定能使我活下去”（第六章）。于是，他真的办公去了。

的确，人生太容易假作真时真亦假。在把死亡掩盖得严严实实的生活世界里，那最令人操心的不就是充当什么角色的问题吗？还有什么比维护和巩固自己的角色地位更重要的？还有什么比在这种角色位置上体会到的那美好的“私人尊严”更真实的？相对于角色生活来说，一切生活问题都只是生活琐事，它们都将围绕着角色生活的展开来解决。在这个生活世界里，死亡甚至作为字眼都很少在人们心中闪现、停留。因此，当它通过病痛而显示它的现实存在时，伊凡·伊里奇感到莫名其妙：在这个如此有“意思”、如此重要的生活世界里，怎么会突然冒出这个陌生的绊脚石？这肯定是搞错了。于是，死亡这一生命中最本己、最真实的可能性存在反而成了假的，成了不健康的幻觉，它至少像其他生活问题一样，可以通过“办公”来消除和解决。

对死亡的这种掩盖构成伊凡·伊里奇生活中的一个“弥天大谎”。这个谎不仅侵蚀了他一生的生活，而且使他在临死前精神备受折磨。不治之症实际上已把伊凡从他长期扮演的角色（检察官、同事、丈夫等等）生活中揪出来，中断了他的角色活动，迫使他退出关联世界而进入一个无角色的境地，这也是一个需要独自承担起自己向死亡存在的境地。但是，长期生活于角色中的伊凡显然无法适应和接受这种境地。因此，当同事来探访他时，他一方面渴望同情，另一方面又千方百计地自我欺骗，把自己设想为仍是那关联世界里的角色。所以，在来访的同事面前，他竭力摆出一副严肃、庄重的面孔，并打起全副精神对同事大讲自己对一项裁决的意见，以显示他仍是关联里的一个重要角色。结果，他当然得不到任何同情。

在临死亡前三天三夜里，最让伊凡·伊里奇痛苦的似乎不是疾病本身，而是他感到“他被推进黑袋，可是又下不去，令他下不去的原因是他一直认为他的一生过得很好，这个要活下去的理由纠缠住他，不让他朝袋里钻，因此，最使他难过”（第十二章）。

这里，“黑袋”就是死亡的象征，“下不去”意味着在心里拒斥死亡，仍把死亡当做一件外在事件来排斥。而拒绝死亡的理由，则是不愿承认自己的一生没有按“应当的方式”去生活，他仍固执地认为自己的一生过得有滋有味：我一生官运不错，所任角色都至关重要，我也都恪尽职守，而由此带来的一切也都令我舒心畅快。既然这种角色生活如此美好、真实，就不应该突然结束，而应该永远继续下去，至少不应该这样匆匆了结。的确，对于完全陷于角色生活的常人来说，这个生活世界不应是有终结的，它将永远进行下去。因为终结性或死亡已被这种角色生活完全忘却和掩盖，即使有人死了，那也只是这个世界的偶发事件，只有不幸的人才会碰上，而生活不应因偶发事件而中断。而我伊凡·伊里奇历来都是很幸运的，现在又处在既令自己高兴也令许多人羡慕的位置上，有许多重要的事情要处理，而且还会有许多美好的事情将随之陆续到来，因此，我没有理由结束现在的生活。

对死亡的掩盖使伊凡在心理上无法从角色生活中退却出来，因而他无法在心理上接受和理解自己的有终结性，可是，疾病却无情地把他逐渐逼向生命的尽头——这一点他心里又十分清楚。这种既无法理解自己的死而死又作为事件在逼近的处境，使伊凡在彻底进入“黑袋”之前痛苦不堪。这是虚假生活带给每个常人的“报应”，是“弥天大谎”留给生活于谎言中者的最后“遗产”。

常人不仅如彼奥特·伊凡诺维奇和伊凡·伊里奇那样掩盖自己的死亡，而且还掩盖他人的死亡。常人从来不会也不愿把他人的生活与死亡联系起来。伊凡·伊里奇病倒之后，状况迅速恶化，可是他发现，他身边的人不明白，也不想明白，对他们来说，世界一切如常。即使是与他朝夕相处、平时最亲近、最可靠的妻女对他恶化的病情、恶化的感觉也丝毫不了解，她们甚至正是在这个时候在社交方面搞得最热火朝天，因此，还因他的疾病给家庭带来的不愉快而烦他。

“这比什么都令伊凡·伊里奇难受。”（第四章）这倒不是因为妻女寡情，而是她们与他一样，是一群“不知有死的常人”。她们不仅从来封闭着自己的死亡，而且也封闭着他人之死。因此，在她们心目中，疾病从来就与死亡没有关系，至少是很少有关系，它不过是日常（角色）生活中一件不愉快、使人不方便的事情，只要当事人稍微注意自己的行为就可以克服，无须大惊小怪。你感觉不好？那说明你还不够注意，没有完全按“应当的程序”行事。总之，她们（常人）看来疾病是一个人自己不小心造成的，因此，要由当事人自己去克服，就如养家糊口要由丈夫或父亲这一角色去担当一样；她们无须也从不去操心、过问或了解他养家糊口的本领，同样也无须去了解他“自己不小心”造成的病情。

不知自己和他人有死的常人之间，首先是一种角色性或功能性的关系，而不是个人与个人之间的关系；或者说，个人与个人之间那种作为人本身之间的关系被角色性关系所掩盖。伊凡·伊里奇与其妻女首先就是陷于一种角色性关系，即丈夫与妻子、父亲与女儿之间的关系。他的疾病使他丧失了他作为角色的诸功能，而对她们来说，这只不过意味着在她们的日常生活中某个角色的缺席，就如工厂里某部机器暂时失灵一样。如果需要，这种缺席完全可由另外的常人来填补。因此，他与她们之间就如一切常人之间一样，实际上只是一种临时性的“合作”，随时都可能散伙。常人之间没有真正可靠的共在，不可能有能“设身处地”理解和维护他人作为自身存在的那种团结。因为常人只是角色性或关联性的存在，而没有自身的存在，或者更确切说，常人的关联性存在完全掩盖了人的独立自主的自身存在。因此，当伊凡·伊里奇从“常人共在”中退出来时，他发现，他处在十分孤独无援的境地，原来与他关系十分密切的亲友，实际上离他非常遥远，对他一点都不理解，丝毫也不能设身处地爱他、同情他。

对他人的疾病与死亡的这种无动于衷，典型地体现了常人对他人之死的掩盖与漠视。掩盖他人之死实际上也是在贬低他人之死。对人来说，死亡不仅仅是丧命事件，而首先是在意识中承担起死亡而接受终结。这是真正意义上的“人之死”。而人正是在承担起死亡的意识中“顶天立地”而“开天辟地”——独立自主地存在而让他者自由一自在地存在。于是，才有源头和历史。我们可以说，死亡是人之（自由）存在的标志。每个人都是通过自己的死亡来标志自己的存在——我有死，因而我曾承担这个世界的真理：自由与自身。因此，死亡是人生最庄严、最严肃的事情。但是，在“你没事，你不会死，只要按医生嘱咐行事就能治好”这类像是好心的安慰、实则为自欺欺人的陈词滥调中，不仅不能给他人以临终的真正关怀与支援，实际上还把他人之死亡贬低为像衣服破了可以补、机器坏了可以修之类的日常事件，没有必要倾心、认真对待。伊凡·伊里奇在患病过程中深感痛心的一件事就是他发现，他的亲友人人都在向他撒谎，人人都在掩盖他的死亡。他们从来没有也不愿意倾心理解他此时孤立无援的存在境况，那渴望有人以其“设身处地”的爱来向他证（显）明，永远有人与他同在的心境。

“你没事，你不会死”这类被重复无数遍的谎言，表面上是要消解病人对死的忧虑，以便让他尽可能在无忧无虑中走完生命的历程。这是常人的好意，它甚至还有医学心理学的依据。但是，人要真正“无忧无虑”地走向死亡恰恰不能不忧死——理解和觉悟自己的死。只有理解自己的死，才能带着觉悟的坦然、觉悟的轻松接受自己的终结。实际上，在临死者听来，“你没事，你不会死”不仅不是安慰的话语，相反，它表达的甚至是常人的一种“优越”——它无异于说：你要退出我们的生活世界了，这很不幸，不过，没关系，生活将继续下去。

这种掩盖他人之死，不让他人正视其死的常人行为，实际上是以抛弃的态度对待他人的死亡，他人之死完全被视为一个角色的出局或退场。因此，掩盖死亡不仅使人无法获得生的绝对价值，而且使人难以获得死的绝对尊严。

应当的生活方式：从死亡理解生活

俄罗斯农民格拉辛在这篇小说里是一个很有象征意义的人物。在伊凡·伊里奇周围，只有这个农民出身的管家助手几乎不对伊凡撒谎，只有这个永远穿着干净俄罗斯服装的农村人始终恬静、欢快、干净利索地为伊凡干这干那，为了病人舒适，他甚至宁愿整夜用自己的肩扛着伊凡的双腿。

在托尔斯泰心目中，农村人的生活更具有真实性，保留着更多人本身的使命感、爱心和同情心。我们且不去管托尔斯泰的这种价值取向是否正确，值得我们这里讨论的是，格拉辛为什么会对病人采取了一种与众人不同的态度？这种态度或许正是我们人类所应当采取的？我们还是从格拉辛的两句话来开始讨论这个问题。

伊凡·伊里奇向格拉辛表示歉意："请你原谅，我是没办法才弄得这样。"格拉辛："您千万别这么说。我为什么不能这样为您服务？您是病人！"格拉辛在夜里用肩扛着病人的双腿，伊凡·伊里奇心里过意不去，打发他去睡觉。格拉辛直率地说："我们都是要死的，所以我为什么不服侍你？"（第七章）

这里，格拉辛的意思非常"简单"：你是病人，而我们都是要死的，所以，我有理由为你服务，应当侍候你。这个"理由"在一般常人听来是莫名其妙的，没有"逻辑的"，甚至还以为格拉辛这个身上仍带着大地气息的农村人因不善辞令而没有正确表达自己的想法。一个人病了，我们都是要死的，与应当侍候病人之间，似乎并没有什么“必然的联系”。但是，如果我们越过常人的“逻辑”，我们会发现，格拉辛这个普通人说出的普通话却是十分合逻辑的。

疾病意味着侵害一个人的存在，意味着在实现一个人最内在却又不可实现的可能性——死亡，疾病一旦实现了这种可能性，也就使人失去了这种可能，从而失去一切可能性而终结自己的存在。疾病迟早要实现或取走人的这种可能性，要把这种可能性变为事实事件，这是人的命运。人要做的努力就是要以自己的（精神）力量来与这一命运抗争——以自己的力量来维护和坚守死亡这种可能性，或者说，把死亡维护为一种可能性，保持为一种可能性，从而维护他作为独立自主的自身存在，即维护他作为人的真正尊严。人一旦失去了足够的力量，去把死亡当做一种可能性来维持，而被迫把死当做既定的事实而屈从于疾病，那么他也就使自己的濒死存在失去了人的自身性，失去了向死亡存在的尊严。屈从于疾病，意味着提前把死亡当做现实事件来完成，提前结束自己的可能性而放弃独立自主的神圣存在。

对于病人或濒死者来说，为了把死亡维护为一种可能性，从而维护向死亡存在的尊严，最需要的就是他人的真正共在：设身处地的爱与同情，在这种爱与同情的共在中，才能给病人以（精神）力量，帮助他继续把死亡维护为一种可能性，继续承担起独立自主的自身存在，从而能安然地战胜疾病，或者坦然、自在地接受疾病的最终侵害。对于承担起死亡的自身存在来说，疾病与终结事件也微不足道，也不足畏惧！因而，可以泰然自若地接受它。正是从这里，显示了人向死亡存在的庄严性，显示和维护了人自始至终的绝对尊严。

因此，侍候病人，为病人服务，并不只是为了减轻病人的痛苦，从根本上说，首先是维护人的尊严的需要；为了维护人的尊严，人有责任为病人服务。我们每个人都有生老病死，每个人都需要真正的临终关怀，以便能始终维护自己的绝对尊严。放弃病人，也就意味着可以无视他人与自己的绝对尊严。所以，格拉辛这个纯真的乡下人，依照自己的直接性领会而践行着康德的自由律令：为了使自己的行为成为普遍准则，人的行为不能自相矛盾。这也是格拉辛说话的真正"逻辑"。当他对伊凡·伊里奇说："我们都是要死的，所以，我为什么不服侍你？"他的真正意思就是：你就快要死了，而我也和你一样总有一天会死的；现在我尽心服侍你，不是因为你是我的老爷，不是因为你能给我丰厚的报酬，只是为了你能安心、坦然、"像个样子"地死去，并希望以后我大限将至时，也有人这样服侍我。这绝不意味着格拉辛是出于相信善有善报的私心——我现在积德行善，上天有眼，将报我以善终。不，这不是格拉辛的出发点。相反，他完全出于"公心"：人就应该那样——人人都应当获得真正的临终关怀，以便始终能维护人的绝对尊严。我们要让伊凡·伊里奇"像个样子"死去，也要让所有人，当然也包括格拉辛，"像个样子"去接受终结。这是人的神圣责任。

我们常说，退一步，海阔天空。这是说，请你不要过分执迷于某事某物，你一旦从这种执迷中退出来，你就会发现，此事此物并没有那么重要，比它重要的事物还多着呢。但是，我们如何能在"心灵"上退一步？人人都能知道这一成语的含义，但并非人人都能"退"，有人甚至至死也不退！要退一步，当然得有可退的"空地"或"余地"。如果一个人的心灵封闭了纯粹意识呈现的种种可能性，那么我们就会说，此人心胸狭窄。因为在他的心灵里没有"余地"可退，他不可能置身于其他可能性当中，不能从其他可能的角度去理解、看待别的事物，因而不能接受、容纳其他事物。对于封闭了其他可能性的心灵来说，除了他所执迷的事物以外，其他事物都毫无意义，至少是不重要的，犹如音乐对于封闭了其音乐感受力的乐盲来说没有什么意义一样。

因此，要在心灵上保持始终有“空地”可退，就必须破执迷。执迷什么呢？执迷关联事物，也即执迷于角色生活。而这在根本上意味着，要在心灵里承担起死亡而守护着独立的自身存在。这种觉悟着死亡的自身存在，是最大的精神空地，它使我们从一切可能的关联场合，从一切可能的角色生活中退出来成为可能。退此空地，任何时候都是“海阔天空”，因为立此空地，万物各归其位而为自身，于“我”并无关碍。但“无关碍”并非无意义。因为承担着死亡的自身存在绝不是一种空寂或麻木无谓的存在，相反，这是人真正意义上的独立自主的自由存在，是使人开辟出其一切可能生活成为可能的存在。只是对于这种独立自主的自由存在，只是在这个空地上，一切事物才能最真实、最客观地显示其意义来：不仅关联事物的存在有意义——但只具有相对意义，或说，关联事物的意义是相对的——而且无关联物的存在也有意义，并且是绝对的意义。

所谓无关联的事物也就是各归其位的事物，就是在自己位置上作为自身存在的事物。一切关联物都是功能性的存在，而非自身存在。事物的这种非功能性的自身存在，只有对于觉悟着死亡而独立存在的人来说，才存在、才有绝对的意义，而对于角色之人则没有意义。对于急行军的士兵来说，谁会去在意矗立路旁的树木？谁会去聆听淙淙流淌的小河？对于桥梁建造者来说，森林里的树木等于不存在。同样，也只有当我们能退守独立的自身，我们才能理解无关联角色的他人的存在，即他作为一个人自身的存在的意义（尊严）。对于片面地陷于角色生活的人来说，他无法避免“势利眼”，因为他总是从功能的角度去理解、看待他人存在的价值或意义；他无法理解一个人一旦退出了角色，不再有“功能价值”之后，这个人的存在还有什么价值。

格拉辛这个普通人之所以对行将就木的伊凡·伊里奇采取了与众不同的态度，不在于别的，恰恰就在于他是一个再普通不过的普通人。他地位卑微，从来没有也不会有什么重要的位置、重要的角色等着他，他也从来没想过或不敢想有朝一日要占据什么重要位置，充当什么重要角色。因此，他也从来没有体会到那总是高于他人、优越于他人的“私人尊严”。然而，正因为如此，他首先不是生活于角色中，首先不是作为一个角色而生活，而是作为一个人生活，他首先体会到、觉悟到的不是“私人尊严”，而是作为一个个人的尊严。因此，他不掩盖人的生活（存在）的真相：“我们都是要死的。”

每个人都知道：“我们都是要死的。”但是，知道人人有死，并不等于觉悟了死。当格拉辛那样说时，他并非只在概念上或经验上明白“人人有死”的道理，而是以自己的整个生命觉悟着死亡，承担着死亡，从死亡这种可能性存在的角度，去理解自己在世间的生活（存在），从这种角度理解世间的事物。因此，他始终是作为一个非角色化的人存在，作为独立自主的自身存在。所以，他始终以一种恬静、坦然的姿态面对一切，以带着忧思的欢快做着一切。对于他这种非角色化的人来说，头等重要的就是维护人的生活：使一个人的生活维护为一个人的生活。因此，当那些生活角色化了的人们因担心照顾病人会耽误“要事”而苦恼不安时，格拉辛却悉心体贴地为伊凡·伊里奇做着一切，并且认为这是“应当的”，于他并非麻烦，也不耽误他什么事情。放弃病人，无视人的绝对尊严，在他看来，才是最严重的耽误。

在这里，格拉辛生活的核心首先是承担起人的责任——维护人的绝对尊严。这一责任高于一切法律责任或角色责任，只有根据这一责任才能评判人的一生是否活得适当，是否按应当的方式生活。如果说，格拉辛为病人所做的一切深深感动了伊凡·伊里奇，那么，格拉辛那种以人的责任为核心的非角色化生活，他那纯真无欺、坦然自若的生活“态度”，对一生均在角色中的伊凡来说，则具有启示性意义。因此，随着对自己一生检讨的深入，伊凡·伊里奇有一天在瞧见格拉辛那张因服侍病人而显得疲惫的脸时，他突然想到：“实际上我的一生，我那有意思的一生是否会都错了呢？”（第十一章）在不久前他还认为，这是绝对不可能的事，现在突然想到也许是真的——他的确没有像他应该的那样生活。他的工作、他的一生、他的家庭以及社会、职位的利害关系，这些都可能是错的。他曾竭力维护这些，现在他忽然醒悟自己所维护的一切如何微不足道，根本没有什么可维护的。“这一切是可怕的弥天大谎，隐瞒着生死。”（第十一章）他还从妻子、同事、医生的言行中进一步看出了自己想法的正确性：“错了，你直到现在所过的生活，都是虚假的，是欺骗，连生死都不让你看清楚。”（第十一章）

为什么伊凡·伊里奇从格拉辛身上醒悟到自己生活的虚假性？为什么伊凡从他妻子的言行中进一步证明了自己想法的正确性？因为格拉辛以人的最高责任为核心的非角色化生活本身，就具有永恒性，具有绝对的价值。格拉辛这个人是会死的，但他的这种非角色化生活却是永恒的、绝对的。而伊凡·伊里奇一生的生活却一直是角色中的生活，他所做的一切，是他作为关联中的角色所做的一切，他所维护的首先不是作为一个人的责任，而是作为角色的利害关系；而他与他人——妻子、女儿、同事、医生的关系，首先也是一种角色与角色之间的关系，他为他们所做的一切，相对于格拉辛那具有绝对价值的非角色化生活来说，就如他们为他所做的一切一样，都是角色之间的一种功能交换，甚至连相互间说话的语气、神态都是一种角色对另一种角色所特有的。而所有这一切，是那样微不足道，是那样虚假。所以，他从格拉辛那里首先觉悟到自己生活的虚假性之后，又从他妻子的言行中进一步证明了自己的想法。

从另一角度说，伊凡·伊里奇一生作为角色所做的一切，都是在无视死亡、忘却死亡的情况下进行的，不仅如此，这一切又反过来促使他更深、更固执地掩盖死亡，掩盖人真正的正当身份——独立自主的自由（身）存在，从而完全卸去了人的神圣责任：维护自由与自身。只有人的正当身份，人的神圣责任能保证生活的真理（实）性和永恒性。在这个意义上，忘却死亡的生活犹如海市蜃楼，是一个幻景，虽然可能很美丽，却只是临时的、短暂的。

真实而永恒的生活只能是一种承担起死亡，从而承担起自身存在的神圣责任的生活。而所谓承担起死亡，也就是觉悟着死亡，在意识中把死亡展开而置身其中，从而从这种死亡觉悟，从死亡这种在意识中显现的可能性理解自己的存在。这也就是我在第一节里所说的“提前进入死亡”或叫“生死轮回”、“出生入死”。也就是说，真实的生活在“生—死轮回”中。

人要不死，又将如何？*

——纪念波伏娃

对于人类而言，不管个体间的生命轨迹多么不同，他们都有一个共同归宿，那就是终结。人，是会死的。这是所有人的共同命运。对于这个命运，没有人能够抗拒，然而，又几乎没有人没有抗拒过。克服死亡，抗拒会死，即便不是所有人的追求，也是许多人的向往。人们是如此不愿面对死亡，接受会死的命运，以至于害怕死亡，逃避死亡，厌恶死亡，成了人间的世情常态。

对会死的抗拒，在根本上意味着对长生不死的渴望。这种渴望是如此普遍而强烈，不仅蔓延在每个人的梦想里，而且穿越千古，绵延在整个历史里；不单激发了无数寻仙觅道的故事，更是催生了种种丹道与方术。不死，被想象为如此美好的事情，以至于会死被视为人的一种厄运，是上天（帝）对人的一种惩罚。

然而，人们很少认真设想一下：人要不死，又将如何？当然，

---

* 本文原刊于《文景》2008年第3期。十四年前，当我在写关于海德格尔时间问题的博士论文时，为了休闲，第一次读到西蒙娜·德·波伏娃的《人都是要死的》（马振骋译，北京，外国文学出版社，1986年）。这部被我当做休闲阅读的小说中包含的哲学思想却给我留下了很深的印象，因为它对死与存在的讨论正是我当时思考的一个主题。波伏娃是我遇到的第一个具有真正哲学深度的女作家，也是一个能够以文学实验的方式深入讨论哲学问题的杰出作家。这部小说之所以值得阅读、值得尊敬，就在于它进行的存在实验，是着眼于对存在本身的问题的讨论，而不只是巧妙地讲故事。适逢波伏娃诞辰一百周年，应《文景》主编杨丽华女士的友好之邀，谨撰此文以示对波伏娃的纪念和敬意。

简单设想是很容易的，比如说，人要不死，地球会装不下等等；但是，这个问题并非简单的是一个存在的外在条件问题，而是涉及我们的存在本身的问题：存在的方式、存在的意义以及存在的希望。

这里，我们可以分两种情况来讨论：所有人都不死，或者只有少数人，比如只有你一个人不死。

如果所有人都不死，那么，情形会如何呢？首先我们会发现，先生与后生、前辈与后辈的差别将不再有意义。作为后辈，他不再有未来的优势：他不可能比前辈拥有更多机会经历、参与、见证未来事件和未来幸福，因为前辈与后辈一样拥有无尽的未来；他的历史视野、理论深度、知识结构也不可能比前辈更先进，因为前辈永远与后辈一起参与知识的更新、视野的拓展。只要愿意，一个千岁前辈与十几岁后辈坐在同一间教室里接受最新知识，并没什么荒谬之处。相对于后面的无限岁月，一千与十几的差别几乎可以忽略不计。

同样，作为前辈，他也不再有过去的优势：他经历、参与和见证的往事，并非不可重演，并非不可再来一次甚至几次。如果你非常喜欢三国时代，并且很想拥有曹操的经历，以便体验与袁绍鏖战于官渡的冒险，与孙、刘对峙于赤壁的刺激，那么，在无限岁月里，你完全可以找到同好一起重演一次三国时代大半个世纪的风云变幻。这并不耽误你什么事，在这没有尽头的岁月里，你没有什么事是急需去做的，演上一百年的戏算得了什么？因此，对于3世纪的三国事件，21世纪的你并非只有听的份儿，只要你愿意，你还可以重复它们。我相信，不死的人类在生活中把三国风云重演一遍，要比会死的人类在戏剧、电影里把它再现出来容易得多、从容得多。

这意味着，历史上可以有无数个曹操、刘备和孙权，有无数个三国时代，而这进一步意味着，三国之后未必就是归晋，而是仍可以回到三国，只要愿意，甚至可以回到春秋、战国。实际上，如果人是不死的，那么甚至于不可能有夏商周，乃至秦汉晋隋这些朝代的更替。更进一层说，人要不死，人类将没有时间，没有历史。因为一切都可以重新再来，因而也就没有真正的开始与终结。真正的开始是不可重复的，而不可再来，也才有真正的终结。但是，在人人不死的情况下，每个人都可以在其等待与希望中打开并完成一切可能的意志和行动，因为他有无限的岁月。不管他人的意志与行动多么坚强伟大，多么辉煌耀眼，你也同样能够拥有那样的意志与行动。因为只要你愿意，你就可以利用取之不尽的岁月来培养、造就那样的伟大意志，做出那样伟大的作为。这意味着，一切创造，都是可重复的。于是，不仅没有真正的开始和终结，而且也没有真正的伟大，因为一切伟大一旦成为人人可为的事业，它也就不再伟大。

没有开始与终结，则意味着没有时间与历史，因为时间和历史既要有起源性的开始，也要有超越性的终结。

我们平时总在计算时间，通过计算时间来调整、安排我们的生活。我们之所以计算时间，根本上而言，恰是因为我们每个人的时间有限。如果每个人的时间取之不尽，我们又何必总是带着疲倦的神情来去匆匆？我们又何妨不找个温馨的地方睡上五十年，让布满血丝的双眼恢复纯真与澄明？每个人之所以总要“抓紧”时间，就在于对每个人来说，时间总是有限的。

这个有限的时间就在于从无到有与从有到无之间。有限时间的有限性就有限在它在有无之间。如果说从无到有是起源性的开始，那么，从有到无则是超越性的终结。虽然我们每个人可以借助思想（意识）提前进入死亡，通过“出生入死”而往返于有无之间，但是，在有无之间的这种循环，并不是简单的重复，而是每次循环都有新的内容，都以以前的循环作为前提，以以前的循环作为开始。因此，我们每个人在有无之间的每次循环固然是每一次新的开始，但是，这种开始并不是对最初的开始的重复。这意味着，我们有绝对的开始，正如我们有绝对的终结。所谓绝对终结，也就是说，我们一旦拥有了它，我们也就失去一切所有。我们在绝对开始处开始了我们的有，开始了我们的存在，在绝对终结处，失去了我们的一切有，失去了这个世界。

对于我们每个人来说，真正的开始并不是历史—考古学意义上的遥远起源，而是当下对自己从无到有的觉悟，更确切说，对自己从无被抛入有的觉悟。我们每个人并不从远古开始我们的存在，而是从每个人自己那不可预测、不可把握、不可透视的意识有所显现—有所意愿开始自己的存在；并且也只是这样开始了自己的存在，我们才会有起源意识而去追问历史—考古学意义上的起源，从而才有历史学意义上的“过去”。如果我们不能从自己的意识的有所意识（显现）而给出当下，不能从我们的意志的有所意愿（选择）而开始存在，我们也就不会与遥远的过去建立起联系；过去于我而言是封闭的、不存在的。我之为我，每个人之为每个人，就在于每个人都背负着一个无，这就是意识。意识的有所显现而有所意愿，就是我们每个人从无到有的开始。由此，我们也才意识到，我的存在是有他者在的世界，我的存在总是面临着那不可归结为我而大于我的他者在。这意味着，我们从无到有而开始的存在，打开并维持着一个他者的维度。简单说，我的存在是一个有他者维度的存在。打开他者维度，在根本上也就是打开过去的维度，打开起源的维度。他者指示着我的起源，提示着我与远古岁月的关联。

所以，如果没有我们从无到有开始自己的存在，我们甚至无法打开过去，我们的存在甚至也就没有过去这个维度。但是，当我们有所显现而有所意愿地开始我们的存在时，同时也意味着我们给出了某种希望，我们处在某种期待中。而让自己处在某种期待中，不是别的，正是打开自己的未来，让自己的存在有一个尚未的维度，是一个敞开的不确定性。这表明，没有开始我们自己的存在，我们也就没有将来。因此，从根本上说，我们之所以有时间，我们之所以在时间中存在，不是因为别的，而是因为我们是从无到有，从意识开始了我们自己的存在。

但是，我们不仅能够从无到有，而且也能够从有到无。我们背负的意识之为无，不仅在于它是一个不可被完全窥测与规定的深渊，而且在于它是对终结即会死的觉悟。对死的觉悟或领会，让我们在死作为事件到来之前就能从一切有中解放，从这个世界的一切富有中退身，回到意识之为无本身。了断这个世界的一切富有，终结这个世界的一切希望，才能越过这个世界而打开“另一个世界”的希望。这样的终结，才是具有超越性的终结，它使我们的存在既有真正的完结，又有真正全新的开始、全新的希望。

这一方面意味着，我们存在的这个世界是一个有限的世界，一个需要抓紧的世界；另一方面则意味着，我们总要退出这个世界，这个世界是有出路的——完结它而开始全新的历程。正因为有出路，有全新的希望，这个世界的一切才是有意义的，并且也才是可以忍耐的。换言之，有彻底终结这个世界的出路，有完全摆脱这个世界的全新希望，也就获得了以超出这个世界的另一种眼光来理解、审视这个世界的可能，这个世界的一切事件与过程也才获得某种意义与方向，并因而才展现为“历史”，而不只是没有方向的、可以不断重复的事件堆积。

所以，时间与历史以有开始和终结为前提。但是，人要不死，他的每次开始，都是徒劳的，都不是真正的开始，因为他能够且必定不断重复。他有无限岁月，不像我们会死之人只有一个人生，而是有无数个人生，只要他愿意，他就可以重来；更重要的是，相对于他的不死，他在这个世界里所意愿的一切东西都是临时的，但是，他又永远退不出这个世界，他在这个世界没有出路，所以，他没有全新的历程，他无法以带着全新希望的眼光去理解、看待这个世界的一切，使这个世界的临时事物呈现某种确切的、绝对的意义。对他来说，这个世界的一切都只不过是一些形态的不断变换而已，类似梦幻而没有可靠的意义。所以，他从无到有开始的“有”，于他而言都没有绝对的意义。就此而言，他甚至无法真正从无到有，无法真正开始，因而他没有时间与历史。

对于没有时间与历史的人来说，他们在这个世界上的所作所为，都是可以重复而可以相互替代。不管是秦始皇的蛮横独霸，还是汉武帝的雄才大略，抑或是慈禧太后的愚昧昏聩，人们都可以将之重现于任何时代，而不会被认为逆时代而动。因为对于没有时间与历史的人来说，时代无所谓进步与否。即便有进步与落后之分，落后者也无须急着迈向进步时代，因为他总有机会进入而不会错过；而先进者在进入进步时代之后，也没有任何的理由阻止他退回落后时代的生活，只要他愿意。这就如一个人逃出其生活成长的暴政国家之后，没有理由阻止他从自由国家回到暴政国家旅游或生活，以便重新体验暴政的荒唐和自由的可贵，或者，哪怕只是为了好玩。况且这并不减少他享受自由的岁月——他有无数岁月。

既然一切作为都是可以重复的，那么，人在这个世界所充当的角色的差异都将消失。秦皇汉武，不仅其位可取而代之，而且其业一样可以重而演之。任何人的功业，他的所作所为，都不具有唯一性和绝对性；在漫长的生活历程（不是历史）中，人与人之间将没有伟大与渺小、伟人与凡人的明确区分，唯一明确的不同，就是面部特征。试想，在这样的人类世界，谁还会有渴望伟大的荣誉感？谁还会有追求卓越的雄心壮志？

实际上，在人人不死的情况下，不仅每个人的“伟大”、每个人的“突出”会被复制、被重演，从而被抹平，而且由于相对每个人的无穷岁月，这个世界的万事万物都只不过是不知晦朔的朝菌，实在不具有任何可靠性、绝对性，所以，世界的丰富多彩也将被抹平——它对于任何人来说，都没有明确而绝对的价值，都是可有可无的。换言之，每个人对这个世界的万事万物都是兴味阑珊，了无生趣。如果说从无到有，也即从意识有所显现这个世界的事物、有所意愿这个世界的事物，才意味着开始自己的存在，那么，不死之人甚至都难以开始自己的存在，或者更确切说，都没有兴趣、没有激情去开始自己的存在。不死的你如何会带着全身心的激情投身于一个没有绝对性意义的世界呢？饿不死的你如何会带着饿狼般的渴望去追捕一头转眼就自生自灭的羚羊呢？不朽的你如何会带着出自你每根神经的冲动去抓住必定会在你手里腐朽的事物呢？一句话，你如何会带着满腔的热情去怀抱灰飞烟灭的虚无呢？

抹平自己，抹平世界，没有出路，以至于没有了兴趣去存在，这就是人人不死的结局。那么，如果只有你一个人不死呢？不管是秦皇汉武，还是许多其他人，他们渴望的不死，实际上就是他一个人不死，试图借自己的不死来获得对所有他人的优势和永久的统治。但是，相对于人人不死的结局，只有你一个人不死的处境是否会好一些呢？是否会真如人们渴望的那样美好呢？

如果只有你不死，那么，雷蒙·福斯卡（波伏娃的小说《人都是要死的》的主人公）的处境就是你的处境。而福斯卡把自己的处境视为一种“天惩”，对自己没完没了的岁月感到绝望。他原本也是一个会死之人，出生于13世纪70年代。作为意大利一个小城邦卡尔莫那的统治者，福斯卡对卡尔莫那的安全、幸福和荣誉充满了责任与自豪，曾为之英勇地冲锋陷阵。然而，当他勇敢地喝下来自埃及的不死药之后，他不仅永远失去了勇敢，也永远失去了会死之人所能够拥有的一切高贵和美好。他以前的身先士卒，是勇敢，而现在的赴汤蹈火却与勇敢无关，因为以前的他与所有会死之人一样，其英勇后面所准备付出的是一次性的生命，而现在的他，不管看起来他的行为多么英勇，背后却是空的，没有任何冒险的代价。不朽的你对他人的帮助与谦让，也难以与自我奉献、自我克制沾上边，因为你这样做并不耽误你什么，不损失你什么。你倾囊捐赠，也谈不上慷慨，因为你有用不完的岁月去获得财富。你节衣缩食，朴素无华，也难膺节制之誉，因为进食并不是你生命的必需，而裸露于冰天雪地于你也丝毫无碍。你高瞻远瞩，让人类避免了许多愚蠢与悲剧，也难说你是智慧的，因为那只不过是在你身上流逝过的漫长岁月留给你的特别财富。——甚至你的自由都是不健全的，因为你被抛到这个世界上，却没有自由选择离开这个世界，放下这个世界。因此，你不仅失去了像苏格拉底或耶稣那样向世人证明真理的绝对性的资格，而且你实际上也失去了面对这个世界的真正尊严，因为你无法给自己的生命划出底线，而你的任何抗争与捍卫，也都难以避免不被视为演戏——因为你知道，一切对你的屈辱与不公，都不过像是飞虫叮咬，转瞬即逝。

实际上，你一旦不死，你几乎也就不再是会死之人的同类。虽然你依然生活在他们当中，依然与他们拥有共同的外在形象，但是，你已无法以他们的眼光和情感去理解、看待这个世界。在你看来，以千年为春秋的椿树，同不历春秋的蟪蛄一样，都不过是不知晦朔的朝菌。因此，你对椿树不会像我们一样心怀崇敬，不会对岁月在它身上留下的痕迹感到好奇与神秘。你也不会对不确定的未来感到激动与担忧，因为你的未来没完没了，却又“转眼”消逝。我们对这个世界之外的希望充满激情与热爱，而你一定对此无动于衷，因为你不管把目光放得多远，你都看不到这个世界的尽头，你的生活永远封闭在这个世界。

你和福斯卡甚至无法理解，为什么自由、平等、博爱对我们是何等珍贵与重要。我们是会死的，我们必须自己承担起自己的终结，无人能替代我们自己的死亡；被抛入死亡，这是我们每个人的命运。而这在根本上意味着，我们承担着自己的自由，也必须承担起自己的自由。因为在被抛入死亡这种被抛状态中，在这种不自由中，我们每个人获得了自己的自由，承担起这样的自由：或者把死亡作为事件来完成，或者把死亡作为事件来遗忘，或者把死亡作为一种可能性来守护。不管是进入哪种可能性，都是每个人自己的自由决断，并且，这每一决断都是每个人进入其他决断，也即进入其他自由的前提。因此，自由是会死之人的本性，是会死之人的存在方式。对自由的损害与剥夺，在根本上就是使人非人化。“不自由，毋宁死”，表面上是为了权利，而根本上是为了维护本性。所以，喊出它才会如此铿锵有力，以致穿越历史，越过大洋与边界，迄今仍鼓舞着全世界会死的人们。

秦皇汉武求不死，主要是想让自己的功业与王朝能长久延续下去，并牢牢掌握在自己手里。然而，如果他们真的不死，他们很快就会发现，他们引以为自豪的所谓功业，很可能是后来失败的原因，或者被后来的历史事件掩盖得无影无踪。你南征北伐，君临天下，至尊至荣，然而不死的你会像福斯卡那样发现，天下事并不真正如你一个人的意志那样进行，因为天下人永远不会以你一个人的意志为意志。虽然在位高权重而又长生不老的你看来，只有几十年生命的芸芸众生，实在不过是些飞虫，但是，他们永远有他们自己的意志，也永远会按他们自己的意志行事。所以，他们永远不会按皇帝、国王、领主或任何其他类型的统治者给他们设计的幸福去追求和享用他们的幸福。任何人都不可能为他人设计幸福。所以，你手中的王朝并非他们所必需的，所以，你至高无上的尊荣终究也是假的，你的权势因而也不可能因你的不朽而可永世延续。实际上，你一旦不朽，你也会很快失去兴趣去保持对一群生灭无常的芸芸众生的权势与优越。

你一旦不朽，你还将失去这个世界最美好的东西——爱情，除非你隐瞒自己的秘密。福斯卡给自己培养了一个恋人贝娅特丽丝，可是她却永远不可能爱他，因为她知道他的秘密：死不了！她爱的是他会死的儿子安托纳，因为后者勇敢，因为他对江山、对人事，充满激情，带着急躁与愤怒渴望参与这个世界的事务，包括战争。所有这些都散发出存在的芳香，流露出生命的火焰。

与之相比，死不了的老福斯卡反倒显得像是个死人，一个死不了的死人。如果你是不朽的，那么，不管你看起来多么年轻，你的声音听起来就会像是从遥远年代的铜镜里发出来似的，也许很温柔，却像是被悠长岁月过滤掉温度一样，无法打动你心爱的人。实际上，你的恋人一旦知道拥抱她的是一双不朽的手，她不仅不会感到幸福和自豪，相反，一定会是恐惧与尖叫。因为相对于会死的身体来说，一双不朽的手就如一个无底的深渊，一个无边的黑洞。最为重要的是，无人愿意以自己完整的爱换取片断的爱，无人愿意以自己一生全身心的爱去匹配"瞬间"的爱。简单说，无人愿意以自己一神化的绝对之爱，去对应多神化的相对之爱。另一个女人玛丽亚纳是在不知道雷蒙·福斯卡死不了的情况下嫁给了他，而当她知道了这个秘密之后，之所以痛哭流涕，悲伤至极，就在于她发现，她的爱情婚姻是多么不公平！她明确告诉福斯卡：她对他们的爱情和婚姻感到后悔！

对于死不了的你来说，即使你能瞒过他人而得到她的爱，你其实也无法真正理解会死的恋人在这个世界上的喜怒哀乐，包括她对你的爱与恨。

不管你是到了人人不死的不朽之国，还是在人人会死的必死之国，死不了的你处境都不甚妙。人们追求不死，本是为了长久享有这个世界的美好事物。然而，人们没有想到的是，一旦不朽了，不仅失去了这个世界的一切美好事物，而且也失去了这个世界之外的所有希望。因为这个世界的事物之所以美好，恰是因为我们是会死的；我们之所以会打开这个世界之外的希望，也正因为我们是有终结的。死亡，是我们每个人最内在的一种可能性，因为相对于其他各种可能性，它不可代理，也不可剥夺。我们只是承担着这种可能性才能打开未来，理解现在，重温过去。虽然我们总是承担着这种可能性，但是，我们并不总是以守护的方式承担它，倒是常以逃避的方式遗忘它。追求不死，则是逃避死亡的一种极端方式。而我们之所以逃避死亡，则是因为我们总是要从无开显有，并且通常喜欢有胜于无；通过沉沦于五光十色的有，来逃避死亡，忘却死亡。对死的逃避与遗忘，其实质就是对无的掩盖，对我们的源头的掩盖，同时也就是对这个世界的执迷。这种执迷，也就是通常所谓的愚蠢，因为它使人无退身之处而看不清真相，看不清未来。

人终归是要死的，所以，这个世界才那么美好，别处的希望才那么完满。保持这一点觉悟，才让我们始终拥有退身的余地，能够真正退一步海阔天空，能够真正自由地审视这个世界；也才会带着勇气去存在与行动！在这个意义上，会死，是人的一种幸运。

二〇〇八年二月于万柳庄

反对散文，但要普世价值*

——关于唐逸先生作品集《幽谷的风》

在拿到唐逸先生最新作品集《幽谷的风》这套书之前，我预想它是一套沉思录或论说集之类的东西，而不是散文集。这并不是因为在我的观念里，唐先生不善于写散文，而是在我的印象里，唐先生是一个善于沉思的学者。实际上，在这三本文集里，有不少篇章，不管是从论题看还是从讨论的方式看，都不属于散文，而是属于很凝重的学理性文章。所以，我倒更愿意把这套书看做唐先生的沉思集或论说集。

这可能与我对散文的偏见有关，更确切说，与我对学者写散文的偏见有关。据说，中国是一个诗的国度，也是一个散文的国度。从近代以来看，似乎更像是一个散文的国度。不仅是作家、记者、家庭主妇写散文，而且学者们也纷纷写起了散文。从倡导白话文开始，我们很难找到不写散文的学者，写散文甚至成了一些学者的主业。结果是，一些如雷贯耳的“大学者”，甚至被冠以“国学大师”的，我们竟读不到他一本厚重的学术著作，而只能读到他的散文、杂记之类的东西。而今天，写散文似乎更成了一些学者的要务乃至“使命”。有一位现在红透大江南北的“学者”曾在某报撰文说，散文与随笔是学术厚积薄发的最好形式，所以，

---

* 本文原刊于《文景》2009年第5期，在唐逸先生作品集《幽谷的风》出版分享会发言稿的基础上修改而成。

学者们，特别是像他这类自命的大学者们，都应当多写散文、随笔之类的东西，因为他们出经入史、嬉笑怒骂皆成文章。

然而，令人汗颜的是，对于学术—思想界来说，我们真正缺的不是优美的散文，不是鲜活生动的随笔，而是厚重有力的学术著作。如果我们回想一下，从20世纪“五四”启蒙运动到现在，过去了近一个世纪，可是，启蒙运动所倡导的那些理念，诸如民主、科学、人权、平等，特别是自由，却一直未得到学者们真正严肃而系统的思考。相对于层出不穷的学者散文而言，有关这些理念的深入而系统探讨的学术著作却少之又少，甚至简直可以说是没有！而这些理念，却恰恰是今天理解我们自身以及我们自身所处的社会与世界的基础。结果是什么呢？

结果就是，时至今日，为了理解与追问构成当今社会价值核心的那些理念，我们能够越过近一百年来的中国学者，也只能越过他们，而不得不直接去找诸如洛克、卢梭、康德这些“洋老师”。作为后学，我曾经希望能从近代中国学者那里找到理解这些理念的厚重著作，可是，最终我只能失望——我能读到的，更多的是他们的散文。于是，我曾发誓不读学者的散文。

散文作为一种文体，当然无可非议。它永远有存在的理由。甚至，由于它在形式与内容上没有什么严格的限定，是一种最无规定、最为开放的文体，因此，也就注定它会有最多的作者与读者。

然而，也正因为它最无规定，也注定了它最不可能承载严格的学术，最不可能表达系统而深邃的思想。因为学术需要严密的论证，而不是个人一时感受的抒发；思想需要系统的自我规定，而不只是个人生命体验的直接表达。如果一个学者总是以散文来表达他的学术，那么，他的学术的可靠性与严肃性就是值得怀疑的；而如果一个民族或国家的学者只能以散文来表达思想，那么，这表明这个民族的学者还没有真正承担起他本应承担的学术—思想使命，即提供客观的学术与系统的思想，而是仍沉迷于抒发私人情感与片断体验；同时也表明这个民族的思想与理性尚未成熟，因为思想与理性正是在系统的自我规定中走向成熟与客观，走向真正的自由。虽然每个人都是理性的存在者，但是，理性只有通过思想完成系统的自我规定，它才能从喜物悲己的个人遭际中解放，达至自主自律的自由，而臻于客观从容的博大。帮助人们走向自由，也就是帮助人们走向独立自主，走向客观从容，而这也就是走向成熟。只有这种能帮助人们成熟而走向独立自主的自由思想，才是真正有客观力量的思想。这样的思想如何能由散文来表达？这样的思想如何能由沉迷于抒发私人情感与片断体验的"学者"来承担？

回首百年历程，我们学者在有关普世性的基本问题上的思想建构工作，可谓乏善可陈。这固然有多方面的原因，然而，学者们怠于系统性的沉思推究而溺于散文式的激扬文字的文人习性，显然难辞其咎。如果说那些客观方面的原因学者们不易超越，但是这种主观方面的习性却不是不可移易的。实际上，即便制约学者们在学术思想上作出重大突破的客观障碍消除了，如果怠于缜密的深思细究的文人习性不改，学者们也仍会沉湎于抒发情感，而无力提供出厚重的学术思想。

简单说，如果学术不中止散文化，学者不拒斥文人习性，那么，永远不会有真正的学术，更不会有真正的思想。

这并非说，学者不能写散文。写不写散文是个人的爱好与兴趣。但是，作为社会分工体系中一个不可或缺的工作阶层，学者本是共同体中的文化灵魂的承担者。它理应承担的一个使命就在于，向共同体及其公众提供可靠的学术知识与自由的思想体系，以便不仅维护共同体的公正、健康与希望，而且不断改善与提升共同体。因此，作为一个分工阶层，学者的首要任务在于以严肃的态度进行学术研究，以严谨的语言表达学术观点，以严密的论证发表学术著作。为此而行有余力，作文抒怀，则另当别论。相反，如果首要任务尚无建树，却以散文先行，甚至把学者的整个学术工作散文化，那么也就意味学者实际上已背弃了自己的使命，放弃了自己对共同体及其公众的承诺——每个学者在选择学术这个行业作为自己的职业时，也就向分工体系中的其他阶层作出了相互履行分工职能的承诺！至少是在向其他分工阶层做着偷工减料的事情。但是，学者阶层的偷工减料给共同体带来的危害要远远大于其他分工阶层。因为学者工作的散文化，不可避免地将误导公众普遍沉湎于由散文表达的那些庸常而平面的主观世界，并习惯于接受和满足于这种似是而非的主观世界。结果将是，学者的工作不仅无助于共同体公众走向理性与成熟，而且反而妨碍了公众走向理性与成熟。

与我对学者写散文的这种偏见相关，我更愿意把唐先生的这三本文集看作是作者严谨、睿智的“沉思录”。包括《域外话语》中对安瑟伦《冥想录》、巴斯卡《思想录》的翻译，如果译者没有对原作中涉及的那些问题进行深入思考，是译不出那么传神、到位的文字的。实际上，另外两部文集《文化散文》与《文化批评》里涉及的大部分话题，都是很学术化，甚至可以说是很哲学化的论题。比如关于死亡问题的讨论，这是现代存在论哲学讨论的一个重要问题，还有诸如关于科学与人文的关系的讨论、关于自由与普世价值的讨论、关于文化守成与制度创新的讨论等，都是一些很深邃的专论，而像“子书与四书”则更是作者以现代学术思想对经典的重新诠释，无论如何都不属于散文。

在当今的中国学者中，对构成西方文化核心之一的基督教文化精神有真正理解的学者并不算很多，而唐先生无论如何都称得上其中的一位。这使他对许多问题的讨论都具有开阔的视野，有很高的起点。这里，特别让人感兴趣的一个话题，就是他在作品中对普世价值与自由问题的讨论。

有没有普世价值？如果有，那又是什么？这对许多人来说，一直还是一个问题。特别是对那些出于各种考虑而死活都不愿承认，世界上有一种普遍的制度形式，是最能保障每个人基本权利的人们来说，普世价值是一个会经常引起他们噩梦的幽灵。所以，普世价值总是不时成了他们要消灭或追捕的对象，反普世价值的声音不时又一浪高过一浪。

那么什么叫普世价值呢？实际上，所谓普世价值，也可以说就是普遍价值，是人类为了维护自身与完善自身而应当追求也必须追求的理念与希望。它们之所以是普世的或普遍的，就因为只要人类要维护自身与完善自身，它们就是不可或缺的。

如果说生活在不同文化中的民族，不管他们在文化传统、种族归属上有多么大的不同，他们都归属于一个共同体：人类。也就是说，他们有共同的自身、共同的身份，那么，他们也就拥有共同的未来——不断改善了的自身。这在根本上也就意味着，人类有着共同的、普世的价值。如果否定了不同民族之间具有普世的价值，那么也就等于否定了不同民族之间同属于一个类。

如果说在不同民族、不同国家之间不存在普世价值，也就是说，不同民族与国家之间只有不同的价值，那么，这也就意味着，不同民族虽然同属于人类，却总是选择不同价值。但问题是，不同民族如何能够选择不同的价值？按唐先生分析，这恰恰是因为不同民族及其个体都是自由的。自由是一切价值选择的基础。因此，自由是最高的价值，是人类首要的价值。

“生命诚可贵，爱情价更高，若为自由故，二者皆可抛。”表达的就是自由作为人类的最高价值。

因此，如果说人类有什么普世价值，那么首先就是人的自由。换言之，否定普世价值，也就首先否定了人的自由。但是，人的自由不仅是人的一切权利与尊严的基础，而且也是一切道德与法律的前提。否定人的自由，等于否定了一切道德与法律，等于剥夺了人的一切权利与尊严。在这个意义上，从逻辑上说，否定普世价值，从而否定人的自由，其结果只有一个，那就是对人的奴役。

学者，请告别文人角色*

学术有学术的方法，学术有学术的使命，因而，学术有学术的语言与规范。这本来是一个毋庸置疑的问题。

但是，在太多文人冒充学者的时候，在太多没有学者使命意识的人占据着学者职位的时候，学术应不应该有学术的语言与规范，却成为大问题。于是，正当一些学者在呼吁学术规范的同时，另一些"学者"却更加理直气壮地大喊："学术应当随笔化。"稍微委婉者或说，学术应当向日常语言靠拢，因为，日常语言是最易理解也最有创造力的语言。就时下而言，相对于前类学者的"刻板"呼吁，后一类"学者"更游刃有余，也更受欢迎，直说就是更有市场。

的确，当学术单纯成了为稻粱谋，单纯成了博名取利之器，那么要打着学术的旗号干什么都可以。但是，这样的"学术"再有市场，也绝不意味着学术的弘扬与胜利，从近代学术史看，这倒恰恰意味着学术的衰败。我要说的是，正如学术不迁就任何人一样，学术也不迁就日常生活与日常语言；也正如学者不是散文作家，学者不可用创作散文的方式从事学术研究，不可像写散文那样来传达他的学术研究，否则就不会有数学、物理学、哲学等

---

* 本文原刊于《哲学研究》2000年第7期，题为"学术与语言"。

诸多严格的科学。谁也不会怀疑，为了让更多的人了解、熟知各门学术研究的成果，用尽可能通俗易懂的语言来传达、解释学术成果，这是完全必要的科普工作。但是，学术成果有必要普及化，绝不等于学术研究与学术著作本身要放弃自己的语言与规范。迄今为止，已经有不少科普工作者用非常生动有趣的语言向一般读者解释、介绍过相对论，使许多非物理学专业的人也能理解相对论的基本观念，难道能由此断言，物理学作为一种学术研究应当“随笔化”？物理学再也不能用它那套数学化的严格语言？

也许有人会说，数理科学不能随笔化，但人文科学却可以随笔化、散文化。如果承认人文科学只是文人们生存状态的自我展示，只是某种利益的宣告，人文科学的确可像厂家做广告那样，要怎么表达就可以怎么表达，只要能展示自己的“魅力”就行。但是，如果承认人文科学也是科学，因而也有真理性，也负有其使命与责任，那么，人文科学也必须有其严格性与严肃性，也必须有能够保证这种严格性与严肃性的语言。作为一种学术研究，人文科学同样不能因为有必要普及化而放弃自己特有的表达方式。康德的《纯粹理性批判》出版后，曾引起一些读者的批评，指责他的语言晦涩难懂，康德于是写了《任何一种未来能够作为科学出现的形而上学导论》一书，试图用通俗、简洁的语言来表达《纯粹理性批判》一书的基本内容。但是，即使这本“通俗化”了的著作对于读者来说，也绝不可能像读一本所谓“学术随笔”那样轻松。相反，对于大多数读者来说，它甚至依然是一部不知所云的“天书”。对此，康德只好善意地劝告说，请这部分读者不要在哲学这门学术上浪费时间，而把精力花在自己能胜任的其他事情上。这一劝告隐含的另一层意思是：哲学或其他人文科学的通俗化是有限度的。作为学术，它们不可能通俗化为“学术随笔”这样一种“好东西”，以至于只要认够字的人就能享用。只要为了在学术（科学）层面上讨论问题，只要想对自己的思想负责，因而只要为了给自己的思想提供坚实可靠的根据，那么，我要说，任何学术都不可能用随笔化或散文化语言来表达。

这里涉及一个关键性问题，即如何理解“学术”？有“学者”以为，大学者纵横捭阖，出经入史，嬉笑怒骂皆成文章，随笔无损学术。一个人，哪怕他是个大学者，如果他形诸文字的嬉笑怒骂就是“文章”、就是学术，那么这样的“学术”除了是私人情感与自家利益的表达之外，我们不知道它还会是一种什么样的学术。于是，谁最能展示自己的生存魅力与私人的遭遇情感，谁就最可能是一个“大”学者，谁就可能对学术作出了“最大”贡献。这样的学术当然无须有一个独立的学者阶层来承担，一批文人就可以将它包揽。

但是，真正的学术永远需要有一个自由、独立的学者阶层来承担。因为真正的学术乃“天下之公器”。这种公器之为公器，首先在于它对天下人都是普适的，因而是天下人所必须共同遵循与尊重的。而学术之所以能成为这样的公器，不是因为别的，恰恰因为学术只追求真理，不追求别的；只因为学术追求的真理超越一切私家利益与私人情感，因此，学术对于天下人来说，是一个中间者，一个中正者。这种学术的任务不是提供供人消费、享受的“好东西”，而是提供正人正己正天下的尺度或标准，也就是人们常说的人文真理。为天地立心、为生民立命，永远是学术的最高宗旨，也是学者的最高使命。这种学术永远是日常生活必须加以参照的标准领域，因此，学术永远要有自己严格的、尽可能纯粹的语言。

学术当然要对日常生活、日常世界发生影响，但这种影响不应通过迁就日常生活，或者通过学术语言向日常语言靠拢来实现，相反，恰恰要通过学术对日常生活与日常语言的提升来完成。学术对于世人的重要性就在于，学术能提升与匡正日常生活，使日常生活更加合情合理。

相对于学术的这种公正性与标准化品格，学术不仅需要有自己严格的语言来传达，而且要有一个不同于文人的学者阶层来承担。学者不仅独立于私人利益，而且独立于任何特殊集团的利益，他必须既超越私人情感，也超越任何权力话语。这种学者也就是自由的学者。只有自由的学者才能构成一个独立的学者阶层，而真正承担起学术使命。因为只有自由才能使人排除一切利益偏见，而从事物自身去理解事物的存在，从人自身去理解人的绝对权利与绝对尊严，而面对事物本身与维护人的绝对权利，既是一切学术的基础，也是一切学术的使命。对自由的觉悟与维护，使学者能够避免以某种利益言说冒充真理，从而防止以任何真理的名义堂而皇之地肆意侵凌公民个人的自由与权利。对于真正的学者，也即自由的学者来说，任何真理都必须以维护个人的自由为前提，自由与真理的统一是近现代学者的基本原则。

因此，能承担起学术的学者必须首先还思想以自由，还人格以独立。换句话说，他必须告别传统的文人角色。文人之不适合于学术就在于，文人的话语完全取决于服务对象的需要：或者是权力集团的需要，或者是消费市场的需要。文人可以无立场地思考、说话，或者也可以说，文人可以用许多立场思考、说话，这完全视需要而定。一句话，文人的话语完全是利益的言说。但是，学者不为任何私人利益服务，他只为每个公民的绝对权利与绝对尊严服务；学者永远有一个立场，这就是公民的立场，也即自由的立场。学者只站在这个立场上说话，因此，学者的语言必须尽可能纯粹化，也即必须尽可能排除诸如私人情感、私人利益等私人际遇因素，而只听从事物本身的引导，只听从自由理性展开的问题的引导。文人可以信口开河，随笔成文，但学者必须每言谨慎有加，笔重如山。真正的学者不可能也不敢用随笔、散文来写他的学术著作。

这里，无意否认随笔也可以是学术的一种普及方式。但正如科普工作本身并不是科学研究一样，学术的普及方式本身并不就是学术。笼统地倡导学术或学术著作随笔化、散文化，不仅无益于学术的健康发展，甚至将瓦解学术本身，而那种以为随笔就是学术工作厚积薄发的最好形式的"意见"，只能被视为不知学术为何物的信口开河。

关于学术语言问题的讨论，主要缘于对当前学术语言晦涩难懂的不满。要改变这种状况，必须首先澄清造成学术语言晦涩化的真正原因。

语言晦涩化的确有一种情况是作者"食洋不化"而生搬硬套，或者作者对自己课题尚未研究透彻造成的。许多学者对此进行过批评。克服这种情况似乎也简单些：认真消化，深入研究。但是有另外两种情况则要复杂得多。一种是，现代汉语作为书面语言只有不足百年的历史，它从古汉语那里直接承载下来的文化资源更多的只是表层的信息，而在古汉语里积累了几千年的深层底蕴，却在很大程度未能直接转入现代汉语，这使运用现代汉语的学者在很大程度上处在"原创"阶段：当他面对自己的学术课题时，特别是面对一些根本性问题时，少有现成的、蕴含传统思想经验的概念可供他使用，而常常必须自创概念，或者通过翻译西学提出相应概念。因而，这些新概念不仅要能确切地传达学者自己对有关问题的思想经验，而且必须能消化、接续古汉语积累的相关思想经验，否则，任何新概念都会让读者一时难以捉摸。但是，做到这两点本身就是一件相当困难的事情，即使一些大学者如贺麟、牟宗三等做到了这两点，他们给出的新概念乃至他们的语言，也仍未能完全避免原创所带来的那种陌生感。这种困境只有通过学者的原创工作的积累、消化、继承来逐渐克服，别无他途，绝非多写几篇“学术随笔”就能解决得了的。

另一种情形是，学术本身所要求的“晦涩”。但是这种“晦涩”并不是真正的晦涩，它只是对于非专业的读者来说是如此，这种情形最突出地存在于哲学这门学术领域，如上面提到的康德的例子。哲学的对象（问题）、方法要求它使用比其他人文科学更纯粹、更严格的语言，也即更少日常经验、更少日常意义的语言。正因为如此，它对于一般读者来说，比任何其他人文科学都更晦涩难懂。对于这种“晦涩难懂”，干脆说，无法克服，也不用克服。

这里无意为学术语言晦涩难懂辩护，只想指出，笼统地指责学术语言晦涩难懂，并不困难，而乱开药方则只有害处。可以肯定地说，学者如果不能克服各种原因造成的语言传达上的困难，那么将不利于学术发展，不利于发挥其应有的社会功能。但是，如果以为通过学术随笔化，学者们都来“赶写”学术“随笔”，就可以促进学术的发展，就可以充分发挥学术的力量，那么，这更是舍本求末。我们的启蒙工作迄今远未完成，一个很流行的观点认为，救亡压倒了启蒙，使我们的启蒙事业未能完成。但，请联想一下歌德、费希特时代的德国的情形，那时德国也正遭受横扫欧洲的拿破仑军队的占领。回想我们的近代学术史，不是学术随笔太少了，恰恰是学术随笔太多了！像康德、费希特式的那种“晦涩”、厚重的大著作不是太多了，而是根本没有！设想我们的近代学者如果少写点学术随笔，少写点学术散文，而能提供一些像康德、费希特式的那种厚重学术，那么我们的启蒙事业就不至于遭遇如此局面，因为真正厚重有力的思想、学术是任何其他力量压倒不了的；我们今天的学界也不至于把要自由还是要平等这样一些问题，当做目前社会的根本问题而争论不休。因为在启蒙的根本意义上讲，或者说在哲学意义上讲，只是因为每个人都是自由的，因而每个人本身就是目的，每个人的存在才在价值上和权利上是绝对平等的。在一个个人的自由及其生而具有的自然权利可被任意侵害与欺凌的社会里，在一个满街还都被视为草民的社会里，如果学者们不是把如何确立和维护个人的自由权利这一涉及立国之本的问题，而是把如何获得实质平等这一首先是社会政策层面上的问题，当做这个社会要解决的根本问题，那么，这样的学者要么是在转移这个社会的问题，要么就是对人之为人的自由还缺乏真正的意识。这样的学者本身还有待自我启蒙或者“被启蒙”。

当然，历史是不能设想的，但却可以反思。这种反思表明，我们的学者要负起自己的使命，要完成近代学者的未竟事业，他就必须首先把持住他自己——维护学术与思想的独立自由，彻底告别文人角色，学术由此也才能保持为学术。

欧洲给世界带来了什么？*

——评《民主与乌托邦》

近四百年来，是人类打破地理分隔而走向全球化的历史时段。这个过程是由欧洲启动的，也是由欧洲推动的，并且也是由欧洲引导的。所以，全球化虽然是各大洲的交会与碰撞，但是从一开始就带着浓重的欧洲色彩。那么，这个欧洲色彩的主色调是什么？如果我们把全球化看做人类不同族群从“四面八方”走向了“世界”，那么，我们真正问的是，在全球化过程中，欧洲给这个世界带来了什么？欧洲给世界带来的是珍贵的礼物，还是致命的毒药？这类问题从全球化开始就伴随着全人类，并且在思想者那里一再被提起。旅法学者陈彦博士的新作《民主与乌托邦》毫无疑问就会再次在人们心里引发这类问题。[1]

实际上，这类问题既是欧洲自己不得不一再反思的问题，更是所有其他大陆族群首先面临的问题。作为具有本原性文化的大陆，中国的近代史就开始于追问：我们被迫遭遇的欧洲究竟携带着什么？能给我们带来什么？从“师夷之长技以制夷”到“中体西用”观念下的洋务运动，再从“戊戌维新”到“五四”运动的“科学与民主”，直至三十年前的市场经济改革与今天思想界对自由、人权的全方位思考，其实都是这一追问的延续与深化。而这

---

* 本文原刊于《深圳特区报·读与思周刊》2013年5月10日。

1 参见陈彦：《民主与乌托邦》，“启明文丛”，北京，生活·读书·新知三联书店，2013年。

一追问的深化既是对欧洲认识的深化，也是我们自我认识的深化。《民主与乌托邦》里有一篇作者与另一个旅法学者、法兰西学院院士程抱一先生的对话，其中，程先生提到了一个非常有见证意义的观点：一个人正是在与他者进行最高度的交流时，他身上最优良的部分才能发挥出来；同样，当我们进入另一个文化的最深处时，我们也必定能够回到自己文化最优良的部分。

从近代遭遇欧洲开始，就一再有人强烈担心中国在接触、了解、学习欧洲的过程中会失去自己的文化精髓，甚至失去自己的灵魂，所以，总有一些“爱国人士”以“中国魂”守护者自居而树立各种文化敌人，好像中国有一种封闭的、无须与异域文化交往的传统文化。实际上，中国从来就没有这样一种封闭的文化。如果有，那么它一定早已经消亡。因为中华文化是一种本原性的文化，而本原文化作为对绝对性本原的一种觉悟和守护的文化，它恰恰永远是一种开放性的文化，因为作为绝对的源头，本原本身包含着一切可能性而敞开着一切可能性。正因为如此，中华文化才具有力量穿越千年岁月而开辟出了具有世界性意义的历史。它不仅化解了边疆无数强悍的民族，而且化解了具有高度思想力的佛教的挑战，还教化了整个东亚世界，而近代以来更以高超的思想力回应着欧洲的到来。中国的历史在根本上就是中华文化自我展开、自我丰富与自我深化的历史，同时也是与异域文化不断接触与交融的历史。正如中国思想曾通过与佛教的碰撞和融合而达到了一个新的深度一样，通过深入文化欧洲的深处，中华文化不仅不会失去自己，倒恰恰必定会达到一个新的高度。

其实，这部著作的作者陈彦博士与程抱一先生，就是大胆走进欧洲深处的案例，他们以各自杰出的成就见证着通过深入欧洲传统而深入中国传统的道路，见证着通过走进欧洲文化深处而升华自己灵魂、深化自己心灵的道路。实际上，近代以来，具有这种见证意义的个案并不鲜见。从严复、胡适到牟宗三，都是典型的范例。

那么，欧洲深处究竟有什么？毫无疑问，欧洲曾带给世界殖民与战争。如果说一切战争与殖民都是出于追求特殊利益与特殊优越，那么，欧洲曾给世界带来的就是特殊性——特殊主义观念与特殊价值观。但是，这并非欧洲带给世界的全部，我们甚至要说，这并非欧洲给世界带来的最重要的东西。因为欧洲还给世界带来了普遍性，那就是普遍主义原则与普遍价值观，其中最核心的就是自由、民主与科学。这也是欧洲深处最基本的东西。如果有人以为这是老调重弹，那么，我要说，他一定压根儿还不知道自由、民主与科学究竟是什么！

这里需要说明一点的是，关于自由、权利与民主的思想虽然首先产生于欧洲，但是，欧洲首先也只是在各自国家范围内缓慢地实践这些思想，而并没有同时把它们当做全球性的普遍原则来遵循与践行，否则也就不会有殖民统治与贩卖黑奴这类充满血泪与罪恶的历史。倒是基于这些思想的反殖民运动，反过来促使欧洲逐渐自觉地把这些思想当做看待与处理全球关系的普遍原则，并因此加速了殖民时代的结束。

在这个意义上，殖民时代的终结，既与各大洲被殖民者的反抗和斗争相关，也与欧洲殖民者在政治理性上走向成熟、也即走向普遍价值原则相关。作者有篇题为“殖民历史与集体记忆——法阿殖民史反思”的文章，给我们提供了一个直接的历史印证：1962 年法国戴高乐政权与阿尔及利亚民族解放阵线签署了停火协议，结束了法国对阿尔及利亚一百三十二年的殖民统治；不过，这并非因为法国在军事上的失败而不得不退出阿尔及利亚，而是“当时戴高乐政府作出的……顺应世界大势的政治选择”。什么世界大势呢？基于自由的人权、平等、主权在民、政治民主化等原则，成了越来越多国家处理国内与国际问题的法则，简单说，基于自由的那些原则，越来越成为全球性的普遍法则。这就是世界大势！也就是孙中山先生曾谓“顺之者昌，逆之者亡”的世界大势！

正如近代各种伟大的科学发现产生于欧洲一样，有关自由的思想以及基于自由之上的那些普遍原则是由近代欧洲启蒙思想家确立的。不同的是，重大的科学发现大都很快就被用来改造这个世界，但是，那些由启蒙思想家确立起来的自由原则，却需要经过多个世纪的曲折，才在实践中逐渐得到遵循与践履。不过，正如各种科学知识具有普遍性，因此虽然人们可以违背它，却必定会付出代价一样，启蒙思想家以科学方式确立的自由思想与自由原则也同样具有普遍性；因此，哪里遵循并践履这些原则，那里就必定是一个更公平、更正义、更光辉的国度；相反，哪里拒斥乃至违背这些原则，那里就必定要付出不得不忍受一个充满不公、不义的腐化社会的沉重代价——这是近代之前人类几千年来一直付出的代价。如果说一个国度有古代与现（近）代之分的话，那么这个时代分界线不在具体的某一年，而在这个国家的社会政治生活领域里是否开始遵循并贯彻这些自由原则。在这个意义上，我们把这些自由原则看作是国家的现代性原则。

实际上，一个国家或民族，只有当它通过自己的学者精英在思想上确立那些普遍的自由原则时，它才有可能自觉地在实践中遵循并践履这些现代性原则。而当一个国家一旦自觉地践履这些自由原则，那么它将不仅以这些原则作为处理国内与国际事务的普遍法则，而且也将以这些原则作为理解和反思自己的历史与行为的基准。德国与法国在“二战”之后能够对各自历史上的黑暗和不光彩行为作出深刻而令人信服的检讨，它们有勇气直面自己历史上的污点并向受害者作出真诚的道歉，不是因为别的，只因为那些自由原则不仅已被它们的知识精英们确立，而且已成为它们在社会政治生活中努力要自觉地加以遵循与维护的原则。根据陈彦先生在“承担历史黑暗与民族心灵叩问”一文中的介绍，法国在“二战”的贝当政权期间，曾主动在全国搜捕犹太人，把七万六千名犹太人押送到德国纳粹集中营。对于这一不光彩的历史，法国经历了从回避、承认到反思、自醒的过程。1995年时任法国总统的希拉克宣布，法国作为一个国家在这一事件上负有责任。他表示：“法兰西，启蒙思想的祖国，人权的诞生地，……在那个时候却犯下了不可挽回的罪行。她违背了诺言，将那些受其保护的人送交给刽子手。我们对他们欠下了永远不可偿还的罪责。……承认国家也犯过错误，不遮掩我们历史上曾如何黑暗，不是为了别的，仅仅是为了维护人之理念、人之自由、人之尊严。”

这是多么铿锵有力的反思，又是多么令人感动的检讨！然而，如果没有关于人之自由的理念的确立，如果没有关于人之尊严的自我觉醒，因而如果没有自觉地把那些自由原则当做人类普遍的实践原则来维护与贯彻，那么，如何会有这样的反思与检讨呢？比照今日之日本以及东亚世界，这一点不就更显而易见了吗？

第四编
权利的根据

人权的普遍性根据与实现人权的文化前提*

这篇论文要讨论三个问题：一、人权的根据问题，每个生而为人的个体都拥有一系列共同的、不可转让、不可剥夺的基本权利，这是为什么？其根据或理由何在？这也就是人权的根据问题。二、如果说人权是绝对的、普遍的，那么，为什么捍卫人权与维护人权的政治要求与政治实践只是在近代才开始？而直到今天，在我们生活的这片大地上，为什么仍会有一些国家视人权如无物？三、人权的普遍性与绝对性，是否能够直接通向单一民族主权的国家理论？或者说，人权的绝对性能否成为民族主义国家理论的依据？还是与之根本无关？

人权的绝对性与普遍性的根据

在今天世界上的文明国家里，宪法上都写着每个公民都拥有诸如言论—思想—出版的自由、结社—组党的自由、示威游行的自由、迁徙的自由、信仰的自由、免除恐惧与饥饿的自由等自由权。这些自由权利是每个人作为人而拥有的权利，而且是每个人拥有其他权利的基础，所以，它们是基本人权；如果连这些自由

---

* 本文系作者在2010年10月召开的国际人权会议上作为特邀嘉宾的发言。原刊于《江苏行政学院学报》2011年第1期。

权利都得不到维护，那么其他一切权利都不可能得到保障。

这里，我要特别强调的一点就是，这些自由权利是每个人作为人而必须拥有的。因为它们是每个人享有人格尊严与社会公义的前提。任何以其他权利，比如生存权、发展权来取代前面这些基本人权，或者把生存权、发展权放在优先于基本人权的地位上的做法，都是对人的尊严的威胁与否定。因为基本自由权本身就包括生存权与发展权，而生存权与发展权却不包含自由权，因此，如果把生存权或发展权置于那些基本自由权之上，那么，结果很可能会是：人们虽然拥有了生存权，却是生活在牢笼里面，而牢笼里不管多么安逸，却永远都没有人的尊严；同时，虽然人们可能的确置身于发展当中，却发现是“被发展”了，因为那并不是人们所愿意看到的发展，比如环境的迅速恶化、贫富的极度悬殊、社会公义的极度稀薄，等等。

所以，我们要说，自由权是每个人最基本、最优先的权利。

现在我们要问：个人的这些基本自由权利是来自什么地方呢？

人们可能会说来自宪法呀，是宪法赋予我们这些基本自由权的。但是，我们要问，宪法又来自什么地方？宪法规定这些权利的根据是什么？

如果我们对人的权利进行划分，那么人有两种权利，一种是自然的权利，即那些先于一切法律契约关系的权利；另一种就是获得性的权利，即通过法律契约得到的权利。那些基本的自由权就属于自然的权利。宪法只是以明确的条文确认了这些自然权利，而不是赋予这些权利，相反，对这些自然权利的确认，倒是构成了宪法本身的正当性的根据。近代以来，所有文明国家的宪法之所以首先要确认这些自由权，就在于首先要确立宪法本身的正当性根据，从而确立国家制度本身的正当性理由。在这个意义上，我们甚至可以说，肯定与确立那些基本自由权的权利法则，构成了近代以来文明国家的立国原则。

既然这些基本的自由权不是来自宪法，那么来自哪里呢？

从哲学上来说，这一问题的唯一答案只能是：每个人这些绝对的自然权利就来自他的自由存在。

每个人的自由权来自他的自由存在，这看起来是一个同语反复的答案。其实不然。

这里我们首先要简要澄清自由本身与自由权的区别。这是人们在思想上和语言中经常会搞混的两个不同层次的概念。当我们说，每个人都有基本自由权时，我们实际上是指每个人在进入政治社会后，在与国家和他人的关系上所拥有的一种行动空间，所以，自由权以及任何其他权利，都是一个人的一种政治关系属性，一种政治关系中的存在。而自由本身，则是指每个人作为个体而能够独立自主地存在，也就是能够完全从自己出发决断自己的生活与行动，而不受任何外在的原因或意志的决定。这种独立自主的存在就是一种自由存在，它是先于一切政治关系的存在，甚至是先于一切伦理社会与伦理关系的存在。所以，我们也可以把这种自由存在看作是每个人进入关系前的一种本原身份，是每个人的本相。

从实践哲学角度说，这种自由存在首先意味着，我们每个人都具有这样一种潜在的能力，这就是能够完全从我们自己的理性出发，规定我们自己的意志，从而决断我们自己的行动与生活。换句话说，我们拥有这样一种理性能力，这种理性能力能够成为我们自己的行动的最后原因。它使我们能够从一切自然的因果关系中跳跃出来，能够中断、摆脱一切自然的因果必然性，而只从理性本身出发，给出行为的最后根据，给出行动的最后原因，也就是给出自由因。简单说，理性使每个人都能成为自己行动的主人，使每个人能够以独立自主的方式存在。这就是自由存在。

这种实践意义上的自由拥有两种否定性力量：一种是能够拒绝一切外在的强制性要求（包括自然因果性发出的必然性要求与他者发出的服从要求），也就是能够对一切服从的要求说“不”，包括对上帝的命令说“不”。

另一种否定性力量就是能够抗拒一切诱惑，能够对一切诱惑说“不”，不管这诱惑是多么强大迷人。我们每个人时刻都会面临着声色货利、安闲逸乐的诱惑，但是，我们的理性，我们的自由，使我们有能力抵抗住这些诱惑。

自由的这两种否定性力量，使我们拥有一种积极的、肯定性力量，那就是能够无视一切因果性关系，无视一切外在的强制性因素，而只从我们自身的纯粹理性即自由意志本身出发，给我们自己颁布普遍法则，并坚守这些普遍法则。一切真正的道德法则，都是出自我们的理性，出自我们的自由存在，而不来自任何其他地方。

这意味着，**人的自由构成了我们人类的一切道德法则的前提与基础**。一切道德法则都是一种禁令或劝令，它们都以“你应当如何如何”或“你不应当如何如何”这样的表达形式向人们下命令。但是，如果人不是自由的，因而也就是说，人的一切行动都是按前因后果这种因果性关系必然发生的，那么，一切禁令与劝令都将变得毫无意义而立即瓦解。因为既然人的一切行动都是必然要发生的，那么向他下命令说“你应当如何如何”或“你不应当如何如何”，就无异于对一块石头说“你在水里不应当往下沉沦”一样荒谬。所以，一切道德法则都必须以人的自由为前提。

我们知道，我们的整个人类生活都是建立在一系列伦理—道德法则之上，没有这些伦理—道德法则，我们的整个生活都将瓦解而陷入混乱。我们井然有序的共同体生活表明，我们的一系列伦理—道德法则，直至一系列法律规则，都是客观有效的，它们构成了我们整个人类生活的基础。但是，既然一切伦理—道德法则都以我们的自由为前提和基础，那么，伦理—道德法则的存在及其客观有效性则反证了我们是自由的，反证了我们拥有纯粹理性、即自由意志这种超越性能力。如果说，我们人类生活离不开道德与法律，那么，这也就意味着人类向来就是自由的，向来就是存在于自由中。

我们是自由的，首先意味着我们每个人都是一个自由存在者。自由者是我们每个人的第一个身份，我称之为本相。每个人之为每个人自己，就在于他首先是作为这个不可替代、不可让渡的本相而存在。

从每个人是自由的，我们可以推导表明人类个体存在之绝对性的三大绝对法则，首先就是与我们的讨论相关的“绝对的权利法则”。

因为每个人是自由的，因此每个人赋有这样一种权利空间，那就是：他必须被允许根据他自己的意志生活、行动，只要他的行动不妨碍、反对他人同样的行动。这样的权利空间，也就是必须被允许的行动空间（这里要注意的是，这里的“必须”是对允许者的强制性要求，而不是对被允许者的强制性要求。简单说，这里的“必须”是权利主体的权利，而不是对他的要求）。每个人只要是在这个权利空间内行动，那么他的一切行动都是正当的、合理合法的，别人不能干涉的。对这样的行为空间的否定或取消，也就是对一个人的自由存在的否定。由于每个人天生就是一个自由的理性存在者，因而他天生就拥有这样一种按自己意志行动的自由权利空间。

这一权利空间是每个人的一切自然的权利（即那些先于法律契约关系的权利）与一切获得的权利（即通过法律契约得到的权利）的全部根据。也就是说，一个人享有的任何权利，不管是宪法里确认的那些自由权利，还是其法律规定的权利，都只有从他天生拥有的这一权利空间那里得到最后说明。

每个人的自由的绝对性使他的权利空间具有绝对性，由此使他拥有的那些基本的自由权利具有绝对性，是任何他者不能剥夺、不能替代的。

这是基本人权的绝对性根据问题。

实现与维护人权的文化前提

我们生活于其中的自然世界有各种规律，但是，我们并不一定就认识这些规律。实际上，我们是在漫长的历史过程中才逐渐认识其中的一些规律。迄今为止，仍有无数自然规律不为我们所知。不过，我们今天的生活世界就是建构在这些已知的、由各门科学知识揭示的规律之上。

同样，我们每个人生而自由，但是，人们并非生而就觉悟自己是自由的，因而也并非一开始就意识到自己拥有不可剥夺的人权。这正如我们对自然世界的各种规律的认识一样，我们也是在近代通过启蒙运动才逐渐认识到，我们每个人都是生而能够走向独立自主的自由存在，因而每个人都拥有那些基本的自由权利。

而我们今天生活于其中的、具有正当根据的共同体，都是建立在保障与维护这些自由权基础之上。

通过对近代政治学说史的考察，我们会发现，正是对自由存在与自由权利的普遍觉悟，才推动人们去思考如何捍卫与维护人的自由与权利。由于人类个体既是自由的，同时又是生活于共同体里面，每个人的生活都离不开共同体，所以，对于普遍觉悟人的自由存在的近代政治学说而言，共同体，特别是国家，如何保障与维护每个成员个体的自由以及因这自由而拥有的那些基本的自由权，也就成了它们的核心问题。对于近代政治理论来说，作为人类生活中最重要的共同体，国家的首要任务就在于如何保障与维护所有成员的基本自由权以及基于这些基本权利的基本利益。它们关于国家组织形式的构想，关于国家权力的分解与制衡的设计，都是围绕着国家如何完成这一首要任务进行的。我们甚至可以说，权利法则，构成了近代国家理论的立国原则。近代政治学说对民主共和体制的普遍向往，并非因为民主共和制度能富国强兵，而是因为它最能捍卫和维护人的自由与权利。也就是说，作为一种国家制度，民主共和之所以值得人们追求，并非因为民主本身有什么最高价值，而仅仅因为与所有其他国家制度相比，它是维护和实现被普遍觉悟的自由与人权的最可靠途径。

这意味着，只是因为近代启蒙运动对自由与基本人权的普遍觉悟，才开始了捍卫人权与维护人权的政治要求与政治实践。如果没有启蒙运动开辟了以讨论、理解、确认人的自由与权利为核心的启蒙文化、启蒙思想，那么，我们根本无法想象近代以来人们对民主政治为什么会有如此强烈的向往，对国家权力的分解、制衡为什么会有如此坚定的执着，当然也就无法理解近代以来为什么会出现各种朝向民主政治的政治改良与政治革命，也无法理解无数试图摆脱压迫与独裁的人类解放运动。

我想说的是，捍卫人权与维护人权的政治要求和政治实践，是有文化前提的，那就是文化启蒙。所谓文化启蒙，就是开创、培养一种启蒙文化，其核心在于使人们生活于其中的文化走向对人的自由以及基于这种自由的绝对尊严、绝对权利和绝对责任的自觉与认识，成为维护人的自由与权利的自觉精神，从而成为维护人本身及其信仰的纯洁性与神圣性的自觉力量。唯有处于自由状态，人才会有真正纯洁的、神圣的信仰，因为唯有自由，人们的信仰才会是出于真诚与虔敬，而不是出于对面包的需要，不是出于对权威的迷信，也不是出于对利剑的恐惧。所以，可以简单说，启蒙文化的根本标志就是对人的自由存在达到这样的自觉，即足以使对人的绝对权利、绝对尊严的绝对责任的承认与维护，成为一种自主的、不可避免的坚定要求。

任何一种人们生活于其中的文化或传统，如果尚未转化为一种启蒙文化，尚未达到对人的自由本质的深切自觉与系统认识，那么，在这种文化传统中，捍卫人权与维护人权就不会成为自觉的政治要求，更不会成为自觉的政治实践。换言之，在前启蒙的任何一种文化传统中，对保障与维护人权的政治要求，只能是一种“被要求”。但是，任何一种文化传统都只有通过文化启蒙，才能转化为一种启蒙文化。而如果说文化启蒙的核心就在于对人的本相身份、即自由存在的绝对性的自觉，那么，任何一种传统文化的启蒙—转化，都只有通过文化的真诚对话和思想的自由式交流，才是可完成的。武力与强制可以造就各种精神后果，唯独造就不了对自由的觉悟与认识。

这在根本上意味着，在一个前启蒙的文化世界里，文化对话与思想交流，是实现人权的最恰当、最持久、也最有效的途径；任何以武力在这个世界里推行民主与人权的努力都不可能成功，也是与人权、民主的精神背道而驰。因为民主之所以值得向往，人权之所以需要维护，其全部理由仅仅在于我们每个人都是自由的。因为我们每个人都是自由的，所以我们每个人的生命都是神圣的、不可替代的，我们每个人的存在本身就是目的，所以，没有任何伟大的事业，能够以牺牲任何个体的生命为代价，而任何武力的干涉都不能保证不牺牲无辜的个体。

不过，我这里同时要强调的是，正如近代自然科学的成就是对自然世界的认识的巨大推进一样，近代启蒙文化对人的自由本质的深切觉悟，则是对人的自我认识的一个划时代的推进。不管是作为类存在，还是作为个体存在，对人的独立自主的自由本质的深切自觉，都是人走向成熟的标志。所以，启蒙被康德看作是人走向成熟必经的一个“关口”，一个出路（Ausgang）。在这个意义上，启蒙文化是所有文化的出路。不管一个文化传统多么伟大深厚、多么悠久辉煌，如果它要在今天仍发挥积极的、有助于人们走向成熟的教化作用，它就必须能够展示启蒙精神，或者能够与启蒙精神进行有效的对接，简单说，就是必须接受启蒙的洗礼而成为一种启蒙文化。

这在根本上意味着，正如人们不能以武力推行人权与民主一样，人们也不能以文化传统的差异为借口拒绝人权、拒绝民主。因为无论各种传统文化有多么大的不同，它们都有一个共同的、必经的关口。任何以传统文化的独特性作为拒绝人权与民主的理由，都是对传统文化的亵渎，因为没有一种能传诸久远的文化是反自由、反启蒙的；任何一种悠久的文化都隐含着启蒙的精神，都遥远而朦胧地朝向对人的自由本质的觉悟。简单说，任何一种真正的传统文化都在于教化人而使之“成人”。

这里，我想附带指出的是，自由、民主和人权这些理念，首先是由西方思想家提出来的，但是，他们表达的并非只是西方文化中特有的东西。因为这些思想家是以科学的形式确立起这些理念，对这些理念进行了详尽的学理论证；他们表达的是人类对自身达到的一种新的认识，而绝不是一国一族的利益，更不是某一阶层的利益。自由、民主、人权思想能够在西方国家、然后在全世界逐渐传播，成为几个世纪以来全人类社会改造运动（包括反殖民运动）的理论根据，正是因为这些思想把人类的自我认识、自我觉醒推进到一个新的历史阶段，从而推动人类根据这种自我认识去改善社会，改善自己。因此，这些理念虽然来自西方，但是，并非只适合于西方；正如近代数学和近代自然科学产生于西方，但并非只能应用于西方一样，自由、民主和人权思想作为人类达到的一种新的自我认识，也同样适用于全世界任何有人类的地方。我们没有任何理由不像接受近代数学和近代自然科学知识那样，接受自由、民主和人权这些思想，除非我们能否定我们自己是自由的，或者我们承认自己天生就是供人役使的奴隶，甚或只是“会说话的牲口”。

人权与民族主义的国家理论

在民族主义国家理论的诉求里，标准的民族国家，是基于种族与文化同一性的单一民族国家。

但是，我们知道，所谓民族国家，这本是欧洲 17 世纪“三十年战争”的产物，或者更确切说，是《威斯特伐利亚和约》的遗产。这“三十年战争”既是起源于不同教派之间的冲突，也是起源于世俗政权与教会权力之间的长期矛盾。战争结果实际上是以受到新教派影响与支持的世俗政权的胜利收场。所以，《威斯特伐利亚和约》的一个影响深远的核心内容就是：承认基督新教的合法地位，确认信仰自由；而更重要的是，承认并确认了法国、瑞典、荷兰、瑞士以及一系列世俗政权单位拥有包括领土、外交在内的主权。这一般被看作是民族—国家主权确立的真正开始。如果我们的确可以把《威斯特伐利亚和约》看作是民族国家确立的开始，那么，显而易见的是，这里有两点值得关注：

第一，这里首先是有了事实的政权实体，才被确认为一个民族—国家的主权单位，也就是说，先有政治共同体，才有作为民族—国家的共同体。

第二，这里作为主权实体出现的国家并非由基于种族与文化同一性的单一民族构成。实际上，在现实中也很难找到真正由单一民族构成的主权国家。因此，我们可以说，在“民族国家”这个概念里，“民族”更多的是一个政治的与法律的概念，而不是种族的和文化的概念。这就如我们说，奥巴马是美国人，辛格是印度人一样，当我们这么说时，我们标明的是奥巴马与辛格的法律身份，而不是他们的种族与文化背景。也就是说，“美国人”作为组成美国的一个主权民族，“印度人”作为组成印度的一个主权民族，只与他们是一个主权国家（美国、印度）的国民相关，而与他们的种族、文化（如信仰、语言等）无关。

在这个意义上，我们要进一步说，所谓“单一民族国家”实际上首先只不过是一个基于政治与法律的构造物，而不是基于种族与文化上的同一性。

但是，随着近代民族主义与种族主义的兴起，作为法律构造物的单一民族国家，有意无意地被误解或替换为基于种族与文化同一性的单一民族国家。于是，“每个民族都有自决与自治的权利”这一命题，也就成了民族主义国家理论的一个核心原则，并被要求作为一条普遍法则得到维护与实践。而当人们把它与人权联系起来以后，建立基于种族与文化同一性的单一民族国家，似乎也就获得了更正当的理由，并也由此获得更强大的推动力。结果就是，一个原本已成了民族国家的主权实体，其内部一旦出现民族矛盾（因为现实的民族国家多是由种族、文化上有差异的不同民族构成的），那么分裂也就成了正当的选择，在民族主义情绪高涨的地方，分裂甚至成了唯一正当的选择，哪怕通过战争也在所不惜；而任何试图阻止分裂的努力，都被指责为违背人权。人权理念似乎能够与民族主义的国家理论一道成了分裂主义最重要的武器。

但是，人权理念与民族主义国家理论并无逻辑上的必然联系，也就是说，人权并不构成单一民族的主权诉求的理由。

这首先是因为，从人权角度来说，人权是普遍的、绝对的，它超越所有民族、所有文化、所有地域，与任何意义上的民族或种族毫无关系。任何个人或族群在任何地方，哪怕在外国，都可以提出保障与维护自己的人权的要求，而无须考虑自己的民族、文化甚至国家的归属。也就是说，人权只与每个个人的绝对权利、绝对尊严和绝对责任相关，而与民族利益、民族属性无关。因此，在人权得到保障与维护的地方，人权并不构成作为一个民族的利益群体的其他诉求的理由；而在人权没有得到保障与维护的地方，那一定是一个所有民族、所有族群、所有个人的人权都没有得到保障与维护的地方，因此，在这种地方，基于人权的首要诉求是改善或改变政权实体的制度管理模式，而不是分裂政权实体。不管是理论上还是经验事实上都表明，分裂政权实体并不必然带来人权的改善，相反，倒很可能带来人权灾难。在没有启蒙文化作为前提的地方，对政权实体的任何分割都更可能带来混乱，而不是人权状况的改善——如果的确改善了，那只是偶然。因为只有准备好了启蒙文化的地方，保障与维护人权，才会成为必然的诉求。

而从国家主权的角度看，国家主权来自公民对自己的权利的让渡，也就是来自公民对保障自己不可让渡的基本自由权与维护公共利益的权利的让渡。但是，一方面由于让渡方的这些权利是普遍的，与让渡者的民族、文化属性无关，因此，这些权利本身并不指向某个特定的民族来承担它们；另一方面让渡方之所以把权利委托给了接受方，也就是因这种接受而成为主权承担者，只需基于对他们的忠诚、能力与承诺的信任，而不必基于他们的种族与文化的属性。在这个意义上，主权承担者或代表者与种族、文化属性无关。所以，从人权可以推导出，每个民族的个人都有权成为自己的国家主权的承担者与代表者，这也就是通常所说的被选举权；但是，从人权却推导不出一个国家的主权者一定要由属于某一民族的人们来承担或代表。

因此，人权与单一民族主权理论并无关系，更不能成为这一民族主义国家理论的根据。这意味着，在人权不良的地方，改善人权这一伟大事业的方向不在于分裂既有的政权实体，确立众多单一民族的主权国家，而在于促进政治管理制度的改善，在于开创或造就启蒙文化。

二○一○年十月于清华新斋

何谓"真正的精英"？*

——与质疑者的对话

在香港访学这段时间（汶川地震之后）陆续收到友人关于民营企业家的质疑。他们不约而同地都以最近被称为"王石捐款门"事件为依据，而他们之所以向我提出质疑，是因为我曾一再主张，中国未来的民主需要学界精英、政界精神与商界精英在民主理念上达成最低限度内的共识，才能完成；在这个过程中，商界精英，特别是民营企业家，将会扮演举足轻重的角色，他们将会最先跟进学界精英的民主理念。因为他们在利用各种腐败权力进行财富累积的同时，也时刻承受着腐败权力的威胁与损害。被财富强化的自我意识，使他们在面对权力腐败给他们带来的不公与可能威胁时，能够切身意识到自己的公民权利与社会权利，进而意识到一个维护与捍卫普遍公民权利的社会，对他们才是最有利、最公平的。所以，他们会成为推动中国民主化的一个现实力量。

朋友们的质疑不是王石捐款的多寡，也不在于他有没有爱心或良知，而在于他对公司员工的限制：所有员工为灾区捐款不得超过十元人民币。在朋友们看来，无论这一限制出于什么考虑，它都最赤裸地表明，像王石这样的民营企业家，在他们的头脑里，压根儿就没有关于个人有什么不可替代、不可损害的公民权利的

* 本文原刊于《社会科学家茶座》2008年第5辑。

意识，更没有关于私人空间与公共空间的界限意识。

为遭受不幸的他人捐款，这本来完全是自愿自为的，纯属私人领域的个人事情，捐与不捐，捐多捐少，完全是个人不可干涉的权利。任何个人和组织或机构，都不能以任何理由要求或限制个人捐款。对个人捐款行为上的任何强制和限制，实际上都是对个人的普遍自由权的损害，是对私人空间的野蛮入侵。这在性质上与法理上有甚于对他人的私有财富的公然侵占。所以，朋友们对王石捐款事件的不安与愤怒，不在于他个人捐多少——在这点上，他们非常尊重他的个人决定，而在于他对他人的普遍公民权利的蔑视，在于对员工私人空间的入侵。

的确，如果一个企业家如此限制自己公司的员工，那么，这也就意味着，在他眼里，他可以随意闯入员工的私人空间，干涉员工私人领域里的事情；在他眼里，只要是他下属，只要是在他管辖范围内，他人都没有什么不可入侵、不可挤压的个人权利与个人尊严，他的权力没有边界，想在他人身上延伸多远，就可以延伸多远；在他眼里，他与其员工的关系首先是统治者与被统治者的关系——一种前现代性的管理者与被管理者的关系——因此，他会自认为，自己是人上之人；他不仅在权力上大于他人，而且在权利上多于他人，在尊严上高于他人。而所有这一切，都仅仅因为他拥有了比别人多的财富。

所以，在朋友们看来，在中国的现实环境里，个人财富的累积在民营企业家心里唤起的，似乎更多是人上人的狂妄感与肆意侵入他人私有空间的统治欲，而不是健全的自我意识。财富在他们身上催生的似乎只是粗鄙的情欲，而不是神圣的权利意识。当他们从腐败权力得到好处时，并没有警觉，这种腐败权力于他们而言是一把双刃剑，而是一心一意奉迎上去，与它拥抱，甚至渴望与其融为一体；而当他们受到腐败权力的不公与损害时，在他们的意识世界既没有激起对这个腐败权力的反思，更没有唤起他们对个人的绝对而普遍的公民权利的自觉，从而率先完成向公民人格与公民身份的转变。相反，他们倒是常常把这种不公与损害以某种变态的方式转嫁给自己的下属，转嫁给社会。对于这样的商业阶层，人们还能寄予什么希望吗？

不过，朋友们的质疑并没有完全改变我的主张，只是让我觉得需要对商界进行甄别，严格界定商界精英，也就是区分商界的暴发户与真正精英。正如学界精英与名气大小无直接关系一样，商界精英也并不以财富的多寡来衡量。如果说，学界精英并非等于那些暴得大名的文人，而是那些具有独立人格且能自由思想的学者，那么，商界精英首先也不是那些暴发户，而是那些在个人财富累积过程中，同时完成了公民人格的确立与公民身份的转变的民营企业家。所谓“公民人格”，也就是在一个共同体（如国家）里拥有普遍权利、普遍责任与普遍尊严的自由个体。公民人格的确立，就是在自己的内心世界里真正意识到自己作为共同体里这样一个自由个体，拥有与所有其他成员一样的普遍权利、普遍责任与普遍尊严，从而自觉地承担并捍卫这些权利、责任与尊严。一旦确立起这样的公民人格，他们也就会认识到，他们作为一个自由个体而拥有的权利与尊严，也是所有其他自由个体拥有的权利与尊严，因此，他们知道，他们与其他任何个人的关系，包括与他们的员工的关系，首先是在尊严与权利上完全平等的关系；这样的个人权利与个人尊严是不可替代、不可损害的。换个角度说，公民人格的确立将使他们懂得，不管他们拥有多少财富，他们都不能把自己手中的权力延伸到下属的个人自由权领域，也就是员工的私人领域。简单说，公民人格的确立将使人们懂得，人与人之间有绝对不可越过的界限。一切人际关系，都必须遵循这个界限，必须在这个界限之间建立起来。

实际上，当商界精英这样确立了公民人格，也就在观念世界里真正完成了从草民身份向公民身份的自我转变。这样的民营企业家才配被称为商界精英：因为他们在自己的精神世界真正完成了身份转换，从而提前进入一个新的时代，也即一个公民社会的时代。因此，他们才可能成为中国民主化过程中一个现实的力量，成为开辟中国新时代的一个积极力量。

在公共政治权力没有得到实质性分解的传统社会里，由于权力的产生与更替都是由权力本身决定的，而与共同体成员无关。所以，社会实际上只有两大阶层，这就是权力阶层与无权阶层。所谓权力阶层，也就是权势集团，它包办了共同体所有权力的产生、分配与更替。所谓无权（力）阶层，自然就是指所有那些被排除在共同体所有权力的产生与更替之外的阶层。由于它被拒绝参与共同体权力的产生与更替，所以，它也就不可能对权力的运作进行任何监督。商界富豪和一切有产者虽然可以以金钱租用权力，但是，就他们也被排除在权力本身的产生与更替之外而言，他们与无产者一样属于无权阶层。

相对于权力阶层以及被它包揽的权力体系来说，无权阶层是一个没有自由意志需要行使的阶层，或者说，是没有资格行使自己的自由意志的阶层。因而，在共同体里，它就是一个没有意志、没有位（人）格的稻草人阶层。这个阶层在中国古代有一个非常形象的称呼，就是草民。在还没有启蒙或启蒙还没有完成的国家或民族里，无权阶层不仅在有权阶层的权力意识里是草民，而且它在自己的意识世界里也没有拒绝强加给它的草民身份。因此，在前启蒙一前现代的社会里，只有统治者与被统治者，只有官僚与草民。换言之，前启蒙的社会是一个"草民社会"，而不是一个"公民社会"。启蒙（思想启蒙与制度启蒙）是草民社会向公民社会迈进的根本性前提。因为只有通过启蒙，才能真正确立起公民人格。只有当社会精英，特别是学界精英、政界精英与商界精英都确立了公民人格，现代性的民主政治才可能真正建立，进而才能通过制度本身去带动共同体所有成员的自我启蒙，完成公民人格的确立与担当。

就商界而言，精英与暴发户的区别不在于财富的多少，甚至也不在于所受教育的高低，而在于是否在自我意识里完成公民人格的自我确立与自我担当。这种商界精英与其他领域的精英一样，虽然他们所处的社会可能仍是一个草民社会，也就是说，他们在权势集团眼里仍是草民身份，但是，他们在精神世界与现实生活里坚决拒绝这种草民身份，并尽一切可能维护和捍卫自己的公民人格与相应的公民权利。由于真正完成了公民人格的自我确立与自我担当，这样的商界精英真正懂得，财富可以购买金子，但是不能购买公民人格以及相应的人格权利和人格尊严。因此，财富无法泯灭人与人之间的界限，这个界限就是公民人格，也就是自由个体以及相应的绝对权利与绝对尊严。同时，他们还懂得，只有在权力受到有效分解而难以租用的社会里，才是最有利于累积与保护他们财富的社会。所以，他们不会因为自己的富有而想当人上人，不会因为自己的财富优势而没有限度地延伸自己的权力。凭恃自己的财富而任意将自己的权力伸入员工或他人的私人空间的行为，都有甚于土财主随意大摆宴席的摆阔之举。

对于中国民营企业家——他们是中国商界的中坚与未来，虽然那些显山露水的，很可能相当多仍是些暴发户，仍没有完成草民向公民的自我转变，但是，我仍相信，现代商业活动与学界的思想努力仍会催生一批能完成公民人格自我确立的、真正的商业精英。即便是那些暴发户，也未必就不会向精英转变。所以，对于中国民营企业家，我仍抱乐观态度，仍抱有希望，正如我对中国未来民主抱有希望。因为这种希望是思想本身打开的。

二〇〇八年五月于香港

我们是否需要一种权利形而上学？*

——与徐友渔教授的对话

一个外邦人到了一个陌生的国度，他的服饰举止、言谈习惯对于这个陌生国度的人们来说，无疑也同样是陌生的，他们甚至对他的国家——如果有的话——一无所知，以致他好像是从某个神秘的地方突然冒出来似的。但是，面对这个外邦人，不管人们有多么惊讶，他们无论如何也不会像害怕诸如虎豹豺狼之类的捕食动物那样，仓皇逃遁，或者相反，像食肉野兽那样猛扑上去猎食这个外邦人。因为人们首先会把他当同类来对待。既然把他当同类，那么，接下来该如何对待他呢？该把他驱逐出境，还是让他留下来？简单说，他享有什么样的权利？不管他享有什么样的权利，其前提都是人们把他当同类。所以，一个更根本的问题是：人们为什么会把他当同类？这是如何可能的？

这是费希特在《自然法权基础》一书中设置的一个场境和由此引出的问题。其实，每个人对于他人都是一个陌生的外邦人，而他人对于每个人也是一个陌生的国度。所以，那个外邦人能有的权利，也就是每个人应有的权利。费希特称之为每个人作为“世界公民”天生就有的权利。这就是：每个人都必须被允许与他人建立某种合法关系；或者说，每个人都有权要求与他人建立某

---

* 本文原刊于《博览群书》2005年第5期，此前曾收录“费希特《自然法权基础》座谈会纪要”。

种合法的关系。这种“世界公民”的权利也就是一个人享有的原初的人权之一，它先于一切法律契约，并使一切法律契约成为可能，因而是每个人可能获得的其他各种权利的根据。

问题是，每个人为什么都具有这样的权利？他从什么地方获得这种权利？是从宪法吗？但是，这样的权利先于包括宪法在内的一切法律契约。的确，在一个共同体里，人们的一切权利都可以被视为来自宪法，但宪法又来自什么地方？或者更确切问，宪法的根据又是什么呢？人们凭什么制定这样的宪法而不是制定那样的宪法？根据某个阶层或全体公民的最大利益吗？可是，根据什么来判断这个阶层或全体公民的最大利益？从经验领域，比如从常识或所谓共识，不可能回答这些追问。因为常识可能是错误的，共识有可能是野蛮的。这意味着，必须从经验领域之外，即从形而上学或第一哲学所处理的超验领域去寻找人类一切权利的最后根据。如果说政治学就是关于公民权利的制度安排的科学，那么，政治学最后必须以形而上学或第一哲学为基础。否则，一切政治学就只不过是一套应景的权宜之计。由康德开创的整个德国超验哲学传统，对于政治学和法学而言，如果说有什么特别贡献的话，那就是它开辟了一条为政治学和法学寻找第一哲学论证，从而为它们奠定可靠基础的可能性道路。

在刚才的发言中，徐友渔先生认为，政治学并不需要寻求形而上学（哲学）的基础，而只需以当代人类在政治实践领域达成的共识为根据；形而上学是多元的，而作为制度安排之根据的政治共识则只有一个。因此，形而上学对于政治学及其理念在现实中的落实来说都是一个多余的东西。这一观点实际上也代表了相当一些研究政治学特别是研究英国政治学的学者的观点。我一直十分敬佩我的同事兼朋友徐友渔先生的学问、气节和政治理念，但是我也一直不赞同他对形而上学与政治学关系的看法。

的确，人类在各方面都会达成各种共识，最广泛的共识也就成为所谓“主流意识”。在政治领域同样如此，在这一领域，根据主流意（共）识来进行制度安排的国家被称为主流国家，由这样的国家组成的社会被称为主流社会。但是，一个国家制度的正当性与合法性难道就来自一种政治上的主流共识？或者说来自一种主流的政治理念？这岂不意味着一个国家只要会赶国际政治的时髦就能担保自己的正当性？一个曾经是非常现实的问题是：在我们这个星球上，正好有两种把这个世界上的人类分成两个旗鼓相当的阵营的政治共识或叫政治理念，我们这些陷于正当性纷争的当事人如何来判定自己所接受的制度安排是正当的，而另一个阵营的人们生活于其中的制度是不正当的？即便有一种政治理念成为大多数人和大多数国家的一种共识，这种政治理念也不可能单凭这一点，就可以为以它为根据的制度安排提供出正当性理由。在当今世界的某些角落，把形而上学排除在自己视野之外的政治学必须面对的一个现实而迫切的问题是：对于那些迄今仍拒绝接受被主流社会当做共识的政治理念的国家及其领袖们，人们该怎么办？难道政治学家们只能对他们说：“这是当今人类在政治领域形成的共识，你们必须接受，否则你们就是异类，就是不文明，就没有正当性？”可是，这些异类们却同样可以振振有词地回应道：什么人类共识！那至多只是“你们”的共识，而不是你们与我们之间的共识，更不是“我们”的共识；在我们（哪怕是少数）没有认同与接受的情况下，你们有什么权利声称，你们的共识就是人类的共识？而我们的共识就是野蛮的、不文明的？

显然，人们不可能、也没有理由单凭一种政治理念成了大多数人的共识来要求人们去认同和接受这种政治理念。因为一种政治理念的正当性与它是否成为人们的共识无关。一种具有正当性根据的政治理念的确具有成为共识的必然性，因为它符合人的本性，首先是符合人的理性的展开和发展。但是，我们却不能由一种政治理念成了共识就推断它具有正当性，因而人们必须认同和接受它的制度安排。对于所有政治学来说，一个它无法回避的根本问题是：它所主张的制度安排的最后根据或最高原则是什么？政治学本身可以止于自己的最高原则而不加追问，但是它不能没有对自己的最高原则的意识。否则，它就无异于建筑师在凭空构想雄伟迷人的建筑物而忘了其地基是否牢靠。而只要政治学意识到自己的最高原则，它就不能不寻求形而上学的支持。因为政治学的最高原则本身的正当性与绝对性，不可能在经验领域得到说明，而必须通过形而上学的追问来确立。

这里，我愿意对“形而上学”这一概念的基本意思作出界定。当我们使用这一概念时，我们首先是指这样一门科学：它并不是要像其他科学那样要去面对和追问各种经验现象，而是要超出经验现象之外去追问一切经验现象之所以可能的前提。我们遭遇的经验现象界，不管是自然现象还是历史现象，都是我们作为理性存在者生活出来的世界，或者说，是在我们这种理性存在者的生活与行动中展开的世界，因而我们生活于其中的经验现象界是有前提的。对这种前提的追问既是对现象界的根据的追问，也是对人类本身的行动理由与生活原则的追问。而这正是所谓形而上学的全部工作。由于这种追问所确立的最高原则既是整个经验现象界之所以可能这样而不是别样的最后根据，也是人类本身的一切行动之正当性的最后根据，因此，这种原则也被当做第一原则。在这个意义上，追问与确立那种第一原则的形而上学也被称为第一哲学或纯粹哲学。除非人们否认，人类生活于其中的世界是一个无前提的世界，它之于我们就如它之于一面镜子，因而我们无须去追问我们生活于其中的世界的根据，否则形而上学就是不可或缺的；同样，除非人们否认人是自由的，也就是说人的一切行动就像蚂蚁的行动一样，都是由本能与当下各种场境因素一起决定的，因而人的一切行动或者是偶然的或者是不得不如此的，并没有什么正当不正当的问题，那么我们当然也就没有必要去追问人的行动的正当性根据，否则，形而上学就是不可避免的。但是，我们知道，对人的自由的确认构成了近现代政治学的一个基本前提。

政治学说要解决的基本问题就是国家的制度安排，而这个问题又取决于立国的基本原则，即根据什么最高原则来进行制度安排，以便建立一个正当的国家。就近代以来的政治学说而言，国家的制度安排问题涉及两个基本方面：即国家权力与公民权利。对于近代政治学理论来说，一个国家的正当性不仅与国家权力的来源问题相关，而且更与国家权力同公民权利的关系相关：一个正当的国家——即便它不能够是最好的，至少也能够是最不坏的——不仅它的一切权力都必须是来自组成这个共同体的全体公民让渡和委托的权利，而且这个来自公民委托的权力除了必须担当起维护与保障每个公民没有让渡的权利外，还不能反过来损害乃至剥夺每个公民不可让渡的权利。近代政治学有关国家权力的分权理论，其根本目的就在于探讨，如何防止来自公民委托的国家权力反过来损害公民的权利。在这个意义上，对于近代政治学来说，国家的制度安排问题在根本上就是如何保障与维护属于每个公民个人的绝对权利。因此，我们也可以说，个人的权利法则，即个人不可让渡的权利神圣不可侵犯，实际上构成了近代主流政治学的一条立国原则。不管是主张民主政体还是共和政体，个人的权利法则都是人们所主张的政体的唯一合法性源泉。

于是，我们又回到了开头提出的问题：个人的这种权利来自什么地方？为什么每个人作为公民个体都拥有同样不可侵犯、同样必须得到尊重与维护的绝对权利呢？这种公民个体在绝对权利上的平等的根据是什么？唯一的答案只能是：每个个人的绝对权利就来自他是自由的理性存在者，因而他是自由的。因他是自由的，因此他赋有这样一种权利属性：他必须被允许根据他自己的意志生活、行动。否则，就是对他的自由存在的否定。由于每个人天生就是一个自由的理性存在者，因而他天生就拥有这种权利属性。这一权利属性是每个人的一切自然的权利（即那些先于法律契约关系的权利）与一切获得的权利（即通过法律契约得到的权利）的全部根据。也就是说，一个人享有的任何权利，不管是自然的权利，还是获得的权利——比如，作为世界公民，每个人都有权利要求周游列国并与陌生人建立合法关系；而作为一个国家的公民，每个人在这个国家里都享有诸如言论—出版自由、结社自由、信仰自由、迁徙自由等不可剥夺的权利（除非他的行为损害了他人的这些权利）——都只有从他天生拥有的这一权利属性那里得到最后说明。每个人的自由的绝对性，使他的权利属性具有绝对性，由此使他拥有的自然的权利与获得的基本权利具有绝对性，是任何他者不能剥夺的。

如果不允许一个人按他自己的意志生活、行动，那么也就意味着中止了他作为一个人的一切权利。或者说，如果一个人被禁止按他自己的意志选择自己的生活、行动，那么，他自然也就失去了上面所说的那些自然的和获得的一切权利，而这也就意味着他失去了作为一个人的权利。因为即便他还有所谓“生存权”，即他还被允许存在着，但是，在“不允许他按自己的意志生活、行动”这一前提下，他既没有了作为世界公民的权利，也失去了诸如言论—出版自由、结社自由、信仰自由、迁徙自由等公民权利，那么，他此时的生命存在与家畜的生命存在有什么区别呢？如果一种人权观把“生存权”当做最基本的人权，那么，与其说这是一种“人权观”，不如说它是一种“畜权观”。因为在根本上它是在把人当家畜来看待。实际上，所谓的“生存权”本身就内在于每个人的权利属性：既然每个人必得被允许根据他自己的意志生活、行动，那么，理所当然必须允许他存在着。把人的“生存权”从他那绝对的权利属性抽离，从而把“生存权”从他那些绝对的自然权利和获得性权利抽离，意味着把人降格为牢笼里的动物。

卢梭曾满怀激情地说：我宁愿在暴风雨中享自由，也不愿意在牢笼里图安逸。在激情背后，卢梭真正要说的是：自由是人之为人的前提和标志；维护人的自由，从而维护人因其自由而拥有的一切权利，就是维护人作为一个人的天赋身份。剥夺人因自由而具有的一系列权利，使其只剩下所谓“生存权”，也就意味着只允许人生活于牢笼里——在某种人们不愿接受的制度安排下生活。在这种牢笼里，每个人实际上都被剥夺了人之为人的天赋身份；即便“人们”能吃得白白胖胖，甚至因被禁锢得麻木不仁而对牢笼里的安逸生活心满意足，也并没有改变他们非人的身份。简单说，他们不是被当做自由的、有其不可剥夺的权利与尊严的人本身，而是被当做只要供给食物使其生存便可随意驱策的一般动物。

所以，我要再一次强调说，是自由，而且是理性的自由，使人成为人：它不仅使人具有绝对的尊严，而且使每个人拥有绝对的、不可剥夺的那些自然的权利和获得性的权利。自由是每个人拥有的一切权利的最后理由。

同样，由于每个人都是自由的理性存在者，因此，每个人都具有同样的权利属性，因而每个人都拥有来源于这一权利属性的同样多的绝对权利。所以，也是自由使每个人在绝对权利上拥有完全平等地位的根据。不管你富可敌国，还是身无分文，也不管你是一国之尊，还是一介平民，在拥有那些来自自由的绝对权利上，你与每一个普通公民都是一样的。没有一个人有理由声称自己能够比别人拥有更多这类绝对权利，也没有任何人有理由认可自己比别人拥有较少这类权利——如果他的确比别人拥有较少这类权利，那么这表明，他受到了不公正的待遇，他有权要求造成这种不公正待遇的人立即纠正。就每个人是自由的而言，每个人都有义务去要求和维护自己享有与他人同样的那些绝对权利。否则，他就是自动放弃作为一个人的资格和身份。

这里我想进一步说明的是，从人的自由获得的一切权利都包含着义务或责任。因为人的自由是一种理性的自由。也就是说，人是自由的，是因为他是一个拥有自由理性的存在者，或者更确切说，他是一种被自由理性所拥有的存在者。正是这种自由的理性使他不仅能够完全听从自己的理性作出行动决断，从而把自己当做行动的主体来理解和对待，而且能够认识到他人是自己的同类，从而把他人也当做其行动主体来理解和对待。[1]而认识到他人

1 至于人如何因其理性而能够把他人当做自己的同类，这正是费希特在其《自然法权基础》一书中要回答的一个形而上学问题。

是自己的同类因而也是行动的主体，意味着每个被自由理性所拥有的人既有“必须被允许根据自己的意志生活、行动”这种权利属性，也必须承认和尊重自己的所有同类也拥有同样的权利属性。也就是说，作为自由的理性存在者，每个人都必须承认，他的自由理性是一种普遍的行动能力，也就是说，是他的同类都具有的一种行动能力。这意味着，出自其自由理性的任何一种行动，也都是所有同类个体能够做出的行动。因此，如果自由理性存在者能够认识到他人是自己的同类，那么，他在根据自己的意志行动时，他必须这样行动：当他的同类们根据自己的意志采取同样的行动时并不会导致对他的行动的反对。简单说，每个自由理性存在者必须这样行动，即当他的行动普化为所有人的行动时，并不自相矛盾。

因此，虽然每个人因其自由而拥有“必须被允许根据自己的意志生活、行动”这种绝对的权利属性，但是，这并非意味着允许他为所欲为。这一权利属性一方面表明，每个人有理由按自己的意志生活行动，另一方面表明，他有理由这样做是被允许的。被谁允许呢？首先是被作为同类的其他自由体允许。但是，显而易见，同类自由体只有在这种前提下才会承诺对他的那种允许：即他出自其自由的行动并不与他们同样出自其自由的行动相矛盾。实际上，这也就是说，当他出自其自由的行动普遍化成为所有人的行动时不能自相矛盾。我这里之所以用“必须被允许根据自己的意志生活、行动”这一命题来表达每个人具有的那种绝对的权利属性，就是为了准确地表达这种权利属性同时内在地包含着一种绝对的义务，即每个人必须这样行动：当这种行动普遍化之后不自相矛盾。就实质说来，这种绝对义务也就是对他人出自自由的那些绝对权利（不管是自然的还是获得的）的承认与尊重。作为自由的理性存在者，每个人拥有的绝对权利是也只能是并不妨碍他人拥有同样的绝对权利的那种权利。换言之，每个人拥有的那种绝对权利都内在地包含着承认与尊重他人拥有同样绝对权利的义务。在这个意义上，我们也可说，作为近现代政治学立国之本的个人权利法则，同时也是一种义务法则。

如果说，个人的权利法则之所以有理由构成立国之最高原则，是因为个人的那些自然的权利和获得的权利具有绝对性而不可剥夺、不可让渡；而个人的这些权利之所以具有绝对性则是因为它们来自于每个人都是自由的理性存在者，那么，我们要进一步追问的是：为什么人的理性是自由的？如何理解人的理性是自由的？作为以制度安排为其要务的政治学本身可以不追究这一问题，而止步于把"理性是自由的"作为一个预设接受下来。这是一个在经验领域无法加以证明的形而上学预设。如果不能或者不对这个预设作出非经验的形而上学论证，那么，以这个预设为前提的政治学提供的制度安排理论的可靠性就是值得怀疑的。除非人们生活在这样一种文化传统背景当中，即在这种文化传统中，"人是理性的且因而是自由的"已然被当做一种确实可靠的信念或常识，人们才不会去质疑以之为前提的政治学理论的可靠性。

如果说英国的启蒙政治学传统与欧洲大陆特别是德国的政治学传统有什么不同的话，那么这种不同并不在于它们有没有和要不要形而上学基础，它们毫无例外地都预设了一个共同的形而上学前提，即人是理性存在者且因而是自由的。它们的不同实际上只在于，前者把这一形而上学前提作为自明而可靠的信念或常识存而不论，而把注意力更多地放在制度安排问题上；但是，后者则并不简单地把它与前者共同预设的形而上学前提当做自明的常识，而是首先要对这一形而上学前提作出学理上的探究与系统的论证。也就是说，后者要把“人是理性存在者且因而是自由的”这一前提在学理上确立起来，使之成为有理有据的普遍原则，而不只是来自基督教文化背景的一种信念或常识。对于政治学所预设的这种形而上学前提的论证与探究，就构成了形而上学本身，而在德国思想里，则被称为“超验哲学”。这是康德开创的一个伟大传统，他对理性本身的分析批判不仅为一切可能的知识奠定了基础，而且更重要的是以超验的方式论证和确立了人的自由的绝对性，使“人是自由的”成了不可置疑的一条绝对而普遍的原则。

显而易见，如果没有形而上学，或者更具体地说，如果没有德国的超验哲学，那么，“人是理性存在者且因而是自由的”这种观念首先在很大程度就会被当做只是一种来自基督教文化的信念，因而政治学以之为前提确立的权利原则以及相关的制度安排理论，就无法避免被人们（特别是生活于非基督教文化背景的人们）当做一种可以不认同、不接受的理论假设的可能性。换言之，英国政治学传统对自己的形而上学前提的关注的不足，会大大弱化它的普世性色彩，使人们有“理由”拒绝它提供的一系列政治理念。正是在这里，显出了德国超验哲学传统的意义。它对构成政治学基础的那些形而上学预设的全面而系统的学理论证，使政治学建立在一种学理上可以证明的普遍原则上，从而使任何人都没有理由拒绝建立在这些原则上的政治学理论，除非他能在学理上否定它的基础原则。否则，他就不得不接受这种政治学理论的普世性，而不管文化传统有多么不同。

所以，我想说，任何政治学理论，如果它要具有普世性，它就必须建立在某种形而上学之上。如果说个人的权利法则构成了近现代政治学的立国原则，那么，我们就需要一种权利形而上学，以便使任何人都没有理由拒绝建立在这种权利法则之上的一系列政治学理念，如果他想讲理的话。在这个意义上，我还想说，康德、费希特确立的超验哲学对于普世政治学是不可或缺的，特别是对于在个人权利的绝对性仍没有得到真正自觉与尊重的地方的人们来说，它甚至具有更根本的意义。这也是梁存秀教授主持翻译出版《费希特著作选》的意义所在。

谁的成本？何人之优势？*

——与秦晖教授的对话

秦晖教授在报告“另一个‘奇迹’：南非经济发展中的低人权成本优势”中提出一个基本观点：南非的经济发展，特别是在种族隔离政策被取消之前南非经济的快速发展，有赖于南非的一个特殊优势，这就是“低人权成本优势”。如果作一个概括，那么对秦晖教授所说的“低人权成本优势”主要可以归结为三点：第一，政府可以无视黑人对土地的所有权，可以随意进行征地、圈地；第二，黑白种族隔离导致的城乡二元制度，使政府和资方可以歧视性地对待黑人劳工的各种权利与福利，从而降低投资与发展成本；第三，徭役式的民工，即政府可以无偿地征调黑人劳工进城务工，为各种重大项目与基础设施建设节约成本。

这里，我首先想说的是，我赞同秦晖教授对南非这种低人权的经济发展奇迹的评判：它是一种需要纠正与改变的发展模式。

但是，我对于他使用的核心概念“低人权成本”表示质疑，更确切说，我对他使用这一概念的“经济学立场”表示质疑。什么叫“经济发展中的低人权成本‘优势’”？低人权带来的，是何人的发展优势？

一个政治共同体，或者一个国家的经济发展，如果说除了需

---

* 本文原刊于《江苏行政学院学报》2009年第4期，系作者在2008年11月21日应北京天则经济研究所之邀对秦晖教授所作报告的点评，题为“人权与社会正义”，这里略有改动。

要金融资本、自然资源、环境资源和人力资源等构成的实体性成本的付出外，还需要付出一种人权成本的话，那么，我们首先要问：这是一种什么样的成本？我们又是如何付出这种成本的？与自然资源、环境资源这类实体性事物相比，人权是一种非实体性的东西，它看不见摸不着，但又是为人之为人所拥有的。正如其他一切成本一样，人们付出的现实成本的高低、大小并不完全能够以货币来衡量，对此的判定和解读直接与立场相关。

从资方与权力方来看，如果造纸厂无须为处理自己造成的污水、烟尘埋单，那么对他们来说，要付出的货币环境成本就几乎等于零。但是，对于当地居民来说，他们为所谓发展当地经济要付出的现实环境成本则是高昂的。如果说在经济发展中也必定要付出人权成本的话，那么，这种人权成本的高低、大小，从不同立场看也同样大不相同。

从劳方及其共同体立场上看，如果说在经济发展中要付出人权成本，那么，这种所谓“人权成本”，也就是劳动者在经济发展中被迫牺牲或被迫放弃某种程度上的人权以及与人权相关的一系列切身利益。换言之，为了国家的经济发展，劳动者被迫支付、放弃某种程度的人权与相关利益，就如国民为了在当地的经济发展中获得改善经济生活的某种机会而支付了某种程度的环境成本一样。人权被牺牲的程度越高，相关的切身利益被损害、销蚀得越严重，也就意味着国民从自己身上支付的人权成本越高。反之，人权被牺牲的程度越低，则意味着国民付出的人权成本越低。如果说，国民在经济发展中是以被消耗、被破坏的方式支付着诸如资源、环境等这些实体性成本的话，那么，他们则是以被剥夺、被损害、被侮辱、被歧视的方式支付着人权这种非实体性成本。

显而易见，从劳方或国民立场上看，一个国家经济的发展如果是以低人权为代价的，也即以人权以及相关利益在很大程度上被损害、被剥夺为代价，那么这意味着要国民付出的“人权成本”恰恰是高昂的。也就是说，低人权的经济发展恰恰是在支付着“高‘人权成本’”，就如低环保门槛的经济发展必定支付着高能源消耗与高环境成本一样。

同样显而易见的是，只是从资方或片面追求GDP的权力方立场上看，低人权的经济发展才是“低‘人权成本’”的。因为对于他们而言，相对于在高人权的国家里来说，在低人权的条件下，他们在经济活动中为维护和保障劳方的人权及相关利益而必须付出的、能以货币来衡量和支付的成本显然要低得多。由于可以无视甚至可以肆意牺牲、损耗人权及相关利益，资方与权力或者以独自的方式，或者以勾结的方式，不仅可以无须为维护和保障人权付出代价，或者只需付出很少代价，而且可以侵吞劳方因其人权而应当获得的一系列利益。因此，是也只是对于资方与权力方来说，“低‘人权成本’”才成为他们发展的一种优势。资本之所以选择低人权的国家，就因为对于资方来说，低人权条件就意味着“低‘人权成本’”和高利润回报。

然而，对于劳方和整个国民来说，低人权条件于他们不仅不意味着是他们发展的优势，相反，恰恰意味着是他们发展的劣势。因为国民的人权在多大程度上被牺牲、损害，他们的发展机会与相关利益也就在多大程度上被剥夺和侵占。试想，在一个迁徙权、言论—出版自由权、结社自由权、土地所有权等等基本权利可以被牺牲、无视的地方，国民能获得什么样的发展优势？

因此，如果说低人权条件是一种发展优势，那么，这不是低人权国度的国民的发展优势，而只是资方的发展优势，只是片面追求GDP与片面追求国力的权力方的发展优势。

实际上，从劳方立场上看，在经济发展中必定要付出自然资源等这些实体性事物构成的成本，但是，并不一定要付出人权这种非实体性成本。谁能证明，国民为了改善经济生活就必须牺牲、出卖自己的自由权以及因这些自由权而必然要求的一系列相关利益？相反，我们倒可以证明，在能维护与保障个人的基本自由权及相关利益的条件下，也就是说，在国民无须付出人权成本的条件下，国民最有可能获得经济生活上的持续改善。

当然，秦晖教授可能会辩护说，他是从经济学角度对南非经济的发展进行分析的。也就是说，把南非低人权的投资条件直接等同于低人权成本，是一种经济学立场。的确如此。但是，当人们把南非的低人权条件下的经济发展当做一种社会发展模式来反思的时候，恰恰不能仅限于经济学立场，尤其不能仅限于“投资经济学”立场。任何一种经济活动都具有超出经济学视野之外的社会意义与社会功能。实际上，也正是因为陷于一种“经济学立场”，使秦晖的用语立场发生了与他的自由主义立场相背离：按他的自由主义立场，他本不应当把南非发展的低人权代价当做一种“低‘人权成本’”，倒应当将它看作是“高‘人权成本’”，因为对于劳方来说，低人权的发展必定要付出人权高程度被牺牲的惨重代价；而南非发展的低人权条件本也不应被他视为一种发展优势，倒该被他称为一种发展劣势，因为只是对于资方与权力方来说，低人权条件才是一种可以转化为减少支出的发展优势，而对于劳方乃至整个国民来说，权利被牺牲直接就意味受到更多的限制、歧视与损害。

实际上，如果不从单纯经济学立场摆脱，以致把南非发展的低人权条件看作是一种发展优势，那么，就会引起一个我相信秦晖自己也不愿看到的严重误解：好像低人权条件竟会成为一个国家的健康发展的优势。如果这个命题能成立，那么再没有比这更荒谬的真理了。显然，这绝非秦晖教授的初衷，他报告的结论恰是与此相反的，即低人权的经济发展模式是不值得效仿的，而是需要加以批评和纠正的。

所以，这里更需要讨论的问题是：什么样的国家的经济发展需要国民付出“高‘人权成本’”？国民的“高‘人权成本’”付出，也即国民的人权的高程度被牺牲，对于整个社会来说意味着什么？这种低人权的发展模式最需要修正的是什么？

一般而言，现代经济的发展一方面总要求以一定的人权保障为条件，如劳工的自由流动权等，另一方面也总能促进人权的改善。但是，在不同类型的国家里，国民为自己国家的经济发展而要付出的“人权成本”却大不相同，正如他们为此要付出的资源成本、环境成本并不相同一样。在非民主国家，特别是在集权国家与盛行种族歧视政策的国家里，国民为经济的发展总是支付着“高‘人权成本’”，也必定要支付“高‘人权成本’”。原因有二。

一、非民主的国家，实质上就是权力（power / die Macht）高于权利（right / das Recht），而不是权利高于权力的国家。这种国家在权力的运作中实际上否认了权力本是来自国民的个体权利的让渡，反而把国民的个体权利看作是来自权力的赐予。因此，这类国家总是允许以国家或集体为名，而把个人的权利与利益置于次要地位，甚至是无关紧要的地位。国家的利益高于一切，国家的权力高于公民个体的权利。在这样的国家里，实际上没有公民，只有草民。因为公民之所以是公民，就在于他被国家当做一个具有公共人格的个体，也即具有每个人作为人而具有的自由意志的个体，因而，公民具有因其自由位格的存在而具有的基本的、普遍的、不可剥夺的权利。而草民实际上则是被国家视为一种没有自由意志的身份或角色，他们只具有功能存在的意义，而非国家的目的本身。也就是说，对于国家而言，草民只是一种工具性的存在，他存在的意义就是他的功能，除此之外，他没有存在的理由。他不是国家的"本"，不是国家的目的本身。因此，为了国家的发展，国民应当付出一切，当然，也包括他的权利与尊严。

二、非民主国家，通常也是在人权理念上尚未启蒙的国家，因此，虽然这种国家在宪法上明文确认了那些基本的普遍人权，但是，在实际生活中却千方百计压制这些人权。为了应对普遍人权的压力，这些国家开发出一种特殊的人权观：人权或者直接被理解为生存权，或者至少把生存权视为人权的核心。所以，在这样的国家里，国民的底线权利就只剩下生存，即活着。不管你是在笼子里苟活着，还是在贫困线下挣扎着，只要允许你活着，让你生存着，也就意味着你已获得最主要的人权。在这种人权观下，为了所谓国家的发展强大，为了所谓大局的利益，把每个人身上那些本来是最核心、最基本的权利删除、牺牲，也就是理所当然的，既没有任何障碍，更没有任何道义上的亏欠。

在这种特殊人权观的共同体里，由于国民的底线人权只剩下活着的权利，因此，只要不发生重大的伤亡，不突破让国民活着这个底线，这个社会就会被视为和谐的、稳定的、可被接受的。哪怕国民的那些基本自由权被肆意践踏，以及与这些自由权利相关的切身利益被随意剥夺，只要活着这一所谓基本人权得到保障，那么，这个共同体就仍被视为正义的、合法的。在这种人权观的共同体里，低人权状况的确是国家发展经济的一个优势，国家不仅可以利用这种优势，而且可以维持这种优势。在这种特殊人权观下，还有什么比国家的发展强大更重要的事情吗？因为强大的国家才能保证国民的生存与安全。而为了国家的发展强大，还有什么比国家以尽可能小的代价、尽可能低的成本来使用、驱策国民更合理的事吗？比如，从这种人权观来看，让一个青年农民把二十多年的青春与血汗献给城市建设，然后在他步入晚年时将他赶回农村生活，有什么不合理的吗？

然而，当国家在利用和维持低人权条件来发展经济时，国民却在支付着沉重的人权成本，牺牲着切身的根本利益。对国民与生俱来的那些基本人权的删除与剥夺，实际上也就是对国民的最根本、最切身的利益的删除与剥夺。因为人权本身就是每个人最根本、最切身的利益。为什么这么说呢？

首先，真正的人权，也就是每个人因天生自由而必须被允许的所有可能行动。只要一个人的行动不反对或损害别人同样的行动，那么，他的任何这类行动都是必须被允许的，都是合理的。这样的权利在法律上常常被表述为诸如言论出版自由、结社自由、游行自由、迁徙自由、信仰自由等基本的宪法权利。这些权利通过法律条文表达，显得非常抽象，好像它们只是人们外在的规定。但是，实际上，这些基本的权利是每个自由个体之间才具有的一种关系属性，也就是说，自由者一旦进入与其他自由者之间的关系，他就具有这样的权利属性。换言之，这样的权利属性属于自由者关系中的每个自由者。因此，真正的人权是每个人本身的一种属性存在，它之于每个人，就如每个人身上的各种器官之于每个人一样，是他天生具有而不可或缺的，否则，他就是不健全的。因此，维护人权，实质上就是维护每个人自己作为人而存在的属性。所以，我说，人权是每个人最切身的一种利益。还有什么比维护自己作为一个人而存在更切身、更直接的利益吗？

其次，人权同时也是每个人最根本的利益，因为只有真正的人权得到了维护与保障，每个人的其他一切正当的利益才可能得到有效而切实的维护和保障。一个真正的人权得不到有效而切实的维护和保障的国度，也一定是国民的各种正当利益备受损害与侵占的国度。不管是从理论上，还是在实践里，我们都无法想象，一个人权得不到真正维护的国度里，国民的正当利益竟然能得到维护而不被肆意损害。在一个人权被删除得只剩下生存权的国度里，如果说有人的正当利益竟然得到了维护而不被损害，那么，只有两种可能：或者是侥幸，或者是归属于删除了人权的权力。

以低人权条件为经济发展优势、以国民支付“高‘人权成本’”为经济发展代价的国家，在短时间内的确可能获得一种奇迹般的经济发展，但是，它的可持续性是成问题的。

首先，“高‘人权成本’”意味着对劳动力的高剥夺，结果就是影响到对劳动力的教育与再教育的投资，从而影响到劳动力的未来素质。其次，对人权的删除，特别是对言论自由、结社自由和示威表达自由的删除，使得所有不顾大众利益、不顾环境承载力、不顾资源浪费而只顾权力的短期利益的投资、发展行为畅通无阻，其结果将是灾难性的、难以为继的。第三，由于国民的基本自由权在现实中被删除，这不仅使得社会各个阶层的利益诉求无法公开、正当地表达，而且使各个阶层在利益受到严重损害时也无法公开、正当地发出抗议。结果是，一方面，各阶层的国民将淡化对自己生活于其中的国家的认同感，而增强了对国家的异在感；另一方面，整个国家各个阶层的利益纠葛的真实情况成了谁也无法真正了解的深渊，海啸随时都可能从中爆发。最后，以低人权为优势，以国民支付“高‘人权成本’”为代价的经济发展，实际上直接就既是资本的高利润，也是权力的高效能与高收益，结果必然是财富向少数人的高度集中，即便是在国家进行的财富二次分配中，也不可避免是以一元化权力为中心的倾斜性再分配。在这样一个发展共同体里，总是到处流淌着国民的血泪，社会公平与社会正义永远是一个严重问题。

以低人权为条件的发展，带来的往往只是权力的一时荣耀，而不是国民的真正福祉。这是低人权发展奇迹难以为继的根本所在。

实际上，关于发展中的人权问题，既不是意识形态之争的问题，也不是文化传统之争的问题，实质上是一个要不要有一个制度来保障社会的公平与正义的问题。在实践中，人们可以清楚看到，在国民为发展付出“高‘人权成本’”的国家里，也一定充满不公与不义，一定充满国民的辛酸、屈辱与冤屈。社会公平与社会正义，永远是这类国家存在的最严峻的问题，也是这种国家永远无法真正解决的问题，除非它改弦易辙，把尊重与维护人权当做要务来抓，把建立能有效维护与保障人权的制度当做改革的方向与目标来追求。

简单说，发展中的人权问题，是一个制度改革的问题，是一个是否要对权力进行有效限制，直至使权力的产生与运作真正来源于（公民）权利并从属于权利的问题。

因此，以低人权条件为发展优势、以国民支付高人权成本为代价的经济发展模式真正必须加以修正的是权力：必须对一元化权力进行有效限制，直至权力不仅不再可能轻易就能损害、剥夺公民的基本人权，而且必须承担起维护与保障公民的基本人权的责任。而对权力进行有效限制的唯一方式，就是对权力进行合理分解。

自由是现代性社会的最高原则*

——与反普世价值者的对话

一次偶然的机缘，我拜读了唐逸先生的长文《自由价值论》，并且在一个论坛上应邀当了一回他的同名报告的评论人。

唐先生在文中和报告里，最让我敬佩和赞赏的一个核心观点，就是把自由视为一切价值的基础，“是一切价值的价值”。因此，自由也是“制度价值”的基础。由此推之，自由理所当然是社会制度的基础。也就是说，一种合理、合法的制度，必须建立在自由基础上，以确认、尊重和维护自由为前提。

为什么这一思想让我敬佩和赞赏？因为这一思想表明，作者作为中国知识分子，作为中国学者，达到了对现代性最高原则的意识，也就是达到对自由的真正自觉。尽管人们对自由、民主、权利、国家制度等概念耳熟能详，但是，对于自由本身以及自由如何构成现代民主政治乃至整个社会生活的基础，则远非已认识得很清楚。而这一点得不到明确的认识，也就意味着尚未达到对自由的真正自觉与认识，标志着我们还只是在现代性社会边缘徘徊。人类进入现代性时代的基础与标志，首先不是科技成果，不是经济生活，而是新思想以及建立在新思想之上的新制度。这个现代性时代开始于历史学分期上的“近代”。德文中的近代

---

* 本文原刊于《社会学家茶座》2008年第4辑。

(Neuzeit)，字面意思就是新时代。新在什么地方？新在对人自身的真实身份的认识：原来，不管人是上帝创造的，还是自然进化而来的，每个人都是自由的，都是独立自主的。在天地之间，人首先不是君，不是臣，不是父，不是子，也不是任何其他关系中的后天角色，而是能独立自主的个体，是能摆脱一切关系的自由身。人的这种自由使他甚至可以对上帝、对自然说不，所以，还会有谁我们不可以对他说“不”呢？对人类个体存在的这种自由的觉悟，以及对个人因为这自由而拥有的各种基本而绝对的权利的确立，是近代人类思想最伟大的成果，它标志着人类真正走向成熟、独立和理性的现代性时代，这是一个自由体联盟的时代，一个权利高于权力的时代。

一个国家或民族，是否真正开始进入现代性时代，其根本标志就在于，它的知识分子，它的学者，是否达到了对自由的自觉，是否达到对自由之为一切权利和制度之基础的认识。有这种自觉与认识，建立现代性制度的要求，才会成为共同体内在不可阻挡的必然要求，而不只是外在地模仿现代性制度，如日本。如果一个国家的学者还没有达到对自由和权利的自觉，这个国家就不可能真正进入现代性社会。因为，作为一个民族国家的文化灵魂的承担者，学者没有达到对自由与权利的自觉，也就意味着自由原则还没有成为这个民族国家的文化精神的自觉原则，因而更不可能成为这个国家的制度原则。因此，没有对自由的自觉，没有因这种自觉而达到对个人权利的认识，一个在经济、军事上再强大的国家也不能说是现代性国家，而且面对现代性国家，它终究要解体，如苏联。苏联的解体有各种原因，但主要原因肯定不是来自外部，那种把苏联的解体完全归咎于外部因素的观点，实际上与苏联制度一样，无视苏联人民的意志与智慧。设若苏联人民认同并满意自己生活于其中的制度，经过反法西斯战争洗礼的他们如何会不战而自屈呢？如果我们放弃偏见，那么很容易就会发现，苏联解体的最重要原因恰恰在于它的制度本身：就它是以某个阶层的利益和专政为自己的合法性基础而言，它与旧时代的封建专制没有本质区别；因为任何以阶层的利益和专政为合法性根据的制度，都不可避免地要忽视直至违背自由原则、践踏公民的个人权利，最终异化为少数权势集团的专制。作为世界强国，苏联之所以不战而自屈，正是因为它的对方具有不战而屈人的制度优势。从立国原则观之，当其时也，两个阵营的对立实乃两个时代的对立。这也是苏联人民会如此平静地接受苏联解体的原因。虽然他们对强大国家的解体感到沮丧，却更为它作为一种制度的瓦解感到欣慰。因为它作为一种制度的瓦解，意味着一个新时代的可能到来。

从20世纪初开始，中国学者就不断在寻求如何把中国带向新时代，所以，他们普遍意识到民主的重要性。但是，他们却很少意识到现代民主制度背后的基础是自由原则。迄今为止，真正达到这种觉悟的学者，依然未成主流。然而，不认识到自由对于民主的基础性地位，就很难真正抓住民主建设的要害，就很难推进民主的进展。因为没有自由作为基础的民主，可以被作出种种解释乃至歪曲，于是，民主成了与集中、法制相对应的东西，民主甚至成了一种工作作风，等等。甚至出于所谓爱国意识或中华意识，还可振振有词地反对民主，把民主看成只是西方的东西。

最近看到两篇文章，让我更感到中国学者远未完成对构成现代民主制度之基础的那些原则思想的自觉。一篇是“敢与西方展开政治观念竞争”[1]，它的核心观点就是：核时代的竞争，根本上就是政治观念的竞争，要让“中华生存方式”获得立足的空间，就必须与西方政治理念展开竞争。与西方的什么政治理念竞争？作者认为，就是与自由、民主理念竞争；如果大家（特别是知识界）接受了自由民主的政治理念，那么，就等于服毒自杀；苏联的解体，就是苏联的知识分子和领导接受西方民主自由话语的诱导而服毒自杀；这样的知识分子是天真的，愚昧的。所以，依作者的逻辑，中国要不自杀，要不投降，就要拒斥自由，抵制民主。换言之，为了中国，为了爱我中华，为了在与西方竞争中立于不败之地，就要反自由、反民主。

可是，我们知道，不管人们对自由和民主有多么不同的理解，都无法否认，自由的反面是奴役，民主的对立面是独裁专制。那么，能拿什么与自由民主竞争呢？如果为了中国就要与自由、民主竞争，就要反自由、反民主，那么，我们要问：究竟为了中国的什么？答案只有一个：为了对中国人民的奴役和专制！只有试图奴役中国人民，试图维护对中国人民的专制的所谓学者或政客，才会打着为“中华生存方式”争取空间的名义反对自由，抵制民主。有中国人想当奴隶吗？有中国人不想当公民而想当草民吗？没有！我相信，一个也没有——包括该文的作者！所以，如果所谓“中华生存方式”就是一种要与自由、民主竞争的生存方式，就是反自由、反民主的生存方式，那么，我要说，它只是满脑子“意识形态”的人杜撰的一种“中华生存方式”，而绝对不是中国人需要的生存方式。那种与自由、民主相对立的生存方式，面对自由、民

1 引自《环球时报》2008年1月28日。

主，不可能有任何立足之地，理由同样只有一个——无人愿意当奴隶与草民。所以，我倒是要说，追求自由、民主的国家必定会在列强中获得一席之地，而如果真有人相信所谓反自由、反民主的“中华生存方式”，那么，倒是真正无异于自杀。

这篇文章在学理上是不值一驳的，但它道出了一些国人一种不假思索的定见——自由、民主这些理念来自西方文化，只适合于西方，而不适于中国；也表达了一些国人一种缺乏反思的情绪：由于这些理念常常被西方国家用来批评乃至干涉他国事务的理由，所以，它们只不过是西方国家的一种霸权话语。

的确，自由、民主这些理念首先是由西方思想家提出来的，但是，这些思想家是以科学的形式确立这些思想，对这些思想进行了详尽的学理论证；他们表达的是人类对自身达到的一种新的认识，而绝不是一国一族的利益，更不是某一阶层的利益。自由、民主思想之所以能够在西方国家然后在全世界逐渐传播，成为几个世纪以来全人类社会改造运动（包括反殖民运动）的理论根据，正是因为这些建立在科学基础上的思想把人类的自我认识、自我觉醒推进到一个新的历史阶段，从而推动人类根据这种自我认识去改善社会、改善自己。因此，自由民主这些理念虽然来自西方，但是，并非只适合于西方；正如近代数学和近代自然科学产生于西方，但并非只能应用于西方一样，自由民主思想作为人类达到的一种新的自我认识，也同样适用于全世界任何有人类的地方。我们没有任何理由不像接受近代数学和近代自然科学知识那样，接受自由民主这些思想；如果非要说自由、民主是什么“价值”的话，那么，我要说，它们绝非什么西方人的特殊价值，而是全人类的普世价值。与西方展开竞争，绝不应当是与自由、民主这些政治理念或价值展开竞争，倒恰恰应当在如何发展自由、民主的思想，光大自由、民主的政治实践方面与西方展开竞争，正如在发展数学和自然科学方面与其他国家展开竞争一样。

近代科学技术知识都来自西方，而且被广泛用于制造侵略他国的武器，给人类带来了巨大灾难。然而，作为非西方国家，我们并没有愚蠢到这种地步，以致把近代科技知识当做西方损人利己的武器而加以拒斥，倒是一开始就有知识精英提出“师夷之长技以制夷”的方略。如果有人因为西方国家把近代科技知识用于制造侵略他国的武器而主张拒绝科技知识，那么显然是愚蠢可笑的。同样，如果有人因为自由、民主这些理念被一些西方国家用来做批评、干涉他国事务的武器而主张拒斥自由、民主，那也一样愚蠢至极。因为正如反独裁、反奴役一样，反霸权、反殖民的最有力的武器、最充分的理由，正是自由、民主这些理念以及建立在它们基础之上的一系列权利法则，而不是别的，也不可能有别的。

就中国近代史而言，从最初的“师夷之长技以制夷”到“五四”运动倡导以“科学与民主”救国，既是对西方文化认识的深化——西方的优势不仅在于“技”，而且在于“体”，在于政治制度的更科学、更合理；也是对人本身的认识的深化——每个人都有独立于家庭、国家的一面，而不只是家庭、国家的一员，因此，追求个性解放，追求尽最大可能掌控每个人自己的生活道路，构成了“五四”运动的一个重要内容。在这个意义上，“五四”运动是一个重大进步，它标志着中国在精神世界迈进了现代性的时代关口。因此，它才配称得上是一次启蒙运动。

不过，“五四”运动并不是一次成功的启蒙运动，不管是从思想层面看，还是从实践角度看都是如此。虽然民主与个性解放得到倡导，但是，更基础性的问题，也即构成民主与个性解放之合理性根据的自由问题，并没有得到知识精英的普遍自觉，更没有在学理上得到系统的建构。这意味着，个体自由的绝对性——每个人是自由的，并且这种自由是不可替代的——还没有在我们的精神世界里牢固地确立，而只是作为一种朦胧的意识飘忽在我们的梦想里。这种激情多于理性的启蒙，难以完成把人们带向大胆地独立使用自己的理智这一任务，从而难以使人们成熟地担当起自己的自由身份。这使中国的民主政治建设充满曲折与变数，甚至出现中断与倒退。这是“五四”启蒙运动的一个局限，一个教训。

如果说我们从20世纪80年代“新启蒙运动”以来有什么进步的话，那么这个进步就是，学者们开始越来越认识到自由对于整个实践科学的基础性地位。然而，这个进步仍然非常有限，否则，也不至于还会有人提倡要与自由、民主竞争乃至开战，而为自由论证、为民主辩护的学者却被斥为天真，甚至被扣上西方思想之俘虏的大帽。

如果说论证自由、维护民主的知识分子是天真的，那么，我要说，时至今日还倡导反自由、反民主的学者，则是腐朽的。今天的中国，今天的人类，真正需要的绝对不是这样腐朽的学者，而恰恰是需要那些认识自由、为自由辩护并敢大声说出自由的“天真”的学者！因为自由的事业，一定是最有希望的事业。

最近看到的另一篇与本文主题有关的文章来自新浪网，是一位党建理论权威写的。内容是关于中国体制改革。作者认为中国政治改革的方向应当是民主化。同时说，民主有多种形式、多种模式，没有放之四海而皆有效的一种民主形式。最后说，不管进行怎样的民主改革，都要有利于人民权益与幸福的实现，有利于安定团结，有利于国家的富强统一云云。有问题吗？没有！讲得天衣无缝。然而，也正因为讲得太好了，所以让人觉得空泛。这里首先要问的是：民主固然有多种形式，但是，之所以都叫民主，那就有共同的东西。否则，独裁专制也可自称是民主的一种形式。那么，这共同的东西是什么？我们要进行的民主化改革如何来实现与维护这民主所无法缺失的共性呢？

民主化改革要有利于人民的权益与幸福的实现，这是理所当然的。但是，要进一步问：人民有什么样的权利？民主的根本目的是什么？

每个个人的基本权利不是来自任何他人的恩赐，不是来自宪法（宪法的合法性倒是要以这些个人基本权利为前提），而是来自每个人自身，来自每个人的自由。因为每个人是自由的，所以，每个人拥有应当被允许按他自己的意愿去生活与行动的权利，只要他的行动不与他人同样的行动相矛盾。具体而言，每个人拥有诸如言论自由、信仰自由、结社自由、出版自由等这些基本的自由权利。既然每个人都是自由的，那么，由个体构成的社会共同体，首先要确认并尊重和维护的，就是个人的这种自由以及因这种自由而拥有的那些基本权利。这是现代民主与希腊民主的不同所在：前者的合法性根据是个体自由基础上的个人的绝对权利原则；而后者则只是一种沿袭的习俗，并没有自觉自己的基础。

因此，当我们说，民主改革要有利于人民权益的实现时，要明确的是，首先应有利于实现公民的自由权。如果不能有利于公民自由权的实现，那么，任何政治改革都难以被称为民主改革。作为一种现代政治理论，民主的基础是自由理念；作为一种政治制度，民主的首要目的不是别的，而是最大限度地实现并维护与保障公民个人因自由而拥有的那些基本权利。如果公民个人的那些最基本的自由权利都得不到维护与保障，那么所谓实现公民的权益与幸福，永远只是空的。因为公民个人的基本自由权是他谋划自己的幸福、筹划自己的各种利益的基本前提。能否真正维护与保障公民个人的基本自由权，是民主与专制的区别所在。而民主之所以能够维护与保障公民个人的基本自由权，就在于民主对公共权力进行了有效的分解与限制，使之难以对公民个人权利造成侵害。在这个意义上，我们也可以进一步说，民主与专制的根本区别就在于，是否对公共权力进行有效的分解与限制。

国家制度与其公民的权利的关系，就如一个三角形与它的面积的关系。行政权、立法权与司法权这三种最基本的公共权力，构成了三角形的三条边。这个三角形什么时候最不稳定？当它的一条边没有限制地扩大到把另外两条边变成几乎与自己重叠，从而整个三角形变成接近直线时最不稳定，最承受不起重压，因为它几乎没有了支撑重量的面积。显然，三角形面积要最大，必须使它的三个边与它们各自的高都最接近。这意味着，三条边都必须加以限制，使三条边尽可能分开。

世界上所有的民主政治都是从专制政治过渡的，由于过渡的方式不同（有的是从革命过渡来的，有的是通过改良过渡来的），也由于历史传统背景的不同，民主化道路、民主化速度以及民主化模式，自然各不相同。但是，不管多么千差万别，不管是在西方还是东方，民主化改革的最重要目标都应当是最大限度地实现并维护与保障公民的自由权利；换个角度说，就是最大限度地分解与限制—制约公共权力，以使公共权力对公民权利的可能侵害降到最低限度。

作为现代性社会的最高原则，自由并不只是体现为民主政治的基础，而且首先体现为人类对自己之为独立自主的主体性存在的认识，体现为人类担当起大胆地独立使用自己理智的成熟状态。只是由于政治生活本质上是一种公共生活，而不是少数人的宫廷生活；政治领域是一个公共领域，而不是少数人的私人领域，所以，政治领域民主化，才能全面促进并完成整个共同体向现代性社会的转化。民主政治在最大限度地实现、维护公民个人的自由权利过程中，必将促进、强化普通公民对自己的自由身份的意识与担当。但是，民主政治的建设，又要以对人的自由身份及其权利的认识与自觉为前提。这是在循环论证吗？不是。因为对作为民主之基础的自由的认识与自觉，首先是学者的任务，是共同体分工体系内的学者阶层的使命。

二〇〇八年三月于北京

人类此世的一个绝对希望*

——论康德有关共和政体与永久和平的思想

类存在者的希望

人能够希望什么？这是康德哲学要回答的一个问题。这个问题实际上也就是问：人能打开什么样的希望？在实际生存中，每个人都打开着各种希望；只要活着，每个人都存在于希望之中，哪怕他已日薄西山，甚或奄奄一息。因为每个人不仅有此世的希望，也能打开彼世的希望。我们甚至要说，正因为人类能打开彼世的希望，我们才能更多维地理解今生的希望，更从容地承当此生的失望，并因而使人的生存拉开了一个更大的、跨越生与死的帷幕，而不仅仅局限于生养我们也埋葬我们的地方。

不过，这里我们将把希望暂时局限在此世，而把彼世的希望留待其他地方再讨论。就个体而言，每个人在今生今世的希望各不相同，这些千差万别的希望也不是我们这里所要讨论的。这里要讨论的只是，作为类存在者，我们在此世能够有什么样的希望？首先要问：何谓"类存在者"？所谓类存在者，也就是自己能够把自己当做普遍的存在者来理解与筹划的存在者；所有只是能够被描述或被规定为普遍的存在者的东西，都不是真正的类存

* 本文原刊于《江苏行政学院学报》2013年第1期。

在者，而只是被归类的普遍存在者。

因此，这种类存在者一方面意味着把自己当做与某种他者一样的东西，另一方面则意味着承认某种他者是与自己一样的东西，或者更确切说，承认有他者为另一个自己，一个与我自己一样却又独立于我自己的另一个自己——而这在根本上意味着承认这个他者是自由的，否则他就不会是另一个独立的自己。

实际上，也只有自由者才可能承认他者为另一个自己。因为如果它不是自由的，也就是说它不能突破必然性或本能，因而只是必然性或本能中的存在者，那么，它不是他者的因，就是他者的果，换言之，他者为因，它则为果，因此，它不可能承认他者为与它一样的另一个自己。在必然性世界里，所有事物都处在必然性的不同位置上而不可能成为相同的自己。从根本上说，只有自由者，也就是能开启因果关系系列的自由存在者，才处在一个共同的位置上，那就是作为第一因的自由因的位置上。因此，只有自由者才能真正承认与自己一样的他者为另一个自己，从而把自己当做普遍的存在者来理解。在这个意义上，只有自由者才能够成为类的存在者。

作为这样一种自由者，一方面，每个自由者都能够把其他自由者当做与自己一样的另一个自己，且必须把其他自由者当做另一个自己，因为不然的话，他也无法被当做自由者来对待；另一方面，当一个自由者把其他自由者当做与自己一样的另一个自己时，也就承认其他自由者有与自己一样的自由，因而自己的自由与所有其他自由者的自由都是一样的。而这意味着，每个自由者的自由都是有限度的，即每个自由者的自由必须以承认其他自由者的自由为限度。换言之，每个自由者的自由以不损害其他自由者之自由为界限。因此，当作为自由者的我们把自己当做类存在者来理解时，在根本上也就是把自己当做能与他者共在的存在来筹划。真正的共在既是一种普遍的存在——都作为“普遍的自由者”而存在，同时也是一种相互承认与相互维护为自由者的自身存在——真正的个体存在。在这里，每个自由者在展开自己的自由存在的同时，尊重并维护所有其他自由者展开其自由存在。简单说，每个自由者在自己的自由存在中让他者自由存在。所以，自由者的共在是一种协调的自由存在，一种不自相矛盾的自由存在。

这种协调而不相互矛盾的自由存在是人类最本原的共在。只是在这种本原共在基础上，人类共同体，诸如伦理共同体与国家共同体才可能建立起来。如果说伦理共同体是基于这种本原共在而生长起来的伦常共同体，那么，国家共同体则是在这种本原共在与伦理共同体的基础上契约而成的法律共同体。在这个意义上，国家共同体是人这种类存在者的产物，或者说，只有能够作为类存在的存在者，才会有国家。

那么，我们能够拥有什么样的国家？这样的国家将把人类带向什么样的未来？这也就是作为类存在者的人在此世的一个普遍的希望问题。

一种最好的政体：共和制

在历史与现实中，我们人类拥有的国家各种各样。国家表面上看是一种客观化的管理制度与生活方式，但实际上，国家首先是一种观念文化，或者说国家首先是基于某种思想观念而组建起来的；而当它一旦被确立，国家会反过来塑造生活于其中的成员的思想观念，在成员心灵中造就某种思维方式与情感反应方式。虽然国家的变迁有多种现实的原因，但是，导致国家制度真正改变的是思想观念的变化。在思想观念没有突破的地方，国家的变化通常只体现为国家权力的掌握者、也即统治者的更替，而不是国家制度本身的改善。

虽然在历史与现实中存在着不同制度的国家，但是，正如并非所有思想观念都具同等的真理性一样，也并非所有现存的国家制度都是同等地合理的与正当的。那么，什么样的国家才是更合理、更正当的呢？这个问题也就是，什么样的政治制度才是最好的制度呢？如果不能有最好的，那么至少可以问，什么样的政治制度才是最不坏的制度呢？为了回答这样的问题，首先要讨论国家的起源问题。

在康德看来，国家就产生于一定范围内的人们走出自然状态而形成的共同体。而人们要走出自然状态，就是为了安全起见和免于自我毁灭。与卢梭和洛克不同，在关于人类原初的自然状态问题上，康德接受了霍布斯的观点，主张自然状态并非一种和平与自由的状态，相反，是一种残酷而无序的战争状态[1]。在这种自然状态下，每个人的安全，首先是每个人的自由权利的安全得不到保障。这促使有理性的人类不得不放弃战争并相互提供和平的保证，由此进入一种契约的文明状态。在这个契约过程中，人们自觉或不自觉地把捍卫自己的自由权利之安全的那种“强制的权力”让渡给了一个由大家信赖的人组成的机构，由这个机构来执行这种“强制的权力”，以维护每个人的自由权利。由于每个人从自由

1 参见康德：“论永久和平”，《康德著作集》第6卷，第433页，E. Cassirer编辑出版，1916年。参见《历史理性批判文集》，中译本第104页，何兆武编译，北京，商务印书馆，1991年。

那里获得的“强制权力”是绝对的、并且是一样的，因而是普遍的，因此，人们委托的是一种公共的权力，实质上也就是一种公共的意志。承担这个公共意志的机构就是一个公共机构，也就是人们通常的所谓国家。从自然状态走向契约的文明状态，也就是由无政府状态走向国家。

显然，在人类的这种最初的契约行为中隐含着这样的契约理念：首先是确认组成共同体的每个成员都是自由的，因而都有上面所说的那种“自由空间”的权利——这种权利在近现代政治中被表达为这样一些基本权利：言论自由、出版自由、结社自由、信仰自由和迁徙自由等不可剥夺的权利；其次，就共同体每个成员享有“自由空间”的权利是绝对而普遍的来说，共同体的所有成员都是平等的，任何人都不能声称自己拥有更多这类绝对权利，也没有任何人需要认可自己拥有较少这类权利（如果他的确拥有较少这类权利，那么表明他受到了不公正待遇，他有权要求造成这种不公正的人立即纠正）；第三，服从一个共同的立法，因为当人们在订立契约时相互作出对和平的担保，也就意味着愿意服从一个能够保障每个立约者之和平与安全的立法，否则就意味着背弃对相互和平的担保。如果把第一方面的内容称为自由权利原则，那么，后两方面则分别可以被称为平等原则与服从原则。这三个方面的内容作为三大原则，构成了原始契约的理念。

在康德看来，“一个民族的一切公正的立法都必须以原始契约的理念为根据，而从原始契约的理念得出的唯一体制就是共和制”[1]。这一方面是说，共和体制作为一种制度安排是建立在原始契

---

1 参见康德：“论永久和平”，《康德著作集》第6卷，第433页，E. Cassirer编辑出版，1916年。参见《历史理性批判文集》，中译本第105页，何兆武编译，北京，商务印书馆，1991年。

约的理念之上；另一方面是说，共和体制这种制度安排的合法性与必然性来自于它所根据的三大原则。

如果说国家就是通过契约而产生的，那么，这种产生国家的契约就必定包含着三大原则，而其中最基础的则是自由原则。因为正是人的自由使立约成为可能；如果人不是自由的，那么，他们之间也就不可能有任何契约，即使有约也毫无意义。自由不仅使人获得“被允许按自己的意志行一切不妨碍他人符合普遍法则之自由的行动”这种“自由空间”的权利，并且因而使人在绝对权利上是平等的；而正是这种普遍的绝对权利使人们具有相互强制对方确认并维护自己的这种绝对权利的权力，这意味着，当人们把这种强制权力让渡给一个共同体时，也就表明他们愿意服从这个共同体的立法。在这个意义上，平等原则和服从原则都来自于自由权利原则。因此，真正构成立国原则的是自由权利原则。也就是说，人类立国本是以自由权利原则为基础的；**自由权利原则是一切国家的制度安排之合法性的唯一源泉**。

因此，一个国家制度是否是合法的，其唯一的标准就是看它是否建立在自由权利原则上。具体说，一个国家制度的合法性可从两个方面来考察：一方面是看它的宪法是否确认公民诸如言论自由、出版自由、结社自由、信仰自由和迁徙自由等这些直接来自自由的基本权利；另一方面是看它的权力系统是否真正能够维护和捍卫公民的这些基本权利。如果一个国家虽然宪法上确认了公民的那些来自自由的基本权利，但是，它的权力系统或权力体制却不能维护和捍卫公民的这些权利，那么，这样的国家同样是不合法的，它没有继续存在下去的合法性，因为它的权力系统已经背离它获得这些权力的宪法，当然也就背弃了自由权利原则。

这种国家的一个典型特征就是，宪法被虚置于无形之中。

虽然国家产生于原始的契约行为，而原始的契约行为实际上隐含着三大原则；从这三大原则理应得出的唯一体制就是共和制，因而也是唯一合法的体制。这是康德的一个基本看法。但是，显然，人类在最初订立契约时，并不一定自觉这种契约行为实际上以三大原则为前提。因此，即使最初建立的国家就是共和制，公民也同样不会自觉地维护它的共和性质，使之保持为共和制。相反，在三大原则没有成为公民普遍自觉的理念情况下，来自公民让渡的“强制权”的国家权力，也就不会被自觉地要求加以限制，而且国家权力即便由于没限制而损害了公民的基本权利，也很有可能不会被要求加以纠正，反而可能被认可。于是，对公民权利的损害甚至成了国家权力的一部分内容。换句话说，国家背弃了构成其合法性根据的原则，这使得国家的权力发生了变化：不再是保障和捍卫每个公民的基本权利，而只是维护和捍卫一部分人的权利。这样的国家当然也不再是一个共和体制的国家。所以，在三大原则没有成为人类普遍自觉的理念的情况下，即便最初的国家是共和体制，也很难避免演化为其他体制。

当然，历史上最初的国家是否为共和制，或者是否出现过共和制，并不重要，在康德看来，重要的是这种体制是从原始契约理念能推出的唯一合法的政治制度，因而是我们要努力去建立的一种制度——即便从没有过，我们也要去建立它。也就是说，从原始契约能推出的唯一体制是共和制，但是，人类是否在现实中建立起共和制是另一回事。人们不能从现实中从未出现过共和制而否定共和制的现实性，而只是表明，人类没有走他本应走的道路。启蒙的任务就在于使人类普遍自觉自己的自由，从而自觉原始契约所隐含的三大原则，以便让人类自觉走上共和之路，建立一种真正能维护和捍卫公民那些来自其自由的一切权利的政治制度，成为不可阻挡的追求。那么，这种能真正维护与捍卫公民普遍权利的共和制是一种什么样的制度呢?

康德认为，共国制之所以是所有政治制度中最好的制度[1]，首先是因为它在起源上的纯粹性，也即上面所说的，它是原始契约理念所隐含的唯一制度；而这一理念使共和制获得了两个相互联系的基本规定：即它是代议制的（präsentativ）和分权制的。原始契约理念的服从原则规定，一个契约国家是由一些公民信赖并推举的代表组成的公共机构来代行公民让渡和委托的普遍的相互强制的权力，以维护和捍卫每个公民的自由权利。因此，真正遵循契约理念的国家必定是代议制的。同时，这个代议制的国家的行政权与立法权必须是分离的，否则，公民委托的公共权力就可能被代理者置于他们的私人意志之下而被滥用，从而导致公民让渡的权力反过来损害了他们自己不可让渡的绝对权利，而这完全违背了立约建国的三大原则。这意味着，如果说忠于原始契约理念的国家制度一定是共和制，那么可以进一步说，共和制一定是分权制的。分权与否是共和体制与专制体制的一个根本区别。康德明确说：

> 共和主义（Republikanism）是把行政权与立法权分离开来的国家原则；而专制主义（Despotism）则是

1 也许应当说是最不坏的制度，因为即使一个制度的确优于所有其他制度，它也不可能是一个完善的制度。在现实中，我们能做到的只能是尽可能向理性所能设定的关于完善制度的理念接近，在这个意义上，只能更恰当地说，我们在现实中能建立的永远只是最不坏的制度，以避免人类因忘却仍需改善自己的现实制度的努力而陷于自高自大和自我封闭。

> 国家独断地实施它自己所制定的法律的那种国家原则，因而也就是公众意志被统治者当做他的私人意志来处理的那种国家原则。[1]

代议制虽然是出自契约理念，但单凭代议制并不能担保国家制度保持忠于契约理念，从而保持为共和体制。必须把行政权与立法权分离开来，才能够保证代议制国家保持为共和体制，也即保持为唯一具有合法性的国家。一个国家不管是否为代议制，只要它的行政权与立法权不加分离，它就一定是专制的。在这种情况下，康德认为，根据掌握最高国家权力的人数的不同，国家在形式上可以分为：君主独裁政体（Autokratie）——一人掌握统治权；贵族政体（Aristokratie）——一些人联合在一起掌握统治权；民主政体（Demokratie）——构成共同体的所有公民一起掌握统治权。从分权角度看，它们都是专制政体，而其中最坏的专制政体不是别的，恰恰是民主政体，因为它离共和制最远，比其他专制政体都更难以转变为共和政体。

这里要特别强调的是，康德这里所说的“民主制”是一种狭义的民主制，也即直接民主。它在法国大革命期间的实践体现的专制与血腥，给康德提供了反思这种政治体制的现实材料。人们今天所说的“民主”，特别是中国人在“五四”启蒙运动中所倡导的“民主”，恰恰是符合康德所说的那种共和主义的民主，即共和式的民主。它的组建权力的基本原则就是代议原则与分权原则。所以，康德反对的民主不是今天人们通常所说的民主政体，相反，

1 参见康德：“论永久和平”，中译本第107页。

他所倡导的共和主义恰恰构成了今天主流民主政体的原则。

这里首先要问，为什么民主政体是一种专制体制？“民主政体就这个词的真正意义来说必定是一种专制主义。因为它确立了这样一种行政权：在这里，所有人可以对一个人作出决定，有时甚至是决定反对一个人（所以，这个人是不会同意的），因而也就是并非所有人的所有人作出决定。这是公共意志与其自身相矛盾，也与自由相矛盾。”[1]与共和主义相反，专制主义是这样一种设计国家权力的原则，即把行政权与立法权合为一体的原则。君主独裁政体与贵族政体虽然有代议制形式——独裁君主与掌权贵族也总是声称自己代表全体人民，但是，由于它们遵循的是行政权与立法权合一的原则，所以，它们必定是一种专制。在国家最高权力不加分离的情况下，将不可避免地鼓励掌权者把国家权力置于私人意志之下来处理和运用，使任何形式的代议制都失去了原来的意义和功能。在这个意义上，我们可以说，在国家最高权力没有分离的情况下，也就不存在真正的代议制，而只有真正的专制。这一点对于全体公民都被视为国家最高权力的直接主人的民主体制同样有效。我们可以把康德所讨论的这种所谓全民主人的民主制称为“直接民主制”。

如果说没有分权的代议制是政治领域里的最大谎言，那么，那种直接民主制则是政治领域里的最大悖谬。在这种民主体制里，没有代议成员与代议机构，全体公民都是国家最高权力的直接主人。因此，没有必要也不允许对国家最高权力进行分离，因为既然全体公民都是国家权力的直接主人，那么，他们每个人就既应

1《康德著作集》第6卷，第437页。“共和主义”与“专制主义”在康德原文中用的都是英文。

直接拥有行政权，又应直接拥有立法权与司法权；而一旦对国家最高权力进行分离（不管是分为三权还是分为两权），也就意味着削减了国家权力的直接主人的权力——不是削减其行政权，就是削减其立法权与司法权，从而表明他们不再是国家权力的直接主人。这显然与民主体制关于“每个公民都是国家最高权力的直接主人”这一原则相违背。

因此，那种全体公民都被视为国家最高权力的直接主人的民主体制，必定是一种对国家最高权力不加分离的政治制度，因而它必定是一种专制制度。在这种民主体制下，所有公民既然是国家最高权力的直接主人，他们的共同意志直接就是法律，并且他们可以据此直接采取行政措施。但是，这种权力在实际运行中只有遵循少数服从多数的原则才能落实，否则这种民主制将寸步难行。而这实际上等于说，所有人可以对一个人或一些人作出决定，而不管后者同意不同意。这意味着，允许并非所有人的“所有人”对所有人作出决定，也就是说，允许把并非所有人的共同意志当做所有人的共同意志。于是，以所有人的公共意志为原则的民主体制在运行中却不可避免地背离了所有人的公共意志。这也就是康德所说的在民主体制下公共意志与自身相矛盾。不仅如此，当民主体制允许并非所有人的所有人对一个人或一些人作出决定时，也就等于它无视后者自己的意志而剥夺了后者的自由。这显然是与自由本身相矛盾的。所以，民主体制虽然把自由与公共意志作为自己的原则，但是，它在实践中却不可避免地违背了自由与公共意志。就此而言，直接民主制甚至是最具欺骗性的一种政治制度。

与君主制和贵族制相比，直接民主制甚至是最难以改良的一种专制制度。在康德看来，如果说君主制和贵族制虽然不是分权下的代议制，因而不是真正的代议制，但是，它们却为代议制留有余地，因而通过改良还有可能采取符合代议制精神的政权形式。“相反，民主政体则使这一点都成为不可能的，因为这里所有人都要成为主人。”所以，甚至要通过暴力革命才可能转变为共和政体[1]。上面我们只是从起源上讨论了共和制的合法性与优越性，即它是能从原始契约理念得出的唯一合法的国家制度。但康德认为，共和制的合法性与优越性不仅在于它的起源上，还在于它拥有人类的愿景，即永久和平[2]。也就是说，只有借助共和制，人类才能通向永久和平，打开一个真实、可靠的未来。这并非说，只要是共和体制，人类就不会发生战争，而只是说，进入共和体制是人类走向永久和平的一个必要条件。

与其他政治制度相比，共和体制是最不容易发动战争的一种政治制度。康德分析说：“如果国家公民要求对是否进行战争作出决定（在共和体制下不可能是别样的），那么，最自然的事莫过于他们必须对事关自己的战争的全部艰难作出决定（其中包括自己直接参战，从自己财富中支付战争费用，艰苦地改善战后的荒芜，最后，除了各种灾难外，还得担负起战争带来的永难清偿而致使和平都变得痛苦的沉重债务），他们必须深思熟虑地开始一场如此糟糕的游戏。相反，在那种其臣民并不是国家公民的体制下，因而也即在非共和制的那种国家体制下，战争则是世界中最不假思索的事情，因为领袖并不是国家同胞（Stätsgenosse），而是国家所有者（Stätseigentümer），他的筵席、狩猎、行宫别馆诸如此类一点也不受战争的影响。因此，他也就可以像决定一次游宴那样出

1 《康德著作集》第6卷，第437页，第438页。

2 同上书，第436页。

于微不足道的原因决定战争。"[1]

在非共和体制下，由于国家的领袖就是国家的所有者，对于是否进行战争无须征得国民的同意，而完全取决于统治者的意志。因此，只要战争并不影响统治者的生活与幸福，甚至反而可能给他带来荣耀和财富，那么，对统治者来说，发动战争就会像举行一次游宴那样随便，甚至只是出于兴之所至。[2]而在共和体制下，国家的领袖只是全体国民的共同意志的受托者和代理者，因而，对于涉及全体公民福祉的重大事情，特别是战争这样的事情，必须征得公民的同意。而战争的残酷性与对战后生活的严重影响，使战争成为公民在最迫不得已的情况下才会作出的选择。这意味着，共和体制将使人类把战争的可能性降到最小。因此，如果人类普遍进入共和体制，那么，这将使人类远离战争。换句话说，共和体制最有可能把人类带向和平。所以，康德试图建立起来的那种永久和平的第一正式条款就是："每个国家的公民体制都应当是共和制。"[3]

因此，如果说永久和平是人类一个合理而必然的未来，那么这也就是说，共和体制是人类必定要选择的一种政治制度。所以，不仅从起源上说，共和体制是从原始契约理念中能得出的唯一合法的体制，而且从人类未来的维度来说，共和体制也是合理的和必然的。

---

1 参见康德："论永久和平"，中译本第 107 页。

2 这也是为什么一个专制国家（特别是专制大国）的崛起，总是比一个民主国家的崛起会引起世界更多恐惧和更多防范的原因。而这又使专制国家感到自己在国际关系中受到了不公平待遇，并由此可能滑向与其他国家的对抗。如果这种对抗的另一阵营是共和式民主国家，那么，其结果通常都是专制国家的崛起被中断。因此，一个专制国家要在共和式民主政体已成为世界主流的国际环境中完成自己的崛起，它要解决的最根本任务就是走向自己的反面，即走向共和式的民主政体。

3 上引《康德著作集》第 6 卷，第 434 页，参见何兆武编译：《历史理性批判文集》，中译本第 105 页，北京，商务印书馆，1991 年。

一个哲学的千年王国：永久和平

但是，为什么永久和平（der ewige Frieden）是合理的与必然的？如果说它是合理的，那么也就是说，永久和平是人类的自由理性所要求的；如果说它是必然的，那么也就是说，作为人类的未来，永久和平是人类历史的必然归宿，因而是人类在此世必然能打开的一个绝对希望。

所谓“永久和平”也就是终结国际的自然状态，即终结国际无序的战争状态，而进入法治的国际联盟。这种永久和平在“世界公民观点下的普遍历史理念”（*Idee zu einer allgemeinen Geschichte in weltbürgerlicher Absicht*）一文中也被称为“普遍法治的公民社会”（eine allgemein das Recht verwaltende bürgerliche Gesellschaft）或“普遍的世界公民状态”（ein allgeme-ier weltbürgerlicher Zustand）。[1]在这种“普遍法治的公民社会”里，每个国家不论大小，都不必靠自己的力量和法令，而只需靠已进入普遍法治状态的国际共同体的权力与意志，就可以获得自己的安全与权利。也就是说，在这里，每一个国家不仅国内实现了完全的法治状态，而且对外也建立起完全法治的国际关系，使一切分歧与争执都可以且必须通过公正的法律契约来加以解决。而不管是国内的法治状态，还是国际的法治状态，按康德的看法，都是大自然通过人的本性来推动和实现的。

在康德看来，人身上有一种相反的本性：“人类有一种要把自

1 参见康德：《什么是启蒙？——历史与哲学文集》，第 45 页、第 51 页，Jürgen Zehbe 编辑出版，Vandenhoeck und Ruprecht in Göttingen，1994 年。参见何兆武编译：《历史理性批判文集》，中译本第 8 页、第 18 页。

己社会化的倾向，因为它在社会状态中感受到了比人更多的东西，也就是说，他感觉到了自己的自然禀赋得到了发展。但他同时也有一种要把自己单一化（vereinzeln）或孤立化（isolieren）的强大爱好；因为他同时在自己身上发觉有一种非社会性的本性，即只按他自己的意愿来摆布一切，并因而处处会遇到反抗（阻力），就如他从自己身上那里就能知道，在他那方面来说，他也倾向于成为别人的阻力。”[1] 简单说，人既有社会化倾向，又有非社会化倾向。通过社会化，也即通过与他人相处和交往，个人才能突破自己现有的局限而展开自己、发展自己，并在这种自我展开中感受和展现自己的存在对自己与他人的意义。因此，每个人都有与他人交往和相处的需要。但是，另一方面，每个人又强烈倾向于只按自己的意愿安排一切，而不顾及他人的意愿。而当人们都只按自己的欲望而不顾及他人意愿地行事时，每个人都会遭到以同样方式行事的他人的反抗和阻碍。因为不受任何法则规范的意愿必定陷于相互冲突当中。

正是人的这种非社会性的本性，使人类的自然状态是一种混乱无法（序）的战争状态。因为他们只按自己的欲望行事而不顾自己的行为是否危害他人，以致他人为了不受危害，为了保卫自己的安全，也只能奋起反抗，或者以同样的行为还治其身。这种战争状态使每个人的生活与安全随时都受到威胁，并且因而使每个人与他人相处和交往的需要无法得到满足。我们前面讨论过，正是这种战争状态促使有理性的人类意识到，必须终止战争状态，

---

1 上引康德：《什么是启蒙？——历史与哲学文集》，第44页，Jürgen Zehbe 编辑出版，Vandenhoeck und Ruprecht in Göttingen，1994年。参见何兆武编译：《历史理性批判文集》，中译本第6页，北京，商务印书馆，1991年。

并且缔结妥协性的契约秩序，才能相互提供安全与安宁。由此便产生了一个依照契约（法则）组建起来的共同体，即国家。

在这个意义上，人们可以说，正是人身上那种非社会性的本性推动了在个人与个人之间确立作为有法则秩序的共同体的国家。但是，就如个人之外有其他个人一样，一个国家之外还有其他国家。因此，单凭个人之间通过契约组成一个有法则的国家，并不能完全保障个人的安全和安宁。因为，在一个国家内虽然人们达成了和平而免于相互残杀，但是，如果国家间仍处在我行我素的无契约法则状态，那么，整个人类实际上就仍处在战争状态。只不过这种战争更多的是体现为不同民族或不同国家的人们之间的战争。在康德看来，正如个人之间的战争促使有法则的国家共同体的产生一样，国家之间的战争也必定会促使作为理性存在者的我们建立一个有法则的国际联盟，像国家共同体向全体公民提供权利与生命安全保障那样，向所有国家的公民也即全人类个体的生命与普遍权利提供保障。由此达成人类的永久和平。在这个意义上，人们同样也可以说，是人的非社会性本性推动了人类向永久和平的接近。康德自己是这样说明的：人身上“那迫使人们进入有法则的公民宪法社会的同一种非社会性，也是使每个共同体在对外关系上，也就是作为一个国家在对其他国家的关系上，处于不受约束的自由状态中的原因。因此，每个国家从其他国家那里也必定遭遇那种压迫个人并迫使他们进入有法则的公民宪法状态的同样灾难。所以，大自然再度利用人们乃至大社会和国家这类被造物的不合群性（Unvertragsamkeit）作为手段，以便从不可避免的对抗中求得一种安宁和安全的状态。这也就是说，大自然是通过战争、通过极度紧张而决不松弛的备战活动、通过每个国家即使在和平时期最终也必定会内在地感受的那种匮乏，来推动人们进行起初并不完美的种种尝试，而在经过了许多次的破坏、倾覆甚至于其内部彻底的精疲力竭之后，最终达到理性即使没有那么多痛苦经历也会告诉他们的东西，那就是：摆脱野蛮人的那种无法则的状态而进入一种各民族的联盟。在这种联盟里，每个国家，哪怕是最小的国家，都不必靠自己的力量或自己的法令，而只需靠这个伟大的民族联盟，只需靠联合的力量和联合意志的合法决议，就可以指望自己的安全和权利了。”[1] 被大自然所利用的那种“不合群性”也就是“非社会性”。在康德看来，每个人身上的那种非社会性并没有因为他们进入有法则的国家而消失，相反，他们在创立国家的同时把自己的非社会性国家化，使国家具有非社会性，即每个国家只按自己的意愿行事，而不顾及其他国家的意愿。其不可避免的结局就是各国陷入混战之中。

不过，上面的论述只是表明，人的非社会性是国家和国家联合体这两级共同体建立的动力因，而不是它们的充分条件。实际上，上面的讨论同时表明，不管是国家的建立还是国家联合体的形成，都离不开一个更为重要的条件，那就是人的自由理性。如果人类没有理性，那么他们就不可能从混乱无序的战争状态认识到通过立约通达和平的出路；而如果人类的理性不是自由的，也就是说理性没有能力决定人的意志和行动，那么，即使他们认识到可以通过立约来达到和平，这种立约也是毫无意义的。因为既然人没有自由理性，因而人不是自由的，那么人根本就没有能力决定自己是否遵循契约，因而也就没有理由加给他遵守约定的责

---

1 康德：《什么是启蒙？——历史与哲学文集》，第 47 页，参见何兆武编译：《历史理性批判文集》，中译本第 11—12 页。

任。于是，如果人不是自由理性存在者，那么，任何契约都是不可能的，当然也就不会有任何共同体产生。

因此，一方面，人的非社会性存在不可避免地使人类陷于战争状态，另一方面，人的自由理性又必然要求人类自己走出战争状态，进入有法则的共同体。正如是人的非社会性既使个人之间陷于战争状态，也使国家间陷于战争状态一样，是人类的自由理性要求个人之间摆脱战争状态而进入相互提供安全保障的国家共同体，也是自由理性要求各民族国家之间结束纷争不已的自然状态，而走向完全法治的国家联合体。也就是说，国家间的永久和平是人这种存在者的自由理性的必然要求，因而是合理的——合乎自由理性的法则。实际上，正如个人间据以创建国家的原始契约包含着自由权利原则、平等原则和服从原则一样，国家间创建全人类范围内的国家联合体，也一样是以自由理性的这三大原则为前提。因为既然每个合法的国家是建立在三大原则（首先是自由权利原则）之上，因而也就是说，它的全部权力是来自它的所有公民转让的公共意志，那么每个合法国家也就获得这样一种人格权（Personsrecht），即它必须被允许按它所接受和承担的公共意志行事，只要它不妨碍其他具有同样人格权的国家行同样的事。

国家的这种自由的人格权也就是它的主权，它是独立的和不可侵犯的，就如国家的每个公民的自由权利是独立的和不可侵犯的一样。侵犯一个国家的主权也就意味着侵犯了这个国家的所有公民的自由权利，也即普遍人权。因为一个合法国家的主权直接来源于它的所有公民让渡的那部分自由权利。不管是可让渡的还是不可让渡的，个人的自由权利都具有绝对性。正是个人的自由权利的绝对性使国家的主权不可侵犯。在这个意义上，人的普遍的自由权利高于国家的主权[1]。就每个合法国家的人格权是独立的和不可侵犯的而言，每个国家都是平等的。任何国家联合体都必须以自由权利原则与平等原则为前提才能确保自己的合法性，并且必须服从以这两大原则为根据的立法才能够维持下去。

因此，作为一种普遍法治的公民社会，永久和平必定是建立在上面的三大原则上，因而也就是建立在人的普遍权利上。人的普遍权利原则是永久和平的最基本的前提。当康德主张永久和平是合理的和必然的时，也就意味着他在声明，人的普遍权利在任何时候都是高于国家主权的。

实际上，康德在“世界公民观点下的普遍历史理念”一文中还从历史的合目的性与合规律性角度讨论了永久和平的必然性。不过，永久和平的这种必然性并非受人身外的某种规律支配的、与人的意志无关的那种必然性，而是自由理性通过哲学思考而必然给出的一个理念，是自由意志必然打开的一个希望与未来。在这个意义上，康德也把永久和平看作是哲学上的千年王国。“但是，却是这样一种千年王国学说，即仅凭它的理念本身（尽管它还非常遥远）就可以促使它的来临，因而也就绝不只是虚幻的。”[2]不管人们同意还是不同意康德的思想，人们都必须面对他的思想。因为他不是站在一国一族的立场上，而是站在全人类立场

---

1 如果一个国家的主权竟被置于国民的自由权之上，那么这表明这个国家没有合法的主权。换言之，这样的国家实际上没有合法国家那样的人格权，因为它的权力并不受全体公民的公共意志的规定，而是被置于权力集团的私人意志之下。因此，与这样的国家缔约是不可靠的。因为这样的缔约实际上不是与一个国家缔约，而是与这个国家一个人或少数几个人缔约。这也是为什么康德主张，只有在合法体制下的国家即共和制国家之间才能缔约永久和平。

2 康德：《什么是启蒙？——历史与哲学文集》，第50页，参见何兆武编译：《历史理性批判文集》，中译本第16页。

上，更确切说，是站在普遍主义的立场上思考。他为知识奠基的工作既为科学确立了根据，也揭示了科学的内在有限性，迄今仍警醒着人们，既要尊重科学，又要避免陷入科学至上的盲目与狂妄。而他为自由的辩护，不仅为一切公正法则奠定了基础，确立了每个人类个体不可让渡的基本权利，而且为人类在世打开了一个绝对的希望，从而一直召唤、并仍将召唤人类不断去改善自己的共同体。

图书在版编目（CIP）数据

站在未来的立场上／黄裕生著．—北京：生活 · 读书 · 新知三联书店，2014.3
（启明文丛）
ISBN 978－7－108－04795－3

Ⅰ．①站… Ⅱ．①黄… Ⅲ．①哲学－随笔－文集 Ⅳ．①B－53

中国版本图书馆 CIP 数据核字（2013）第 273426 号

策划编辑 刘 靖
责任编辑 李静韬
装帧设计 罗 洪
责任印制 卢 岳
出版发行 生活 · 讀書 · 新知 三联书店
（北京市东城区美术馆东街 22 号 100010）
网 址 www.sdxjpc.com
经 销 新华书店
印 刷 北京市松源印刷有限公司
版 次 2014 年 3 月北京第 1 版
2014 年 3 月北京第 1 次印刷
开 本 635 毫米 ×965 毫米 1/16 印张 18.5
字 数 213 千字
印 数 0,001－6,000 册
定 价 39.00 元
（印装查询：010-64002715；邮购查询：010-840105422）